Zu diesem Buch

Heute, nach Frauenbewegung und Siegeszug der Pille, entscheiden Frauen mehr oder weniger frei, ob und wann sie ein Kind bekommen möchten. Damit wächst aber auch die Bedeutung, die dieser Entscheidung zugemessen wird. Kinder werden nicht mehr so nebenher groß; und wenn Frauen nach langen Überlegungen den Schritt wagen und ein Kind bekommen, wollen sie oft alles besonders gut machen. So werden immer mehr (Einzel-)Kinder zum Zentrum im Leben ihrer Eltern, besonders der Mutter.
Herrad Schenk zeigt in ihrem Buch, daß unsere heutige Auffassung von Mutterschaft sehr jungen Datums ist. Jahrhundertelang wurden sowohl Kindheit als auch Mutterschaft ganz anders bewertet, doch Pädagogik und Psychoanalyse haben uns gelehrt, die Verantwortung der Mutter für das Wohl des Kindes so zu betonen. Daß diese besondere Prinzessinnen-Stellung den lieben Kleinen gar nicht so gut bekommt, daß die kindzentrierte Sicht der Eltern sie womöglich zu kleinen Terroristen macht, die permanent bespielt werden müssen, auch diese Facetten vom Mythos der guten Mutter leuchtet dieses spannende und anregende Buch aus.
Herrad Schenk, geboren 1948, ist promovierte Sozialpsychologin und lebt als freie Schriftstellerin in der Nähe von Freiburg. Sie veröffentlichte neben Sachbüchern auch Romane.

Herrad Schenk

Wieviel Mutter braucht der Mensch?

Der Mythos von der guten Mutter

rororo

Rowohlt

5. Auflage Juni 2002

Veröffentlicht im Rowohlt Taschenbuch Verlag GmbH,
Reinbek bei Hamburg, März 1998
Die Originalausgabe erschien 1996
im Verlag Kiepenheuer & Witsch, Köln

Umschlaggestaltung Barbara Thoben
(Fotos: The Image Bank und Bernd Imgrund)
Gesamtherstellung Clausen & Bosse, Leck
Printed in Germany
ISBN 3 499 60376 4

Inhalt

Dieses Buch ist meinen Schwestern Tordis (* 1941), Gunild (* 1942), Silke (1943–1976) und Rikarda (* 1951) gewidmet, die das gelebt haben, von dem ich nur schreibe – ihnen und ihren dreizehn Kindern, die sich mit diesen Problemen in der Zukunft auseinandersetzen müssen.

1. Kapitel:
Mütter, Großmütter, Urgroßmütter

»Man kann nicht zugleich Mutter und etwas anderes sein.« So charakterisiert Elisabeth Badinter in ihrem historischen Werk über die Mutterliebe den im 19. Jahrhundert entstandenen Muttermythos[1]. Wenn Mutterschaft ernst genommen wird – so will es die Mutterideologie – dann nimmt sie die Frau ganz und gar in Anspruch und läßt ihr keine Freiheit, noch irgend etwas anderes zu sein oder zu tun.
Mehr als je zuvor kreisen die Identitätskonflikte der Frauen von heute um die Mutterschaft bzw. um das Verständnis der Mutterrolle. Das haben mir nicht nur viele Diskussionen der vergangenen beiden Jahrzehnte innerhalb der Frauenbewegung und in der Öffentlichkeit wieder und wieder gezeigt, sondern vor allem auch die Lebensentwürfe der Frauen um mich her, ihre Pläne und Erwartungen und das, was im Laufe des Lebens dann tatsächlich aus ihnen wurde. Immer wieder taucht die Frage auf: Wie kann eine Frau zugleich Mutter und Mensch sein? Das mag, so formuliert, je nachdem banal oder absurd klingen und trifft doch genau den Kern des Problems: Wie kann eine Frau die Bedürfnisse und Ziele, die sie für sich selbst als Person hat, mit den Aufgaben und Pflichten einer Mutter vereinbaren? Wie weit muß sie das eine dem anderen opfern oder zumindest das eine dem anderen unterordnen? Kann es ihr gelingen (und ist es überhaupt wünschenswert), das eine mit dem anderen identisch zu machen? Der Konflikt zwischen dem Ideal des sich selbst verwirklichenden Individuums und den gesellschaftlichen Anforderungen an die Mutterrolle ist neu. Zwar glauben viele Menschen, das Bild der Mutter sei sich über die Jahrtausende hinweg immer gleich geblieben, eine der unwandelbaren

Konstanten des menschlichen Lebens, und natürlich hat es schon immer Mutterschaft gegeben – als biologisches Phänomen. Aber die gesellschaftliche Auffassung von der Mutterrolle, von den Pflichten und Rechten einer Mutter und vom Wesen der Mütterlichkeit hat sich innerhalb der letzten zweihundert Jahre und vor allem innerhalb der letzten drei Generationen tiefgreifend verändert.

Erst im Laufe dieses Jahrhunderts haben die Frauen, wie die Männer schon lange vor ihnen, begonnen, ihr Leben am Ideal des autonomen, für sich selbst verantwortlichen Individuums auszurichten. Im gleichen Zeitraum aber haben sich die gesellschaftlichen Anforderungen an die Mutterrolle um ein Vielfaches erhöht – und diese Anforderungen stehen oft im Widerspruch zum Ideal der individuellen Selbstverwirklichung. Frauen haben heute beides verinnerlicht: das Ideal des autonomen Individuums ebenso wie das Ideal der guten Mutter. Man könnte erwarten, daß der Konflikt zwischen diesen beiden Idealen sich in dem Maße abschwächt, wie Mutterschaft selbstgewählt ist und eine Frau weniger Kinder bekommt. Tatsächlich aber verschärft er sich immer mehr. Natürlich wird er von manchen Frauen mehr und von anderen weniger intensiv erlebt. Aber in irgendeiner Weise sind heute alle Frauen von diesem Konflikt tangiert, spätestens von dem Zeitpunkt an, da sie sich zu fragen beginnen, ob und wann sie Kinder haben und wie sie ihr Leben als Mutter gestalten wollen.

Früher war die Mutterschaft für die meisten Frauen selbstverständlich und als solche fest in die weibliche Normalbiographie eingebaut. Trotzdem waren die Frauen niemals ausschließlich Mütter und in keiner gesellschaftlichen Schicht den ganzen Tag nur mit ihren Kindern befaßt; es gab keinen Konflikt zwischen ihren Pflichten als Mutter und den vielen anderen Tätigkeiten, die sie ausübten und die meist vor den Kindern rangierten. Erst in unserem Jahrhundert, genauer: erst seit den 60er Jahren, als die Wiederaufbauphase nach dem zweiten Weltkrieg beendet war, begann der Konflikt zwischen Mutterschaft und Individualität für die Frauengeneration fühlbar zu werden, die in dieser Zeit in die Familienphase eintrat. Wer genügend Informationen über das Leben der Mütter und Großmütter (vielleicht sogar der Urgroßmütter) in der eigenen Familie besitzt, kann sich ohne weiteres den tiefgreifenden Wandel in der Einstellung zur Mutterschaft innerhalb weniger Generationen vor Augen führen.

Meine Großmutter mütterlicherseits, im Jahre 1885 geboren, kam aus wohlhabenden Verhältnissen; sie stammte aus dem Wirtschaftsbürgertum und heiratete 1905 ins Bildungsbürgertum. Sie war keinesfalls eine Emanze (ein Blaustrumpf oder eine Frauenrechtlerin, hätte man damals gesagt), sondern leidenschaftlich gern das, was man in der ersten Frauenbewegung eine »Hausmutter« nannte. Sie hätte es absurd gefunden, einem Beruf nachzugehen – das taten nur alte Jungfern oder die bedauernswerten Frauen der Unterschicht. Außerdem war sie überzeugt davon, daß Männer und Frauen sehr verschieden sind und deswegen zu Recht in verschiedenen gesellschaftlichen Sphären lebten und verschiedene Aufgaben zu erfüllen hatten. Sie war eine selbstbewußte, mit ihrem Leben zufriedene Frau, und sie hielt sich gewiß für eine engagierte und zärtliche Mutter. Das hinderte sie aber keineswegs daran, mit ihrem Mann mehrmals im Jahr zu verreisen und ihre beiden kleinen Mädchen manchmal wochenlang und zum ersten Mal schon bald nach deren Geburt unter der Aufsicht der Amme und später des Kinderfräuleins zurückzulassen. Dabei hatte sie kein schlechtes Gewissen – warum auch? Die weiten Reisen wären den Kindern nicht gut bekommen, und schließlich wußte sie sie in guten Händen.

Großmutter Else hatte nicht stillen können, hieß es. Konnte sie wirklich nicht oder mochte sie auch nicht? Damals grassierte bei den Frauen der gehobenen Schichten die Angst vor der entstellenden Wirkung des Stillens auf den Busen, und noch waren die Mütter unberührt von psychologischen Erkenntnissen, die ihnen deswegen ein schlechtes Gewissen gemacht hättten. Meine Großmutter pflegte das Frühstück und das Abendessen allein mit ihrem Mann einzunehmen, ohne die Kinder – schließlich wollten Erwachsene dann und wann unter sich sein. Die Kinder durften am gemeinsamen Mittagessen teilnehmen, und bei den anderen Mahlzeiten konnten sie schon einmal mit dem Kinderfräulein gute Manieren üben, damit sie den Eltern nicht allzu sehr auf die Nerven fielen.

Vom Standpunkt heutiger Mütter aus war das ein scheußlich egoistisches und kinderfeindliches Verhalten – und natürlich eines, das Personal voraussetzte: das Delegieren eines großen Teils der Kinderpflege und -erziehung an bezahlte Kräfte. Trotzdem konnte meine Großmutter Else sich nach den Standards ihrer Zeit für eine gute Mutter halten. Sie interessierte sich für ihre Kinder. Sie sah sie mehrmals am Tag, herzte und küßte sie, hörte sich ihre kleinen Geschichten und Sorgen an. Sie nahm sie sogar manchmal zum Einkaufen mit in die Stadt (manchmal – nicht immer: Für ihre regelmäßigen Spaziergänge hatten sie ja das Kindermädchen.) Sie las bahnbrechende pädagogische Werke wie Ellen Keys »Jahrhundert des Kindes« oder Lhotzkis »Die Seele deines Kindes«; sie überwachte die Erziehungsmaßnahmen des Kinderfräuleins und diskutierte sie mit ihm, soweit erforderlich, und mit dem Großvater, der daran ebenfalls Anteil nahm. Sie nähte gern und fand Spaß daran, ihren Töchtern reizende Kleidchen zu entwerfen, aber sie hätte es für völlig verrückt gehalten, mit ihnen zu spielen. Spielen sollten Kinder gefälligst mit ihresgleichen – am besten unter dem wachsamen Auge der Kinderfrau. – Heute hat die Mutter die Rolle des Kindermädchens eingenommen, und zwar in allen sozialen Schichten – ähnlich, wie sie zugleich ihr eigenes Dienstmädchen geworden ist.

Bemerkenswert an der Geschichte meiner Großmutter ist, daß sie sich als gute Mutter fühlen konnte, obwohl sie die Kinderbetreuung im engeren Sinne nicht als ihre Aufgabe ansah, sondern sie an bezahlte Kräfte delegierte. Genau so hatten es in den Jahrhunderten zuvor die Mütter aus adligen Kreisen und aus dem Großbürgertum gehalten. In Adelskreisen war es sogar üblich gewesen, die Kinder nicht im eigenen Haus zu erziehen, sondern sie schon mit sechs oder acht Jahren in Internate oder Klosterschulen zu schicken, und in manchen Kreisen des gehobenen Bürgertums (vor allem im Frankreich des 17. und 18. Jahrhunderts) gab man sogar die Babies gleich nach ihrer Geburt aus dem Haus, zu bezahlten Ammen, wo sie oft jahrelang blieben. Verglichen damit war meine Großmutter Else wirklich eine sehr engagierte Mutter!

Interessant vom heutigen Standpunkt aus ist auch, daß es nicht etwa eine Berufstätigkeit war, die sie daran hinderte, mehr Zeit mit ihren Kindern zu verbringen. Sie hatte – nach ihrem eigenen Verständnis und nach der Auffassung ihrer Zeit – als Hausfrau andere Pflichten und reichlich zu tun: Sie mußte den Speisezettel entwerfen, den Dienstboten ihre Aufgaben zuweisen und deren Durchführung überwachen, sie mußte Geselligkeiten organisieren, die Beziehungen zur Verwandtschaft und zu den Gattinnen der Berufskollegen des Mannes pflegen, für eine Atmosphäre von Wohnlichkeit und Gemütlichkeit im Haus sorgen, ihrem Mann bei repräsentativen Anlässen zur Seite stehen und manches andere mehr.

Meine Großmutter väterlicherseits, Großmutter Franziska, stammte aus dem Kleinbürgertum. Wie Großmutter Else war sie Ende des 19. Jahrhunderts geboren und heiratete zu Beginn des 20. Jahrhunderts, aber anders als Else hatte sie sieben und nicht nur zwei Kinder. Ihr Mann unterhielt einen kleinen Kolonialwarenladen, und sie half ihm dabei – heute würde man sagen : Sie übte den Beruf einer »mithelfenden Familienangehörigen« aus. In guten Zeiten gab es natürlich eine Zugehfrau für das Geschäft und den Haushalt, aber auch so blieb für Großmutter Franziska Arbeit genug. Weil sie allein nicht mit den vielen Kindern fertig wurde und das Geld immer etwas knapp war, wurden zwei Töchter und ein Sohn schon im frühen Alter zu zwei alleinstehenden Tanten gegeben, die sie wie eigene Kinder aufzogen. Ihre Eltern und die anderen Geschwister sahen sie nur gelegentlich in den Ferien. Damals fand man überhaupt nichts dabei, seine Kinder wegzugeben – warum auch, es war doch nur zu ihrem Besten, da es ihnen bei den Tanten so viel besser ging als zu Hause. Um ihre anderen Kinder konnte sich Großmutter Franziska auch nicht allzuviel kümmern, sondern eben nur so, wie es sich ergab neben der Arbeit im Geschäft, neben Kochen, Putzen und großer Wäsche. Die älteren Kinder wurden ihrem Geschlecht gemäß in die Hausarbeiten eingespannt und blieben sonst weitgehend sich selbst überlassen; von den Älteren wurde erwartet, daß sie auf die Jüngeren achtgaben. Hatte Franziska Zeit, mit ihren Kindern zu spielen? Eine völlig überflüssige Frage!

Anders als Großmutter Else war sie mit Arbeiten ausgelastet, die vom Umfang her einer heutigen Berufstätigkeit voll entsprachen; sie mußte mit für den Lebensunterhalt der ganzen Familie schuften. So wie sie in ihrem Leben Beruf und Mutterschaft miteinander vereinbarte, haben es in unserem Kulturkreis seit Jahrhunderten Bäuerinnen, Handwerkers- und Kaufmannsfrauen, später auch Heimarbeiterinnen getan: Viele Kinder, viel Arbeit – und um die Kinder konnte der vielen Arbeit wegen kein Riesenzirkus gemacht werden. Doch genau wie Else hatte auch Franziska deswegen keineswegs ein schlechtes Gewissen oder das Gefühl, eine schlechte Mutter zu sein.

So sah Mutterschaft zu Beginn des 20. Jahrhunderts aus.
Es ist merkwürdig, daß genau in dem Maße, wie die außerhäusliche Frauenerwerbstätigkeit zugenommen hat, sich auch die Erwartungen an die Mutterrolle erhöhten. Eine zentrale These dieses Buchs ist, daß der Emanzipationsprozeß, der für die Frauenrolle allgemein zu beobachten ist, auf der anderen Seite durch die Entwicklung der Mutterrolle wieder zurückgenommen wird. Heute existieren die meisten Einschränkungen, denen Frauen aufgrund ihrer Geschlechtszugehörigkeit noch zu Beginn dieses Jahrhunderts ausgesetzt waren, nicht mehr; fast alle Möglichkeiten zu Ausbildung, Beruf und Teilhabe am öffentlichen Leben stehen ihnen offen. In dieser Hinsicht hat sich die weibliche Biographie der männlichen angepaßt. Doch die neue individuelle Freiheit gilt nur, solange die Frau kinderlos ist. Denn unsere heutige Auffassung von Mutterschaft bindet Frauen noch enger, ausschließlicher und länger an ihre Kinder, als dies je zuvor der Fall war.
Auch in der Generation meiner Mutter, die ihre fünf Kinder zwischen 1941 und 1951 zur Welt brachte, galten noch andere Maßstäbe als heute. Die Kinder standen weit weniger im Mittelpunkt. Es gab in der Nachkriegszeit noch viele kinderreiche Familien, aber anders als zuvor mußten jetzt auch die Frauen der bürgerlichen Mittelschicht meist ohne Haushaltshilfe auskommen. Das bedeutete beim damaligen Stand der Haushaltstechnik unvergleichlich mehr Arbeit für die Hausfrau als heute. Die Hausarbeit hatte einen höheren Stellenwert, so daß die Beschäftigung mit den Kindern nebenher lief, auch bei der nicht erwerbstätigen Frau – während es heute, wenigstens vom Anspruch her, genau umgekehrt ist: Die Beschäftigung (zumindest mit kleineren) Kindern steht im Vordergrund, während die auf ein Minimum reduzierte Haushaltsarbeit nebenher läuft. In den 50er Jahren gab es noch kaum Waschmaschinen, Spülmaschinen schon gar

nicht; noch mußten beim Einkaufen große Mengen von Lebensmitteln mit eigener Kraft, ohne die Hilfe eines Autos, herangeschleppt werden, noch mußte man ständig Kohlenschütten tragen, um die Öfen in Betrieb zu halten, und das Putzen war ein bei weitem anstrengenderes und schweißtreibenderes Geschäft als heute. Noch gab es kein Fast food, man konnte nicht mal eben eine Fertig-Pizza in den Ofen schieben oder die Kinder schnell zum Imbiß an die Ecke schicken; auch das Kochen verlangte seine Zeit. In den 50er Jahren wurde sogar im städtischen Haushalt noch viel eingemacht, selbst genäht, oder zumindest geflickt und gestopft. Noch viel mehr Arbeit fiel für die Frauen im ländlichen Raum an. Meine Schwiegermutter war Bäuerin und brachte ihre beiden Kinder 1938 und 1941 zur Welt. Nachdem ihr Mann noch kurz vor Kriegsende eingezogen worden war und danach vermißt blieb, mußte sie die gesamte Arbeit auf dem Hof mit zwei oder drei Knechten und Mägden allein bewältigen. Das Kochen für den großen bäuerlichen Haushalt, die Familie und das Gesinde, war noch die geringste Arbeit. Die Frauen mußten regelmäßig Brot backen, im Wechsel der Jahreszeiten Gemüse und Obst anbauen, ernten und einkochen. Die Kühe mußten täglich zweimal gemolken, Kleinvieh und Geflügel versorgt werden. Nach dem Schlachten mußte gewurstet und Fleisch eingepökelt werden. Bei der Heu- , der Getreide- und der Kartoffelernte halfen natürlich alle mit. Und im Winter wurde nicht nur geflickt, gestrickt, gestopft und genäht, sondern sogar noch Wolle gesponnen. Natürlich hatte meine Schwiegermutter keine Zeit, sich vorrangig und ausschließlich mit ihren Kindern zu befassen. Zum Glück lebten die Großeltern mit im Haus, die nebenbei die Kleinen hüteten, aber auch die Großeltern hatten noch genügend andere Aufgaben. Die Kinder wurden ihrerseits schon früh bei den verschiedensten Arbeiten eingespannt, so daß Beaufsichtigung und Mitarbeit Hand in Hand gingen.

Später konnten sie zum Beispiel auch angestellt werden, um den bettlägerigen Großeltern die Suppe in die Kammer zu bringen, weil die Erwachsenen für die Krankenpflege nicht viel Zeit erübrigen konnten. Soweit sie nicht mithelfen mußten, blieben die Kinder sich selbst überlassen, am Rande des Kontrollfeldes der mit ihrer eigenen Arbeit beschäftigten Erwachsenen.

Gewiß hat meine Schwiegermutter ihre Kinder nicht im Kinderwagen spazierengefahren, wie dies heute alle jungen Mütter tun. Auch hat sie sich kaum um ihre Schulaufgaben gekümmert und ihre Freizeitbeschäftigungen organisiert. Meine Schwiegermutter Lina hätte solche Beschäftigungen heutiger Mütter vermutlich als bloßen Firlefanz empfunden, als schlecht kaschierte Faulenzerei, die sich in ihrer Umgebung niemand leisten konnte.

In der Nachkriegszeit waren viele, wenn nicht die meisten Mütter, auf die eine oder andere Weise erwerbstätig, und das galt nicht nur für die Bäuerinnen, die mithelfenden Ehefrauen in Handwerksbetrieben und kleinen mittelständischen Unternehmen oder die Frauen der Unterschicht. Da waren auch die Flüchtlingsfrauen, die Hab und Gut verloren hatten, und die vielen alleinerziehenden Mütter, deren Männer im Krieg gefallen oder noch in Gefangenschaft waren. Sie alle mußten, vorübergehend oder für längere Zeit, arbeiten gehen. Wie viele Mütter haben in den Jahren unmittelbar nach dem Krieg wohl Zeit gefunden, mit ihren Kindern zu spielen? Die Kinder selbst hatten ja kaum Zeit dazu, zumindest die größeren, so sehr waren sie mit ihrem eigenen Beitrag zum Überleben und Wohlergehen der Familie beschäftigt. Die Mütter konnten sich auch keineswegs immer in der Nähe ihrer Kinder aufhalten, denn sie waren mit so vielen Laufereien zur Organisation des Alltags befaßt. Den Kindern wurde sehr viel früher als heute eine weit größere Selbständigkeit zugemutet – oder zugetraut. Wenn die Mutter Glück hatte, gab es Großeltern, Tanten oder Nachbarinnen in der Nähe, die sie bitten konnte, zwischendurch mal nach den Kindern zu sehen, ansonsten wurden die älteren Geschwister beauftragt, auf die jüngeren aufzupassen. Es gab nur wenige Erwachsene, die es als tagesfüllende Beschäftigung angesehen hätten, sich mit Kindern zu deren Vergnügen und nach deren Wünschen zu befassen[2]. Auch diese Müttergeneration gab ihre Kinder noch ohne schlechtes Gewissen kürzere oder längere Zeit aus dem Haus, zu anderen Leuten, wenn es die Umstände ratsam erscheinen ließen.

Auch die Frauen aus der Generation meiner Mutter und Schwiegermuter, die durch die äußeren Umstände gezwungen waren, sich auf den Kampf ums Überleben zu konzentrieren, wurden nicht beschuldigt, schlechte Mütter zu sein. Erst als die Männer in großer Zahl in ihre alten Positionen zurückkehrten und die Frauen dort überflüssig schienen, erst als der Verdacht aufkam, manche Frauen wollten vielleicht erwerbstätig bleiben, weil es ihnen Spaß machte – erst da begann man von den vernachlässigten Schlüsselkindern und ihren egoistischen Müttern zu reden. So lange wie die Frauenerwerbstätigkeit durch ökonomische Zwänge erklärt werden konnte, machte man den Müttern keine Vorwürfe daraus, sondern man bedauerte sie (»Die arme Frau muß ja arbeiten gehen, weil sie keinen Mann hat«, oder: »weil der Mann nicht genug verdient«). Erst als es nicht mehr die schlechtere Alternative war, wurde die erwerbstätige Mutter als schlechte Mutter verschrien. Jetzt erst wurde die ständige Präsenz und die andauernde Beschäftigung mit dem Kind zu dem, was die gute Mutter von der weniger guten Mutter unterscheidet.

In der Konkurrenz zwischen den Lebensmustern erwerbstätiger und nicht-erwerbstätiger Mütter haben sich dann in den vergangenen Jahrzehnten die Ansprüche an die Mutter immer weiter gesteigert. Noch nie haben sich Mütter so viel mit ihren Kindern befaßt wie bei uns in den letzten zwanzig Jahren. Es war, als wollten die Vollzeit-Mütter den Doppelrollen-Müttern beweisen, wie unverantwortlich sie handelten. Den sogenannten Nur-Hausfrauen lag daran zu zeigen, daß sie die durch arbeitssparende Methoden gewonnene Zeit eben nicht, wie manche boshaft behaupteten, in noch saubere Fenster und noch glänzendere Böden investierten, – und schon gar nicht in Mußestunden mit der Illustrierten und dem Täßchen Kaffee auf dem Sofa, wie noch bösere Zungen[3] ihnen nachsagten. Schließlich widmeten sie all ihre Zeit und Energie dem Wichtigsten und Wertvollsten in ihrem Leben: den Kindern. Wenn ihnen die Doppelrollenfrauen vorexerzierten: »Das bißchen Haushalt schafft man ja wohl nebenher, das ist doch kein Grund, den Beruf aufzugeben« – dann konterten die Nur-Hausfrauen: »Nicht für den Haushalt, sondern der Kinder wegen bleiben wir zu Hause. Wir lieben unsere Kinder eben mehr als ihr.« Und da die Nur-Familienfrauen qua Präsenz, durch ihr bloßes Zuhausesein, schon unter Beweis stellten, wie ernst sie die Mutterschaft nahmen, sahen sich die erwerbstätigen Mütter im Gegenzug gezwungen, in ihren Stunden zu Hause ganz besonders intensiv auf die Belange ihrer Sprößlinge einzugehen: »Qualität geht vor Quantität«, konnten sie dann sagen, »wir sind zwar nur drei oder vier Stunden mit unseren Kindern zusammen , aber in dieser Zeit kümmern wir uns mehr um sie, reden mehr mit ihnen, spielen mehr mit ihnen, haben überhaupt eine intensivere Beziehung zu ihnen als ihr, die ihr zwar den ganzen Tag zu Hause seid, aber die lieben Kleinen doch manchmal wegorganisiert oder zum Teufel wünscht, weil sie euch, die ihr nie aus dem Haus rauskommt, auf die Nerven gehen!«

So trägt offenbar eine unglückselige Konkurrenz zwischen erwerbstätigen und nicht-erwerbstätigen Müttern dazu bei, die an Mütter gestellten Anforderungen immer weiter zu erhöhen – und dies eigentlich erst, seit Frauen wählen können, ob sie Mutter werden wollen oder nicht und ob sie als Mutter weiterhin erwerbstätig sein wollen oder nicht. Das wohltönende Schlagwort von der »Wahlfreiheit«, die politisch gern als Wert und wichtigstes Anliegen der Frauen propagiert wird, verschleiert eine Verschärfung der Konkurrenz zwischen den Lebensmustern von Frauen, die zur Zeit unserer Großmütter und Urgroßmütter noch nicht existierte.

In den vergangenen Jahrzehnten habe ich an vielen Diskussionen zwischen Frauen teilgenommen, und immer wieder kam es zu erbitterten Kontroversen zwischen erwerbstätigen und nicht erwerbstätigen Müttern, hinter denen, ausgesprochen oder unausgesprochen, die Frage stand: Wer ist die bessere Mutter? Wie egoistisch darf eine Mutter sein? Manchmal scheint mir, als habe sich an der Struktur dieser Diskussionen, trotz der Erfolge der Frauenbewegung auf so vielen anderen Gebieten, kaum etwas verändert.

Die Mütter von heute führen die Debatte untereinander mit ganz ähnlichen Argumenten wie die Mütter der 70er Jahre – nur daß der Ton vielleicht ein bißchen weniger feindselig ist als damals. Warum eigentlich hat sich an diesem grundlegenden Konflikt der Frauen so wenig geändert? Warum kommt es nicht zu der in den politischen Programmen und Sonntagsreden immer wieder beschworenen »größeren Vereinbarkeit von Familie und Beruf« – obwohl sie doch scheinbar alle wünschen und obwohl die durchschnittliche Kinderzahl pro Familie ebenso abnimmt wie die im Beruf verbrachte Tagesarbeitszeit? Das müßte die Dinge für die Frauen doch leichter machen, sollte man meinen. Aber das Gegenteil ist der Fall.

Liegt es daran, daß unser Wirtschaftssystem mit einer bestimmten Familienstruktur fest verzahnt ist und das Ganze auf einer zementierten geschlechtsspezifischen Arbeitsteilung aufbaut? Liegt es an der Renitenz, der Gleichgültigkeit oder Böswilligkeit der Männer, die einfach nicht bereit sind, Privilegien aufzugeben? Liegt es vielleicht auch an den Frauen selbst, daß die Mutterschaft zu einer immer exklusiveren und aufwendigeren Facette der weiblichen Identität wird?

Ich will mich in diesem Buch mit der sich wandelnden Bedeutung der Mutterschaft im Leben der Frau befassen. Wie hat Mutterschaft sich im sozialen Wandel verändert? Warum bekommen Frauen immer noch Kinder, obwohl das doch mit so vielen Nachteilen für sie verbunden ist? Wie erklärt es sich, daß Frauen zwar immer weniger Kinder bekommen, die Mutterschaft aber deswegen nicht etwa einen geringeren Stellenwert in ihrem Leben einnimmt, sondern eher einen größeren? Welche Folgen hat die intensive Bemutterung, die Kinder heute im Normalfall erfahren, für die Kinder, für die Frauen, für das Verhältnis zwischen Frauen und Männern? Wie wirkt sich der Trend zum Wunschkind und zum Einzelkind auf die Familien, die Gesellschaft und die Kinder selber aus? Was hat es mit der These von der kinderfeindlichen Gesellschaft auf sich? Wo bleiben eigentlich die Väter? Gibt es die neuen Väter wirklich und wenn ja, warum werden es nicht deutlich sichtbar mehr? Wie kommt der neue Muttermythos zustande? Wie verhält sich die Frauenbewegung zur Mutterideologie?

Dieses Buch ist ein durchaus parteiischer Diskusssionsbeitrag zu einem Thema, das manchen Mann interessiert, aber keine Frau, Mutter oder Nichtmutter, gleichgültig läßt. Vermutlich würden manche meiner Thesen anders ausfallen, wenn ich selber Mutter wäre. Statt dessen sind meine Ideen durch die zahlreichen, zum Teil sehr hautnahen Erfahrungen beeinflußt, die ich in meinem Leben mit Müttern und den Kindern anderer Mütter gemacht habe.

Mutterschaft war sehr viel einfacher in den Zeiten, als die Mutterrolle noch ein selbstverständlicher Bestandteil der weiblichen Normalbiographie war. Heute sind die Frauen gezwungen, über alles zu reflektieren: Sie zerbrechen sich den Kopf über ihren Kinderwunsch, über ihre Kinder, darüber, wie ihre Kinder sich entwickeln und was einmal aus ihnen werden soll, über ihren Erziehungsstil mit all seinen Defiziten, der vielleicht an den Fehlern der Kinder schuld sein könnte, über sich selbst als Mütter. Natürlich macht all dieses Reflektieren das Leben keineswegs leichter.

Dieses Buch ist, obwohl es natürlich wiederum zum Reflektieren einlädt, ein Versuch, die Mütter von einigen der Lasten zu befreien, die ihnen die Mutterideologie auferlegt.

2. Kapitel:

»Mit Schmerzen sollst du Kinder gebären« – Schwangerschaft und Geburt in früheren Zeiten

Mutter werden und Mutter sein – beides hat sich in unserem Jahrhundert ganz grundlegend verändert. Die entscheidende und die folgenreichste Veränderung besteht sicher darin, daß Frauen heute frei wählen können, ob sie Mutter werden wollen oder nicht und wie viele Kinder sie haben möchten.
Doch es gibt noch einen anderen wichtigen Unterschied: Früher stand die körperliche Seite der Mutterschaft viel stärker im Vordergrund des Erlebens als heute. Die physischen Ereignisse Schwangerschaft und Geburt beherrschten das Leben der Frauen mehr, als wir es uns heute vorstellen können. Einerseits handelte es sich um Ereignisse, die die Frauen immer wieder erlebten und die beinahe allen Frauen widerfuhren. Man war mit den körperlichen Begleiterscheinungen der Schwangerschaft und auch mit dem Gebären vertrauter und machte deswegen nicht so viel Aufhebens darum, wie wir dies heute tun. Vermutlich hatten nur wenige Frauen das Bedürfnis, Schwangerschaftstagebücher zu führen, in denen sie minutiös alle körperlichen Veränderungen und die dazugehörigen Empfindungen notierten, wie es heute so verbreitet ist. Schwangerschaft und Geburt waren alltäglicher; immer war irgendeine Frau in der eigenen Umgebung schwanger, stand dicht vor ihrer Niederkunft oder hatte gerade geboren. Die meisten erwachsenen Frauen hatten schon anderen Frauen in den Wehen beigestanden. Auf der anderen Seite wußten alle, daß jede Geburt zu einer Angelegenheit von Leben und Tod werden konnte – und das verlieh dem einerseits alltäglicheren Geschehen eine große Dramatik.
Die wichtigsten Fakten kennen wir alle: Früher bekamen die

Frauen im allgemeinen sehr viel mehr Kinder als heute. Schwangerschaft und Geburt waren riskanter. Nicht nur die Mutter, auch das Neugeborene, der Säugling, das Kleinkind waren von einer höheren Sterblichkeit bedroht. Zwischen dem 16. und dem 18. Jahrhundert erreichte nur knapp die Hälfte aller Kinder das zehnte Lebensjahr; 20 % bis 30 % starben schon während des ersten Lebensjahres. Wir können nur darüber spekulieren, wie sich dies auf das Leben der Frauen ausgewirkt hat, auf die Gefühle, mit denen sie Schwangerschaften und Geburten begegneten, und auf ihr Verhältnis zu ihren Kindern.

Mutterschaft war nicht, wie heute, eine freiwillige Option, und die Kinder waren nicht im heutigen Sinne Wunschkinder. Die Frauen entschieden sich nicht bewußt für oder gegen die Ehe oder einen bestimmten Ehemann, sondern im allgemeinen wurden sie verheiratet – und die Bestimmung zur Mutterschaft war automatisch mit dem Status der Ehefrau verknüpft. Es gab nur selten attraktive Alternativen zur Ehe (wie zeitweise etwa das Leben im Kloster, das aber in der Regel nur adligen Frauen offenstand). Meistens war das Los der Ehefrau, trotz der Last des Gebärens und aller damit verbundenen Risiken, besser als das der unverheirateten alten Jungfer, die in der Regel einen niedrigeren Sozialstatus und schlechtere Lebensbedingungen hatte. Waren die Frauen erst einmal verheiratet, dann wurden sie auch bald schwanger, und die Geburten folgten mehr oder weniger rasch aufeinander, wie Gott oder die Natur es wollten – zumindest wurde das meistens so erlebt. Die Frauen selbst hatten in Mitteleuropa in den letzten Jahrhunderten keinen großen Einfluß auf die Zahl ihrer Schwangerschaften. Die meisten verheirateten Frauen wünschten sich Kinder, denn oft erlangten sie erst als Mutter mehrerer Kinder, vor allem als Mutter von Söhnen, ein gewisses gesellschaftliches Ansehen. Nur mit und über eigene Kinder konnten sie sich eine gewisse Hausmacht aufbauen; kinderlos waren sie bedauernswerte Geschöpfe. Aber häufig bekamen sie weitaus mehr Kinder, als sie brauchten und wollten.

Vom späten Mittelalter bis in die frühe Neuzeit hinein war die durchschnittliche Fruchtbarkeit der Frauen erschreckend hoch. Margaret L. King, die die Lebensbedingungen der Frauen in dieser Zeit erforscht hat, gibt zahlreiche Beispiele für die damals üblichen Geburtenzahlen: »Vom 14. bis zum ausgehenden 16. Jahrhundert haben die Frauen der venezianischen Adelsfamilie Donato in jeder Generation wohl das durchschnittliche biologische Maximum an weiblicher Fruchtbarkeit erreicht, nämlich zwölf Kinder. Es gab aber in der Renaissance Mütter, die mit schier atemberaubenden Geburtenzahlen sogar noch dieses Maximum übertrafen. Die Florentinerin Antonia Masi, die 1459 im Alter von 57 Jahren starb, hatte sechsunddreißig Kinder geboren, von denen neun Jungen sie überlebten. In Venedig brachte im 15. Jahrhundert Magdalucia, die Frau des Edelmannes Francesco Marcello, sechsundzwanzig Kinder zur Welt – in der Zeit ihrer Gebärfähigkeit fast in jedem Jahr eines.«[4] In diesem Zeitraum hatten die Frauen aus den Unterschichten viele, die Frauen aus den gehobenen Schichten aber sogar noch mehr Kinder.

Ihre Fruchtbarkeit hing von mehreren Faktoren ab: zunächst einmal von ihrem eigenen Alter und dem Alter des Ehemannes bei der Verheiratung. Frauen, die mit sechzehn Jahren oder sogar noch früher heirateten, wie es in Süd- und Südosteuropa nicht selten war, hatten (wenn sie sie überlebten!) eine Fruchtbarkeitsspanne von bis zu drei Jahrzehnten. In Mittel- und Nordeuropa heiratete man seit dem späten Mittelalter nicht so früh, jedenfalls in bäuerlichen und in Handwerkskreisen. Das hing mit der Wirtschaftsform zusammen: Ein junges Paar mußte, bevor es Kinder in die Welt setzte, eine ökonomische Basis für die Familie haben, also warten, bis sich der Altbauer aufs Altenteil setzte oder die Meisterprüfung abgelegt war. Hier heirateten Frauen oft erst, wenn sie schon Mitte zwanzig waren, was ihre durchschnittliche Geburtenzahl ein wenig senkte. In Adelskreisen dagegen wurden Frauen und Männer sehr jung verheiratet, manchmal schon als Halbkinder – weil hier die Ursprungsfamilien zur Sicherung ihrer Macht großen Wert auf reichliche Nachkommenschaft legten.

Die Fruchtbarkeit der Frauen hing natürlich auch davon ab, wie oft sie heirateten und wie lange sie zwischendurch im Witwenstand lebten. Die Sterblichkeit der Menschen war groß, nicht nur die Frauensterblichkeit im Kindbett, sondern auch die allgemeine Sterblichkeit aufgrund von Infektionskrankheiten, Seuchen, Hungersnöten. Da eine Hauswirtschaft ohne Ehemann oder Ehefrau nur schwer zu führen war, gab es einen gewissen sozialen und wirtschaftlichen Druck zur Wiederverheiratung und sehr viel mehr Zweit- und Drittehen, als wir uns das heute im allgemeinen vorstellen.

Auch im 18. und 19. Jahrhundert waren viele Geburten einer Frau noch die Regel. Königin Luise von Preußen (1776–1810), die selber nur 34 Jahre alt wurde, brachte in ihrer Ehe mit Friedrich Wilhelm II. zehn Kinder zur Welt. Kaiserin Maria Theresia von Österreich (1717–1780) gebar sechzehn Kinder; ihre Schwiegertochter Ludovica von Spanien, die Frau ihres Sohnes Leopold II., brachte es ebenfalls auf sechzehn Geburten. Der Dichter Matthias Claudius, 1740 geboren, kam aus einer Familie mit zehn Kindern. Seine Mutter wurde nur vierzig Jahre alt, aber sie setzte acht Kinder in die Welt und zog dazu noch zwei Stiefkinder aus der ersten Ehe des Vaters groß. Anna Rebecca Claudius, die Frau des Dichters, die bei ihrer Heirat im Jahre 1772 noch nicht ganz siebzehn war, gebar innerhalb von zweiundzwanzig Jahren zwölf Kinder, von denen immerhin neun erwachsen wurden. Königin Victoria von England (1819–1901) hatte neun Kinder; in

Kreisen des Adels und des Großbürgertums damals keine Seltenheit. Aus den Memoiren der Schriftstellerin Malwida von Meysenburg (1816–1903) erfahren wir, daß sie das jüngste von zehn Geschwistern war; und Fanny Lewald (1811–1889), ebenfalls Schriftstellerin, kam aus einer Familie mit acht Kindern[5].

Nicht nur viele bürgerliche Frauen bekamen im 19. Jahrhundert ein Kind nach dem anderen. Auch die Frauen der Unterschicht, die Kleinhäuslerinnen und Tagelöhnerinnen auf dem Land und die Arbeiterinnen in der Stadt, waren ständig schwanger. Frauen und Männer heirateten in diesen Kreisen sehr früh, oder sie lebten in wilder Ehe zusammen; jedenfalls stand den Frauen noch eine lange Periode der Fruchtbarkeit bevor, wenn sie mit dem regelmäßigen Geschlechtsverkehr begannen, und empfängnisverhütende Mittel wurden kaum verwandt. Der Kinderreichtum war in solchen Fällen nicht selten die Ursache für einen sozialen Abstieg bis zur Verelendung. Franz Louis Fischer, ein Arbeiter, der im Jahre 1880 heiratete und biographische Aufzeichnungen hinterlassen hat, beschreibt ein nicht untypisches Familienmuster: Innerhalb von zwanzig Jahren brachte seine Frau sechzehn Kinder zur Welt; eine hoffnungsvoll begonnene Ehe, die bald zu einem hoffnungslosen Kampf gegen das Elend wurde. Viele dieser Kinder wurden nicht alt. Als im Jahre 1901 das letzte Kind geboren wurde, waren von seinen fünfzehn älteren Geschwistern noch insgesamt acht am Leben, erst drei hatten das Schulalter erreicht. »Fast kein Jahr war ohne Arzt, Hebamme oder Leichenfrau verstrichen«, schreibt der Mann in seinen Erinnerungen[6].

Inwieweit konnten verheiratete Frauen zu verschiedenen Zeiten Einfluß auf die Zahl ihrer Schwangerschaften und Geburten nehmen, etwa durch Verweigerung des Geschlechtsverkehrs, durch verschiedene Methoden der Empfängnisverhütung oder durch Abtreibung? Darüber können wir

nur Vermutungen anstellen. Nach mittelalterlich-christlicher Auffassung schuldete die Frau dem Mann den ehelichen Beischlaf; er hatte ein Recht darauf, sie hatte keines, sich zu verweigern. Jede Form der Empfängnisverhütung (außer der Enthaltsamkeit) war ebenfalls von der Kirche untersagt; auch der Koitus interruptus galt als Sünde. Offenbar wurde in den vergangenen Jahrhunderten, noch bis ins 20. Jahrhundert hinein, innerhalb der Ehe von den Männern kaum verhütet. Kondome, die schon bekannt waren, auch der Koitus interruptus, wurden von Männern wahrscheinlich überwiegend in außerehelichen Verhältnissen oder bei Prostituierten angewandt. In der Ehe ließen es die meisten Männer getrost auf eine Schwangerschaft ankommen, die sie ja nicht auszutragen hatten. Besonders kraß kommt diese Einstellung in dem berühmten Luther-Zitat aus der Schrift »Vom ehelichen Leben« (1522) zum Ausdruck: »Ob sie sich aber auch müde und zuletzt tottragen, das schadet nicht. Laß sie sich nur tottragen, sie sind drum da.«[7]
Natürlich waren auch den Männern zu viele Kinder nicht recht, denn irgendwie mußte der Hof oder Betrieb sie in den ersten Jahren alle ernähren. Aber man konnte ja vorher nicht wissen, wie viele überleben und das Erwachsenenalter erreichen würden; man mußte also Eventualitäten berücksichtigen und Kinder auf Vorrat zeugen, mehr, als de facto für die Arbeit und zur Alterssicherung benötigt wurden. Und dann verließ man sich einfach auf die nachträgliche Fruchtbarkeitsregulierung der Natur: Gott würde schon dafür sorgen, daß eine angemessene Zahl überlebte.
Das Wissen um Methoden der Empfängnisverhütung, die von Frauen während des Geschlechtsverkehrs oder unmittelbar danach angewandt werden konnten, war zu verschiedenen Zeiten unterschiedlich weit verbreitet. Im Mittelalter verstanden die Frauen wahrscheinlich mehr von der Verhütung als in der frühen Neuzeit und im 19. Jahrhundert, wo

als Ultima ratio nur die Abtreibung bei fortgeschrittener Schwangerschaft blieb. Die Informantinnen in Sachen Verhütung waren für die Männer die Dirnen, für die Frauen die Hebammen, die Weisen Frauen – und mit dem Niedergang des Hebammenstandes und dem Aufkommen der männlichen Ärztekaste ging viel von dem tradierten weiblichen Verhütungswissen verloren.

Erst seit dem späten 19. Jahrhundert scheinen Frauen der bürgerlichen Mittel- und Oberschichten eine gewisse Macht der Verweigerung besessen und ausgeübt zu haben, die sie auch aus der ihnen zugeschriebenen Frigidität herleiteten. Sie konnten, anders als die einfacheren Frauen, auf zarte Konstitution und delikate Gesundheit verweisen und ihre Ehemänner als Rohlinge anprangern, wenn die ihnen noch weitere Schwangerschaften zumuten wollten. Nach der Geburt von ein paar Kindern den Geschlechtsverkehr ganz einzustellen, war für sie kein Opfer, sondern meistens eine Erleichterung.

Bei den Frauen auf dem Land war bekannt, daß das Stillen die Empfängnis unwahrscheinlicher macht, wenn es natürlich auch kein hundertprozentig funktionierendes Mittel ist, und seit der frühen Neuzeit wurde es hier und da und manchmal auch verbreitet angewandt. »Die Erfahrung lehret, daß die meisten Fraun so lange verschonet bleiben, als sie die Kinder säugen... Hierzulande pflegt man in Städten die Kinder ein Jahr lang zu säugen, allein auf denen Dörfern dauert es länger. Man hat mir sagen wollen, es säugten die Bauernfrauen ihre Kinder im 2. Jahr und länger, um nicht viele Kinder zu haben.«[8].

Abtreibungen wurden auch im Mittelalter und in der frühen Neuzeit praktiziert, allerdings vermutlich von verheirateten Frauen seltener als von ledigen – und insgesamt wahrscheinlich seltener als im 19. Jahrhundert. Im allgemeinen versuchten die Frauen, die ein Kind nicht gebären wollten, nacheinander verschiedene Mittel, deren Gefährlichkeit sich steigerte – wenn keines davon erfolgreich war, konnten sie das Kind immer noch zur Welt zu bringen und es dann irgendwie loswerden, es aussetzen oder weggeben. Das war bis ins 18. Jahrhundert nicht allzu schwierig und jedenfalls weniger risikoreich für die Frau als eine Abtreibung bei fortgeschrittener Schwangerschaft.

Unmittelbar nach der Empfängnis unternahmen die Frauen erste Abtreibungsversuche mit Sitzbädern, Waschungen und Spülungen, für die sie Kräuterextrakte (wie zum Beispiel Senfpulver) verwandten. Sie nahmen auch Kräutertränke zu sich, die wehenähnliche Kontraktionen auslösten. Die Wirksamkeit von Mutterkorn, Gartenraute, Reinfarnöl, Petersilienöl, Nieswurz, Wacholder, Sadebaum und vielen anderen war schon im Mittelalter bekannt. Medizinische Werke des 16. und 17. Jahrhunderts erwähnen über hundert Abtreibungsmittel, von denen eine Reihe auch aus heutiger medizinischer Sicht recht wirkungsvoll sind[9]. Doch oft genug blieb die Wirkung aus. So stand in Augsburg im Jahre 1608 Anna Weilbach, die Magd des 64jährigen Goldschmieds Jeremias Bair und wahrscheinlich von ihm geschwängert, vor Gericht, weil sie vergeblich versucht hatte, ihre Schwangerschaft durch den Verzehr von Lorbeerfrüchten zu beenden (»alwegen des morgens, jedesmal biß in 5 oder 6«), und der Apotheker sie verpfiffen hatte. »Hab ir herr zu ir gesagt, es werd ir nichts schaden und da sie schwanger seie, dasselb von ir treiben.«[10]

Blieben diese Anwendungen ohne Erfolg, versuchten die Frauen häufig, die Schwangerschaft durch äußere Erschütterungen zu unterbrechen: durch halsbrecherische Sprünge von Stühlen, Treppen, Heuböden oder durch das Schleppen schwerer Lasten.

Ende des 19. bis Anfang des 20. Jahrhunderts nahm die Zahl der Abtreibungen in Mitteleuropa dramatisch zu – und mit

ihnen die Gefährlichkeit der angewandten Mittel. Schätzungen zufolge wurde in diesem Zeitraum jede vierte Schwangerschaft mit einem Abort beendet. Ende der 20er Jahre starben in Deutschland vermutlich 8000 Frauen jährlich an den unmittelbaren Folgen von Abtreibungen (das ist ein Vielfaches der gegenwärtigen Zahl der Drogentoten und beinahe die Zahl der tödlichen Verkehrsopfer von heute)[11].
Die häufigste Todesursache war die Sepsis, die entstehen konnte, wenn die Frauen mit allen möglichen Gegenständen, wie zum Beispiel Stricknadeln, in der Vagina herumstocherten, um den Gebärmuttermund zu reizen oder zu öffnen und so Kontraktionen und eine Fehlgeburt auszulösen. In dieser Zeit schluckten schwangere Frauen um abzutreiben auch hochgiftige Substanzen, wie zum Beispiel Arsen, Phosphor, Blei und Chinin, eine lebensgefährliche Gratwanderung, denn war die Dosierung zu niedrig, wurde der Fötus nicht abgetötet, sondern nur dauerhaft geschädigt; war sie zu hoch, starb die Frau selber oder sie fügte sich schwere irreversible Schäden, zum Beispiel Magenblutungen oder Nervenlähmungen, zu.
Verbreitet war auch die Methode, eine Seifen- oder Essiglösung in die Gebärmutter zu spritzen, was ebenfalls Kontraktionen auslöste: »Ich hab mich in die Hucke gesetzt, dann kommt die Gebärmutter ganz nach vorne. Dann hab ich mit dem linken Zeigefinger die Gebärmutteröffnung gesucht, mit der rechten Hand bin ich mit dieser Spritze beigegangen und hab sie so reingeführt, das war'n kleiner Schlauch. Dann kam der Ball. Kam wieder'n kleiner Schlauch. Und da war der Sauger dran. Der mußte ja in dem Essigwasser drinliegen, dürfte ja keine Luft rein. Also mußte ich'n zweiten Mann, 'ne zweite Frau oder Person haben, nicht? Und der hat dann auf den Ball gedrückt, bis das Essigwasser reingelaufen ist. Und dann merkt man irgendwie, bewegt sich da was. Hat man auch Schmerzen, Bauchweh, so 'ne Art Wehen auch. Und dann, oh Gottogott, dann kommt

das alles raus, in der Hülle noch«, – so beschreibt eine Frau zu Beginn des 20. Jahrhunderts, die Prozedur[12].

Das Ausmaß der normalen Fruchtbarkeit wurde in den vergangenen Jahrhunderten im übrigen auch durch die schlechten Lebensbedingungen in Grenzen gehalten, die in Mitteleuropa seit dem Ausgang des Mittelalters für breite Bevölkerungsschichten eher die Regel als die Ausnahme waren: harte Arbeit, häufige Unterernährung und Frauenkrankheiten in der Folge von schwierigen Schwangerschaften und Geburten minderten die Empfängnisfähigkeit oder führten zu wiederholten Fehlgeburten. Solche Bedingungen dauerten für die Frauen der Unterschichten bis ins 20. Jahrhundert hinein an. Max Hodann schildert einen erschütternden Fall aus einer Berliner Arztpraxis der Jahrhundertwende: »Die Frau war, als sie zu mir kam, 50 Jahre alt und total invalide. Ich fragte sie, was vorläge. Unterleibsbeschwerden. Wieviel Kinder sie habe? Zwei. Vorsichtshalber forschte ich weiter, wieviel Kinder sie gehabt habe? Acht.« Durch weitere Fragen erfährt der Arzt nach und nach, daß die Frau nicht nur sechs ihrer Kinder bald nach deren Geburt an »Krämpfen« hatte sterben sehen, sondern daß sie innerhalb von sechzehn Jahren zwanzig Fehlgeburten gehabt hatte! »Nach dem sechsten Kind habe ihr ja der Arzt schon gesagt, daß sie keine Kinder mehr würde austragen können. Ich fragte die Frau, ob sie denn mit ihrem Mann über diese sinnlose Gebärerei niemals gesprochen habe. Ja, das schon. Der habe aber immer gesagt: Damit mußt du dich abfinden, dafür bist du eben eine Frau!«[13] Solche und ähnliche Schicksale waren damals, wie der Berliner Arzt betont, keineswegs Einzelfälle, sondern kamen häufiger vor, als man sich das heute vorstellen mag.

Die Mutterschaft war zunächst einmal ein physisches Ereignis; und die vielen Schwangerschaften, mehr oder weniger gut durchlebt und überstanden, hinterließen im Körper der

Frauen ihre Spuren. Manchmal waren es Verletzungen und andauernde lästige Behinderungen, schmerzhafte Dammrisse oder der Gebärmuttervorfall etwa, bestenfalls führten sie nur zu einer allmählichen Erschöpfung und Abnutzung. Zum normalen Frauenleben gehörten eben eine Vielzahl von Schwangerschaften und Geburten, von Fehlgeburten, Totgeburten und Abtreibungen, ebenso wie zahlreiche Frauenbeschwerden, die im Zusammenhang mit diesen entstanden. Wieviel Lebenskraft und Vitalität der Frauen vom mühsamen Geschäft der Reproduktion aufgezehrt wurde, ist für uns heute einigermaßen unvorstellbar. »Niemand kann besser Ihre Leiden fühlen als ich«, schrieb 1796 Charlotte von Stein an Schillers Frau, die kurz vor der Geburt ihres zweiten Sohnes stand, »denn mir war dieses Geschäfte auch auf eine schwere Art auferlegt. Von Thränen ermüdet schlief ich nur ein und schleppte mich wieder beim Erwachen einen Tag, und schwer lag der Gedanke auf mir, warum die Natur ihr halbes Geschlecht zu dieser Pein bestimmt habe.«[14]

Bis zu Beginn des 20. Jahrhunderts bestand für Frauen, die ihrer Niederkunft entgegensahen, auch ein nicht unbeträchtliches Risiko, im Kindbett zu sterben. »Das Martyrium der Lady Danby wurde 1648 von ihrer Schwester beschrieben. Nachdem sie bereits neun Kinder zur Welt gebracht und sechs Fehlgeburten erlitten hatte, gebar sie ein sechzehntes Mal und begrüßte den Tod, der endlich zwei Wochen später eintrat.«[15] Natürlich verlief die Mehrzahl der Geburten normal und nicht tödlich – aber jede Frau kannte in ihrem persönlichen Umfeld Frauen, die die Geburt eines Kindes das Leben gekostet hatte, so daß die Angst nicht nur vor den unvermeidlichen Schmerzen, sondern auch vor einem tödlichen Ausgang manche Schwangerschaft begleitete.

Es ist erschreckend, sich klarzumachen, wie viele bekannte Frauen des 18. und 19. Jahrhunderts im Kindbett gestorben sind, und ähnlich wie ihnen ist es unzähligen weniger be-

kannten ergangen: So starb Meta Moller, die Frau des Dichters Klopstock mit 30 Jahren, bei der dritten Geburt, nach zwei Fehlgeburten; Eva König, Lessings Frau mit 41 Jahren; die Schriftstellerin Sophie Mereau im Alter von 36 Jahren, nach der Totgeburt ihres fünften Kindes; die englische Schriftstellerin und Feministin Mary Wollstonecraft mit 38 Jahren, bei der Geburt des zweiten Kindes; die Schriftstellerin Charlotte Brontë mit 38 Jahren, bei der Geburt des ersten Kindes; Maximiliane Brentano, die Mutter von Clemens und Bettine Brentano mit 37 Jahren, nach der Geburt von 12 Kindern – die Liste wäre ohne weiteres fortzusetzen, bis ins 20. Jahrhundert hinein (die Malerin Paula Modersohn-Becker starb noch 1907 im Kindbett).
Nach Schätzungen von Edward Shorter, der Durchschnittswerte aus allen ihm zugänglichen historischen Studien errechnet hat, lag das Risiko, bei der Geburt zu sterben, für die Frauen in Mitteleuropa vor 1800 bei 1,3 Prozent[16]. Das klingt zunächst nicht gewaltig – von hundert Geburten verliefen demnach ein bis zwei tödlich für die Mutter. Wenn man aber bedenkt, daß eine Frau im Laufe ihrer Fruchtbarkeitsperiode mindestens sechsmal niederkam, dann bedeutete das schon ein viel höheres persönliches Risiko, nämlich sechsmal 1,3 oder 8 Prozent[17].
Nicht nur Erstgeburten konnten gefährlich sein, vor allem, wenn die Schwangere noch sehr jung oder schon relativ alt war. Manche Frauen starben, wie Lady Danby, nach allzu vielen Geburten, die sie geschwächt und ausgezehrt hatten. Gefährlich waren auch Mehrlingsgeburten. »Den 4. Dezember 1742 ist Anna Elisabeth, Johanis Henrici Reuters hiesigen Einwohners und Kirchen-Seniors eheliche Hausfrau, ihres Alters 40 Jahre und etliche Wochen mit großer Traurigkeit und Leidwesen ihres Mannes und hinterlassener 6 Kinder ehrlich begraben worden, nachdem sie nach großen Schmerzen in dem Kinderbett, in welchem sie zwei Kinder

geboren, deren das erste getauft worden, das zweite aber endlich am dritten Tag tot und zerrissen zur Welt kommen, den 30. Nov. a.d. nachts zwischen 11 und 12 in dem Herrn verschieden. Der Herr sey allen schwangeren Weibern gnädig«, vermerkt ein Kasseler Pfarrer in seiner Chronik[18].
Besonders kritisch waren durch Steißlage oder Querlage komplizierte Geburten, denn sie führten nicht selten zu scheußlichen Eingriffen, bei denen man versuchte, den Embryo in der Gebärmutter zu wenden oder, wenn Gefahr für das Leben der Mutter bestand, ihn im Mutterleib zu zerstückeln und die Einzelteile herauszuholen. »Eine gute Frau, die in Brincliffe bei Sheffield wohnte, fiel, als sie in schweren Wehen lag, in die Hände einer unwissenden Frau. Sie schnitt das Kind im Leib der Mutter in mehrere Stücke. Durch das Messer der Hebamme und die Knochen des Kindes wurde der Leib der Frau bei der Extraktion der verschiedenen Teile des kindlichen Körpers verletzt«, berichtet ein englischer Arzt im Jahre 1863[19].
Hatte die Frau die Geburt gut überstanden, dann drohte noch immer die Gefahr des Kindbettfiebers, das eine Folge mangelhafter Hygiene bei der Geburtshilfe sein konnte – aber nicht selten auch dadurch ausgelöst wurde, daß der Ehemann zu schnell wieder auf die Erfüllung der ehelichen Pflicht drängte. Die Schriftstellerin Lena Christ (1881–1920) erzählt vom Vater ihres Stiefvaters, einem Bauern, der vierzehn Mal geheiratet und mit diesen vierzehn Ehefrauen insgesamt 39 Kinder gezeugt hatte; mehrere seiner Frauen starben unmittelbar nach der Niederkunft, und »im Orte (ging) heimlich die Rede, daß er seine Frauen auch im Kindbett besuche, davon ihnen das Blut gehend worden wär und daran sie gestorben seien«[20].
Natürlich sind alle hier von mir zusammengetragenen Fälle Einzel- und zum Teil Extrembeispiele. Die Mehrzahl der Geburten verlief normal, und die meisten Frauen kamen

körperlich mit ein paar Schwangerschaften und Fehlgeburten gut zurecht – zumal sie ja von der Natur für dieses Geschäft vermutlich gut ausgestattet worden sind. Sicher gab es immer wieder auch gesunde und vitale Frauen, die mit einer stattlichen Reihe von Kindern ohne große Mühe niederkamen und jedesmal nach kürzester Zeit ihre Alltagsarbeit wieder aufnahmen, als sei nichts gewesen. Doch es gab eben auch die anderen Fälle; jede Frau kannte sie aus dem Bekanntenkreis oder zumindest vom Hörensagen, und es ist sehr wahrscheinlich, daß sie ihr dann und wann in den Sinn kamen, wenn sie selber schwanger war und der Geburtstermin sich näherte.

Den Frauen früher widerfuhr das Gebärenmüssen als selbstverständliches Schicksal, das zum Status der verheirateten Frau gehörte. Es war ihre Pflicht, an der kein Weg vorbeiführte, ihnen war bewußt, daß es im schlimmsten Fall für sie und für das Kind tödlich ausgehen konnte; sie konnten dabei Glück oder Pech haben; sie hofften auf Glück, aber sie machten insgesamt weit weniger Aufhebens um diese Sache, als die Frauen es heute tun – obwohl sie doch für ihr Leben insgesamt viel mehr Gewicht hatte.

Die Briefe, die Anna Rebecca Claudius im 18. Jahrhundert an eine Freundin schrieb, vermitteln uns ein eindrucksvolles Bild davon, wie alltäglich Schwangerschaften und das Geschäft des Gebärens waren, obwohl sich die Frauen zugleich aller Risiken bewußt waren. Eingesprengt in Berichte über ihren Alltag und die Neuigkeiten im Hause Claudius berichtet sie auch fortlaufend über die Wöchnerinnen in ihrer Umgebung, über die eigenen Fehlgeburten und Entbindungen – nicht viel anders als über ihre Haushaltsarbeiten und den Schnupfen ihrer Kinder:

»Liebe Voß! ... Harmsen seine Frau ist im Wochenbett gestorben, sie hat schrecklich viel bei der Entbindung ausgehalten und ist den Tag darauf gestorben ... Das Kind ist auch tot zur Welt gekommen, bei alledem soll sie außerordentlich geduldig gewesen sein. Meine Nachbarin Abrahams ist von einem Sohn entbunden, der aber die Beschneidung auch nicht erlebt hat... Ich freute mich schon so sehr, daß ich meinem Claudius mit dem Frühling einen Jungen bringen sollte, und nun ist die Freude auf einmal aus. Das Packen ist aber in keiner Weise Schuld daran... Sonnabend abend feierten wir Fritz Stolberg seinen Geburtstag, da wurde geschmaust und gesungen bis um Mitternacht, die Mumsen glaubte, sie würde dieselbe Nacht noch ein Kind kriegen; sie kriegte da schon Schmerzen und konnte kaum zu Hause gehn, es ist aber wieder vorübergegangen. (1778)«

»Liebe Voß! Gerade den Tag, als ich an Sie schreiben wollte, um den Brief Ihrer Schwiegermutter mitzugeben, kam mein kleines Mädgen an, flink und rasch. Gott gebe Ihnen eine solche Entbindung und Wochenbett, als ich bis itzo habe, das wünsche ich Ihnen von ganzer Seele. Die Nacht vom 1. auf'n 2. September hatte ich unbedeutende Schmerzen bis gegen Morgen, um 5 Uhr stand mein Mann auf, um mir Tee zu machen. Er glaubte, es sei Erkältung. Ich stand auch auf, fing an zu kramen, gegen zehn zeigte es sich, daß es bald ernst werden würde, da wurde die alte Harten geholt, und mit dem Schlage 12 war's Mädgen da. Eine gute halbe Stunde war ich nur auf dem Stuhl (dem Gebärstuhl, Anmerkung H. S.), die war freilich bitterlich sauer, aber Gott Lob, daß sie so kurz war. Madame Wilm geht auch in die letzten drei Wochen. Die arme Mumsen, daß die wieder ein totes Mädgen hat, das ist doch recht traurig (1779).«[21]

Die Frauen hatten viel zu tun und wenig Zeit und Muße, Nabelschau zu betreiben, weder in der Zeit der Schwangerschaft noch nach der Geburt des Kindes. Die Frau unterbrach manchmal erst buchstäblich im letzten Augenblick ihr Tagewerk, um zu entbinden, und sie nahm ihre Arbeit so bald wie möglich wieder auf. Das galt vor allem für die einfachen Leute, die sich einen Ausfall der Arbeitskraft nicht leisten konnten. So berichtet Peter Prosch, Sohn armer Bauersleute aus Ried im Zillertal, über seine Geburt: »Wie mir meines Vaters Schwester, Anne Proschin sagte, kam ich Anno 1745 unter dem Gerstenschneiden an das Tageslicht, aber nicht auf die Welt; denn mein Eingang in die Welt war wunderbar: indem meine Mutter vom Gerstenschneiden nach Hause kam, entfiel ich ihr unter der Haustür; zum Glück kam meines Vaters Schwester, gedachte Anna Proschin, über einen Berg herunter, eben vom Gerstenschneiden dazu, und machte mich von meiner Mutter los, welche eine überaus große Freude hatte, einer solchen Bürde entlediget zu sein.«[22]

Nicht nur bei den armen Leuten, sondern auch in den privilegierten Gesellschaftsschichten, wo die Nachkommenschaft von hoher politischer Bedeutung war, hatten die Frauen eine ganz und gar unsentimentale Einstellung zu Schwangerschaft und Geburt. Katharina die Große, Kaiserin von Rußland (1729–1796), bekam 1754, noch als Frau des Großfürsten und Thronerben, ihren ersten Sohn Paul. Nur genau drei Sätze in ihren vielhundertseitigen Memoiren widmet sie der Schilderung dieses Geschehens: »Am Dienstag ging ich zu Bett und erwachte in der Nacht mit heftigen Schmerzen. Ich weckte Frau Wladislawowa, die sofort die Hebamme holen ließ, welche erklärte, ich werde bald niederkommen... Ich litt sehr, aber erst gegen Mittag des folgenden Tages, am 20. September, wurde ich von einem Sohn entbunden.«[23] Die vorangegangene Schwangerschaft wird nur knapp als Faktum erwähnt; irgendwelche Einzelheiten ihres körperlichen oder seelischen Befindens sind ihr offenbar einer Beschreibung nicht wert.

Wie anders nehmen sich dagegen zeitgenössische Berichte aus! In den letzten beiden Jahrzehnten ist im Zuge der Neuen Mütterlichkeit eine umfangreiche Selbsterfahrungsliteratur zum Thema Schwangerschaft und Geburt entstanden. Alle Arten von Schwangerschaftserfahrungen sind dort festgehalten: Manche Frauen erlebten die Schwangerschaft als eine der wunderbarsten Zeiten ihres Lebens, in der sie sich, zumindest über große Phasen, kraftvoll, schön und im Mittelpunkt fühlten; andere ertrugen sie nur schwer und litten unter den verschiedensten körperlichen Symptomen und seelischen Mißstimmungen. Auch die Schilderungen der Geburtserlebnisse sind sehr verschieden, von der unerfreulich verlaufenden Krankenhausgeburt, bei der die gebärende Frau sich entmündigt und gedemütigt fühlte, bis hin zur euphorisch erlebten Hausgeburt im alternativen Milieu.

»Ich höre Pink Floyd / ich warte auf die erste Wehe / von der ich spüren kann / daß es kein Zurück mehr gibt... Ich sitze im Stuhl / die Schenkel geöffnet / hörend was in meinem Bauch geschieht... Wir werden eine Orgie feiern, / eine Orgie des Lebens / des Ja-Sagens... Ich bin ausgerichtet auf dich / alle Antennen die ich habe / schwingen dir zu... Mein Bauch ist ein Gefäß das dich / freigeben möchte... Ich heiße dich willkommen Kind / mit Jubel und Ekstase...«[24]

Viele Frauen von heute erleben ihre Schwangerschaft und den Höhepunkt, die Geburt ihres Kindes, intensiv – oder sie sind zumindest ausdrücklich gewillt, beides so intensiv wie möglich zu erleben, sich ganz und gar darauf einzulassen – zumal sie von vornherein davon ausgehen, daß sie in ihrem Leben nicht allzu oft schwanger sein werden. Zeitgenössische Erfahrungsberichte sind voll von minutiösen und intensiven Selbstbeobachtungen der Schwangeren, von überschwenglichen Erwartungen ebenso wie von Zweifeln und Ängsten. Frauen, die sich ein zweites Kind wünschen, erklären nicht selten, es ginge ihnen auch darum, »diese Schwangerschaft noch einmal richtig zu genießen«. Wie oft mögen unsere Urgroßmütter ihre Schwangerschaften genossen haben? In einem Erfahrungsbericht erzählt eine junge

Mutter, daß sie von ihrer ersten Entbindung enttäuscht war, weil sie so schnell und unkompliziert verlief: »...das Kind kam so schnell, daß ich gar nicht richtig hinfühlen konnte. Ich habe direkt nach der Geburt gesagt, das muß ich noch mal haben. Ich war so überrascht, ich fühlte mich richtig um das Geburtserlebnis betrogen.«[25]

Auch die Frauen von heute haben Angst, wenn sie schwanger sind. Sie haben sogar erschreckend viele Ängste, womöglich weit mehr als ihre Vorfahrinnen. Sie ängstigen sich zum Beispiel um die Gesundheit und die Normalität ihres Kindes, und das Ausmaß solcher Ängste scheint mit den Möglichkeiten der pränatalen Diagnostik eher zu- als abzunehmen.

Schwangere Frauen heute fürchten im allgemeinen nicht um ihr Leben, sondern um alle möglichen anderen Dinge. In Phyllis Cheslers Schwangerschaftstagebuch finden sich ein paar Beispiele für die heute verbreiteten Ängste von Frauen, die mit dem ersten Kind schwanger sind: »Kind, wie gebieterisch du dich ankündigst! Heute morgen mußte ich mich übergeben... Ich habe Angst vor dir! Weißt du, daß ich entsetzliche Angst vor der ungeheuren Verantwortung habe?« Und sie macht sich Gedanken, die vermutlich Anna Rebecca Claudius ebenso fremd gewesen wären wie der Bäuerin aus dem Zillertal oder der Kaiserin Katharina II.: »Werden wir uns lieben, du und ich? Werden wir uns wirklich lieben?« Zwischendurch fürchtet sie, daß sie ihrem Kind durch zuviel Arbeits- und Reisestreß geschadet hat: »Plötzlich fürchte ich um dein Leben. Lebst du noch? Habe ich dich mit dem Reisen umgebracht?« Und kurz vor dem ausgerechneten Termin hat sie einfach Angst vor der Geburt:»Was ist, wenn die Schmerzen unerträglich sind? Was ist, wenn man mich grausam behandelt, wenn ich zu schwach bin, mich zu verteidigen?«[26]

Viele, wenn nicht die meisten Ängste schwangerer Frauen kreisen heute um die Frage, welche Wende das Kind für ihr

Leben bedeutet, wie sehr ihr Alltag, ihr Lebensplan, ihr Selbstbild sich durch die Mutterschaft verändern werden. So klingt es auch im Tagebuch einer jungen Studentin an, die 1982 ihr erstes Kind erwartete: »Mein Kleines, heute hast du dich viel in mir bewegt, und ich bin mir wieder neu bewußt geworden, daß du bald zu uns gehörst. Wie kann ich mich durch dich verändern lassen und trotzdem die Frau bleiben, die ich bisher war?...Wie und in welcher Weise wirst du mein Leben verändern?...«[27]

Solche Sorgen um ihre Identität kannten die Frauen vergangener Jahrhunderte nicht.

3. Kapitel

Der Kinderwunsch: Von der Selbstverständlichkeit zur Kopfgeburt

Schon der Ausdruck »Kinderwunsch« und erst recht all das, was wir mit ihm verbinden, ist historisch sehr jungen Datums. Daß man Kinder nach Wunsch planen oder verweigern, daß man die Verwirklichung eines Kinderwunschs lange aufschieben kann, das hat unser Familienleben und vor allem die Mutterrolle grundlegend verändert. Noch ist das Ausmaß dieser Veränderungen nicht abzusehen, und vielen Frauen ist nicht einmal bewußt, welch gewaltige Revolution da stattgefunden hat.

Die verheirateten Frauen in der vorindustriellen Gesellschaft hatten keinen »Kinderwunsch« in unserem heutigen Sinne – es war einfach selbstverständlich, daß sie Kinder bekamen, sobald sie verheiratet waren. Egal ob Bäuerin, Handwerkersfrau oder Gattin eines Adligen: Die Kinderlosigkeit eines verheirateten Paares war nie gewollt und meistens eine soziale Katastrophe. Denn erst die Geburt eines Kindes (vorzugsweise eines Sohnes) machte die Frau zur erwachsenen Frau, verlieh ihr den Status der Hausherrin und verwurzelte sie in der Familie des Ehemannes, in die sie mit ihrer Heirat als Fremde eintrat. Keine Kinder zu haben war auch beschämend für den Mann – denn hieß es nicht, daß Gott seinem Hausstand sichtbar den Segen verweigerte? Was nützten fruchtbare Wiesen und Äcker, Kühe und Schweine, wenn die Menschen unfruchtbar blieben? Wem sollte man Hof oder Handwerksbetrieb einmal übergeben, wenn die eigene Zeit abgelaufen war? Und wer sollte sich später um das Ehepaar kümmern, falls Mann oder Frau krank würden oder zu alt und schwach, die nötige Arbeit zu leisten?

Kinder waren für die Ehe der vorindustriellen Gesellschaft eine Selbstverständlichkeit. Sie waren willkommene Arbeitskräfte, denn sie leisteten schon in jungen Jahren einen Beitrag zur Wirtschafts- und Überlebensgemeinschaft der Familie, und sie bildeten die einzige Kranken- und Alterssicherung ihrer Eltern, die sonst im Falle der Not auf fremde Menschen angewiesen waren. Zwar lebten die Menschen im allgemeinen weniger lang als heute; sie waren auch, wenn sie alt wurden, nur selten über längere Zeiträume vollständig abhängig und pflegebedürftig. Außerdem leisteten die erwachsenen Kinder ihren alten Eltern die geschuldete Unterstützung keineswegs immer gern. Es gibt im Gegenteil zahlreiche historische Quellen über häßliche Generationenkonflikte, über böses Gerangel zwischen Jung und Alt um die Hofübergabe oder auch über geizige Nachkommen, die ihre Eltern auf dem Altenteil knapp hielten. Aber allem Anschein nach ging es alten Menschen mit Kindern im allgemeinen besser als Menschen ohne Kindern, vor allem, wenn sie arm waren.
Es wäre wahrscheinlich irreführend zu sagen: »Früher bekamen die Menschen Kinder aus anderen Motiven als heute.« Denn der entscheidende Unterschied zwischen früher und heute besteht genau darin, daß die Kinder eben nicht aus irgendwelchen bewußten Überlegungen heraus in die Welt gesetzt wurden. Die Frage nach den Motiven, dem Für und Wider des Kinderwunschs gehört in die Jetzt-Zeit, wo das alles reflektiert werden kann und immer häufiger reflektiert wird, weil es auch Alternativen gibt.
Kinder gehörten früher selbstverständlich dazu – aber das bedeutete keineswegs, daß alle Kinder auch erwünscht waren. Mit Sicherheit war der Anteil unerwünschter Kinder früher sehr viel höher als heute. Unerwünscht waren zum Beispiel die Kinder lediger Mütter und fast alle Kinder, die aus unerlaubten Beziehungen hervorgingen, so etwa aus ehebrecherischen Beziehungen oder aus Beziehungen, in denen

zwar beide Partner noch ledig waren, aber aus irgendwelchen Gründen nicht heiraten durften. Die Ehe in der vorindustriellen Gesellschaft war ein Privileg, das mit der wirtschaftlichen Unabhängigkeit verknüpft war. Sich fortzupflanzen war im allgemeinen nur denjenigen erlaubt, die auch eine tragende wirtschaftliche Existenz besaßen. So durften vielerorts die Armen nicht heiraten, und häufig war für bestimmte Berufsstände – etwa für Knechte, Mägde, Handwerksgesellen, Soldaten – die Ehelosigkeit vorgeschrieben[28]. Manchmal nahm man es mit der Moral etwas lockerer; mancherorts ließ ein Bauer den Sprößling der ledigen Magd mit seinen ehelichen Kindern aufwachsen (der Sprößling konnte durchaus sein eigener sein), und sicher gelang es manch einer verheirateten Frau, das Kind eines Liebhabers unter die Schar ihrer legitimen Kinder zu mogeln, ohne daß ihr Ehemann daran Anstoß nahm oder vielleicht auch nur Verdacht schöpfte. Aber im allgemeinen waren solche Kinder unerwünscht; man setzte sie lieber aus oder gab sie fort, ebenso wie die Kinder von Dirnen oder von Nonnen.

Auch eheliche Kinder waren keineswegs immer erwünscht, vor allem dann nicht, wenn sie als Spätgeborene einer größeren Geschwisterschar zur Welt kamen. Denn nicht nur die Kinderlosigkeit eines verheirateten Paares bedeutete eine soziale Katastrophe, sondern auch ein zu großer Kinderreichtum. »Der Bauer freut sich, wenn sein Weib ihm das erste Pfand der Liebe bringt, er freut sich auch noch beim zweiten oder dritten, aber nicht auch so beim vierten, da treten schon Sorgen an die Stelle der Freude. ... Er sieht alle nachkommenden Kinder für feindliche Geschöpfe an, die ihm und seiner vorhandenen Familie das Brod vor dem Munde wegnehmen. Sogar das zärtlichste Mutterherz wird schon für das fünfte Kind gleichgültig, und dem sechsten wünscht sie schon laut den Tod, daß das Kind (wie man es hier ausdrückt) himmeln sollte«, schrieb ein bayerischer Zeitgenosse um das Jahr 1800[29].

Da es so viele unerwünschte Kinder gab, bot sich unfruchtbaren Ehepaaren immer die Möglichkeit, fremde Kinder zu sich so nehmen und wie eigene aufzuziehen. Davon wurde auch reichlich Gebrauch gemacht, denn es ging im Gegensatz zu heute sehr einfach und unbürokratisch vor sich. Im bäuerlichen und im Handwerkshaushalt arbeiteten ohnehin häufig fremde Kinder mit, meist Kinder von Verwandten oder Nachbarn, die dort gerade nicht gebraucht wurden.

Der Kinderwunsch ist für uns überhaupt erst zum Thema geworden, seit das eheliche Zusammenleben ohne Kinder möglich ist – das heißt, seit es gesellschaftlich akzeptiert wird und manchmal auch als eine attraktive Alternative erscheint. Eine sichere und einfach zu praktizierende Empfängnisverhütung war die Voraussetzung, aber entscheidend für das neue Verhältnis zu Kindern war die Veränderung unserer Wirtschaftsform. Das Überleben in der fortgeschrittenen Industriegesellschaft hängt nicht mehr von der Zugehörigkeit zu einer gemeinsam wirtschaftenden Gruppe ab, der Familie oder dem »Ganzen Hause«, sondern beruht auf der Leistung des einzelnen Menschen. Diese individuelle Leistungsfähigkeit ist eher eingeschränkt, wenn neben der Erwerbsarbeit auch noch Kinder großgezogen werden. Unsere Wirtschaftsordnung hat so aus der Fortpflanzung, die früher eine soziale Selbstverständlichkeit und zugleich eine ökonomische Notwendigkeit war, eine Privatangelegenheit des Paares (und machmal sogar nur der Frau) gemacht – gewissermaßen ein Hobby, das die einen sich etwas kosten lassen, während die anderen eben andere Hobbies vorziehen.

In den letzten hundert Jahren ist die durchschnittliche Kinderzahl eines Ehepaares stark zurückgegangen, von 4,1 Kindern pro Familie im Jahre 1900 auf 1,7 heute, wie den Statistiken zu entnehmen ist. Welche umwälzenden Veränderungen der Familienstruktur hinter solchen trockenen Zahlen stehen, können wir uns sehr viel plastischer klarmachen, wenn wir einen Blick in unseren Familien-Stammbaum tun, wie es zum Beispiel die Autorin Luise F. Pusch (Jahrgang 1944) getan hat: »Meine Urgroßmutter hat sechzehn Kinder geboren, zwölf überlebten... Ihre jüngste Tochter, meine Großmutter, hat acht Kinder geboren, sechs überlebten. Meine Mutter hat vier Kinder geboren, alle leben noch. Von ihren beiden Töchtern hat nur meine Schwester Kinder: zwei Mädchen.«[30]

Warum bekommen die Frauen heute so wenig Kinder? Diese Tatsache beunruhigt, seit die Geburtenzahlen unter das Reproduktionsniveau sinken, nicht nur Politiker, die sich um die Zukunft der Rentenversicherung Gedanken machen. Dabei ist diese Frage sehr einfach zu beantworten: Viele der Gründe, die Kinder früher selbstverständlich machten oder wünschenswert erscheinen ließen, bestehen heute nicht mehr. Viel interessanter ist es, die Frage andersherum zu stellen: Warum bekommen die Frauen noch immer Kinder, obwohl es mit so vielen gesellschaftlichen Nachteilen für sie verbunden ist?

Kinder als Stütze im Alter? Unsere Krankheits- und Altersversicherung ist unabhängig vom Familienstand staatlich organisiert, zum Glück für uns, denn die meisten würden den Gedanken nicht angenehm finden, in der letzten Lebensphase von ihren erwachsenen Kindern abhängig zu sein. Zwar mag manch eine/r, die oder der jetzt Kinder großzieht, im stillen darauf hoffen, daß sie auch später noch für sie oder ihn da sind, daß sie dermaleinst die Freude des Alters sein werden – aber fest darauf bauen darf man eigentlich nicht mehr, jedenfalls nicht so, daß dies ein Motiv wäre, Kinder in die Welt zu setzen. Es verträgt sich offenbar nicht mit dem Charakter der heutigen Eltern-Kind-Beziehung zu verlangen, daß die Kinder einen im Alter aus Dankbarkeit finanziell unterstützen oder persönlich pflegen. Eltern wünschen sich von ihren Kindern eigentlich die Art von Liebe, die vom Verpflichtungsgefühl frei ist und nicht als Schuldigkeit eingefordert werden kann.

Kinder als nützliche Arbeitskräfte? Die Zeiten sind vorbei. Kinder helfen heute ihren Eltern kaum noch, sie machen nur Arbeit. Gerade in dieser Hinsicht hat sich ihre Rolle innerhalb der letzten Generation gründlich geändert. Noch in den 50er Jahren war selbst in der städtischen Mittelschicht eine gewisse Mithilfe der Kinder im Haushalt üblich, beim Aufräumen, Putzen, Einkaufen, im Garten, bei der Betreuung jüngerer Geschwister. Von Mädchen wurde mehr Beteiligung an Haushaltsarbeiten erwartet als von Jungen, denen man im Hinblick auf ihre spätere Rolle als Hauptverdiener mehr Spielraum für die individuelle Entfaltung, mehr Zeit zum Lernen, für Sport und Spiel zubilligte. In der Landwirtschaft und in kleinen Familienbetrieben, in denen beide Eltern arbeiteten, hat sich die selbstverständliche Mitarbeit der Kinder zum Teil noch länger erhalten, aber überall sonst ist sie im Laufe der 70er und 80er Jahre immer weniger geworden. Die Frauenemanzipation führte dazu, daß man auch den Töchtern mehr Freiraum gestattete: Heute helfen nicht etwa die Söhne mehr, was doch im Sinne einer zukünftigen partnerschaftlichen Arbeitsteilung wünschenswert wäre, sondern die Mädchen helfen ebensowenig wie ihre Brüder, und die Hausarbeit bleibt allein Sache der Mutter.

Kinder zu bekommen und großzuziehen war auch in früheren Zeiten harte Arbeit. Aber insgesamt war die ökonomische Bilanz dabei für Eltern ausgeglichener: Sie durften erwarten, daß sie etwas von dem zurückbekamen, was sie zuvor »investiert« hatten, spätestens im Alter, und sie besaßen in ihren Kindern von einem gewissen Alter an nützliche Arbeitskräfte. Heute hat sich diese ökonomische Bilanz für die Eltern drastisch verschlechtert.

Hinzu kommt, daß wir, vom individualistischen Zeitgeist geprägt, nicht mehr so stark in generationenübergreifenden Zusammenhängen denken. Unsere Vorfahren erlebten sich viel eher als Glieder einer Familienkette, die weit in die Vergangenheit zurückreichte und nur dadurch, daß sie Leben weitergaben, auch in die Zukunft weiterbestehen würde. Heute wird kaum ein Vater ernsthaft von seinem Sohn verlangen, daß der einmal das Geschäft übernimmt, das sein Großvater oder Urgroßvater aufgebaut und sein Vater für ihn erhalten hat. Der Gedanke, daß eigene Kinder auch als Erben und Bewahrer des Lebenswerks wichtig sind, spielt für Menschen unserer Zeit nur noch eine geringe Rolle. Ein Lebenswerk ist heute vorrangig eine individuelle Angelegenheit, und wir selbst sind ja in der Regel auch schon nicht mehr in die Fußstapfen unserer Väter (und Mütter?) getreten.

Kurzum: Vieles, was früher für Kinder sprach, hat heute keine Bedeutung mehr, und mancher Vorteil, den Eltern früher hatten, ist sogar in sein Gegenteil verkehrt. Empfängnisverhütung ist einfach zu praktizieren und nicht mehr verpönt. Kann es uns da noch wundern, wenn sehr viel weniger Kinder geboren werden als früher?

Die Einführung der »Anti-Baby-Pille« führte zu einer bedeutsamen Veränderung im Umgang mit Verhütung und Kinderwunsch: Früher war die Empfängnisbereitschaft der verheirateten Frau im gebärfähigen Alter der Normalzustand, und es mußte im Einzelfall bewußt verhütet werden, wenn eine Schwangerschaft vermieden werden sollte. Heute ist für die Frau im gebärfähigen Alter der Zustand der Dauerverhütung die Regel – und die Pille muß bewußt abgesetzt werden, wenn ein Kind erwünscht ist. Das setzt einen ganz anderen Reflektionsprozeß in Gang: Man denkt nicht mehr wie früher darüber nach, warum ein Kind zu einem bestimmten Zeitpunkt ungünstig wäre, sondern wird dazu gedrängt, darüber nachzudenken, ob und wann und warum man ein Kind möchte. In dieser Weise haben die Frauen

früherer Generationen ihren Kinderwunsch nicht hinterfragen können.
Warum bekommen Frauen überhaupt Kinder? Weil sie ein instinktives Bedürfnis nach Mutterschaft haben, möchte man vielleicht spontan als erstes antworten. Es muß so einen Instinkt geben, denn sonst wäre die Menschheit längst ausgestorben. Allerdings ist dieser Instinkt sozial sehr formbar, denn auf der einen Seite hat es historische Epochen gegeben, in denen man viele Frauen erfolgreich an der Fortpflanzung gehindert hat (etwa die Mägde im Mittelalter), auf der anderen Seite gab es Zeiten, in denen die Frauen bestimmter Gesellschaftsschichten in ihrem Leben nicht selten zehn bis zwanzig Kinder geboren haben – so wie es in manchen Ländern der Dritten Welt noch heute der Fall ist. Im allgemeinen scheinen Wohlstand und ein gewisses Bildungsniveau die Bereitschaft der Frauen zu senken, viele Kinder in die Welt zu setzen. Das wird nicht nur durch die demographische Entwicklung der Industrienationen belegt, sondern auch durch Untersuchungen der Weltgesundheitsorganisation (WHO), denen zufolge die durchschnittlichen Kinderzahlen sofort drastisch sinken, wenn Frauen, die zuvor Analphabetinnen waren, nur ein bis zwei Jahre Schulbildung erhalten. In China hat man Ehepaaren seit 1980 die Beschränkung auf ein Kind verordnet, weil sich in den drei Jahrzehnten zuvor die Bevölkerung verdoppelt hatte. Die meisten halten sich auch daran; einige wenige allerdings setzen trotz gravierender sozialer Sanktionen ein weiteres Kind in die Welt. Wie stark die Geburtenzahlen von gesellschaftlichen, besonders von ökonomischen Bedingungen abhängig sind, hat sich bei uns in Deutschland in jüngster Vergangenheit nach der Wiedervereinigung gezeigt: Die verschlechterten Arbeitsbedingungen für Mütter haben zu einer Halbierung der Geburtenrate in Ostdeutschland geführt.
Interessant wäre es zu wissen, wieviel Kinder Frauen unter

normalen Bedingungen bekommen – das heißt also, wenn es ihnen niemand verbietet, sie aber auch niemand dazu drängt. Aber wir müssen zugeben, daß wir nicht wissen, welche Bedingungen »normal« sind. Es scheint, daß Frauen ihr Fortpflanzungsverhalten in gewisser Weise immer den äußeren gesellschaftlichen Bedingungen angepaßt haben, manchmal sehr schnell und manchmal mit einer zeitlichen Verzögerung über mehrere Generationen. – Ein Instinkt, der so formbar ist, kann wohl nur eine sehr unzureichende Antwort auf die Frage geben, warum Menschen bzw. Frauen Kinder bekommen.

»Weil es einfach dazu gehört«, würden auch heute noch die meisten Leute sagen, »weil ich mir ein Leben ohne Kinder einfach nicht vorstellen kann.« Historisch neu ist, daß sich nun aber offensichtlich doch immer mehr Menschen ein Leben ohne Kinder vorstellen können – wie uns die Statistiken zeigen. Ein gutes Viertel aller Erwachsenen bleibt gegenwärtig bei uns kinderlos, ein weiteres Viertel setzt nur ein Kind in die Welt[31].

Es gibt inzwischen eine große Zahl von Erfahrungsberichten und Interviews, in denen vor allem Frauen erzählen, warum sie sich Kinder wünschen oder gewünscht haben. »Kinder bringen Leben ins Haus«, »ohne Kinder wird auf Dauer alles steril und langweilig« – diese Gründe werden oft genannt. Manche Antworten sind auch genauer: »Es ist bereichernd, die Welt noch einmal aus den Augen eines Kindes zu sehen«, »man kann von Kindern viel lernen, zum Beispiel Originalität und Spontaneität«, »ein Kind versetzt einen in die eigene Kindheit zurück«. Natürlich geben solche Begründungen nicht nur die eigenen Motive, sondern auch die gängigen Klischees der öffentlichen Diskussion wieder. Außerdem mögen neben oder hinter den auf Nachfrage genannten Gründen noch andere Bedürfnisse und Wünsche liegen, die nicht erwähnt werden und vielleicht den Frauen selber gar nicht bewußt sind. Auffällig ist, daß alle Beweggründe für

ein Kind heute auf einer immateriellen Ebene zu liegen scheinen: Man verspricht sich, in Kenntnis der Belastung, die Kinder mit sich bringen, einen seelischen Gewinn.
Fragt man dagegen Frauen, die kein Kind (oder noch kein Kind) wollen, nach ihren Gründen, dann bekommt man durchaus auch Argumente auf der ökonomisch-materiellen Ebene zu hören: »Mein Einkommen ist noch ungesichert«, »ich lebe in einer Beziehung, die nicht stabil genug ist «, »ich habe keine Lust, den Beruf aufzugeben oder mein berufliches Engagement einzuschränken«, »ich fürchte die mit einem Kind verbundene Abhängigkeit vom Partner«, »es würde mich in den eigenen Lebens- und Entfaltungsmöglichkeiten zu sehr einschränken«, »ich fühe mich noch nicht reif genug für ein Kind« und ähnliches.
Zwar hat der soziale Druck für Frauen, auf jeden Fall ein eigenes Kind haben zu müssen, in jüngster Vergangenheit merklich nachgelasssen. Doch noch immer verurteilt die öffentliche Meinung kinderlose Paare von einem bestimmten Alter ab als egoistisch. Weil sie ihre Kinderlosigkeit auch ökonomisch begründen, gelten sie als materialistisch, konsum- und karriereorientiert – während man Paaren bzw. Frauen, die Kinder haben oder haben möchten, von vornherein gern edlere Motive unterlegt. Dabei sind die Motive, die Menschen zu Eltern machen, nicht weniger »egoistisch« als die, die sie vor der Elternschaft zurückscheuen lassen. In beiden Fällen will man etwas für sich selbst, Erfahrungen, Gefühle, seelische Bereicherung – nur daß die einen sich diese Erlebnisse vom Zusammenleben mit ihren Kindern erhoffen, während die anderen sie anderswo suchen, im Beruf, in der Liebesbeziehung, auf Reisen oder sonstwo, und Kinder bei dieser Suche als hinderlich ansehen.
Sicher gibt es noch immer, auch bei uns, genug Frauen, die ihre Kinder in die Welt setzen, ohne vorher groß nachzudenken, einfach weil sie schon immer Kinder haben wollten oder

weil ihre Freundinnen und Bekannten jetzt ebenfalls alle Kinder bekommen. Doch für immer mehr Frauen wird die Mutterschaft zu einem Zustand, in den sie sich nicht selbstverständlich und gedankenlos begeben. Vielleicht streben sie ihn nicht jedes Mal bewußt an – aber die meisten haben sich vorher lange Gedanken darüber gemacht, warum sie ein Kind wollen und was sie sich von der Mutterschaft versprechen. Von einem Kind versprechen sich Frauen neue Erfahrungen, einen neuen und andersartigen Zugang zur Welt, eine vielleicht bisher nicht gekannte Qualität und Intensität der Gefühle. »Ich möchte auf keinen Fall kinderlos alt werden. Ich hätte das Gefühl, etwas sehr Wesentliches im Leben zu verpassen«, so drückt es eine junge Frau aus[32]. Manchmal wünschen sie sich diese Erfahrungen in erster Linie für sich selbst, aber häufig soll das Kind ein gemeinsames Projekt des Paares sein, die neuen Erlebnisse sollen Mann und Frau miteinander verbinden. »Peter und ich lebten schon sieben Jahre zusammen, als wir uns entschlossen zu heiraten. An Kinder dachten wir damals noch lange nicht. Erst drei Jahre später fühlten wir uns reif, die Verantwortung für ein Kind zu übernehmen. Wir waren bereit für das große Abenteuer.«[33] Spätestens mit seiner Geburt, manchmal schon während der Schwangerschaft wirft das Kind die Alltagsroutine des Paares über den Haufen, stört den reibungslosen und vielleicht langweilig gewordenen Ablauf der Dinge und zwingt Mutter und Vater zu neuem Verhalten. Das ist anstrengend, kann aber das Leben neu und aufregend erscheinen lassen. Neue Kräfte und Fähigkeiten wachsen einem zu. Gesucht wird die Herausforderung – und die Bestätigung, die darin liegt, die Herausforderung zu meistern. Kinder zu bekommen wird immer mehr als Abenteuer erlebt, als Aufbruch ins Unbekannte, der zwar mit Anstrengungen und Risiken verbunden ist, bei dem aber auch neue Gefühle und Erlebnisse von großer Intensität als Belohnung winken.

Diese Einstellung zur »Kinderfrage« konnte sich nur auf dem Hintergrund der neuen Wahlfreiheit entwickeln. Frauen können heute so lange kinderlos bleiben, wie sie wollen, und währenddessen beliebig in ihrer Phantasie durchspielen, wie ihr Leben aussähe, wenn sie Kinder hätten. Den einen Zustand kennen sie, deswegen mag ihnen der andere irgendwann interessanter erscheinen.

In einer bestimmten Lebensphase sind bei den meisten Frauen viele grundlegende Lebensentscheidungen gefallen: Die Ausbildung ist beendet, ein Beruf gefunden, eine Partnerbeziehung begründet, mehr oder weniger befriedigend oder stabil. Spätestens jetzt kommt der Zeitpunkt, über ein Kind nachzudenken. »Wenn ich kein Kind bekomme, wird alles im wesentlichen so weitergehen wie bisher«, denken sie sich, »vielleicht noch eine oder zwei Stufen auf der Karriereleiter, vielleicht mal eine andere Stelle und etwas mehr Geld, vielleicht noch diese oder jene Reise, vielleicht noch mal ein anderer Mann, eine andere Liebe – aber das ist es dann auch. Wenn ich aber ein Kind kriege, dann beginnt für mich noch einmal etwas grundsätzlich Neues, etwas qualitativ ganz anderes. Alles wird noch einmal in ganz anderem Licht erscheinen, alles wird von daher noch einen neuen tieferen Sinn erhalten. Vielleicht wird es nicht so wunderbar, wie ich es mir vorstelle, aber wenn ich ohne Kind alt werde, kann ich das nie herausfinden.« Die Voraussetzungen sind gegeben, die Vorbereitungen getroffen – jetzt ist ein Kind dran.

Natürlich kann der Kinderwunsch auch aus einem Defizit heraus entstehen, aus einem Gefühl der inneren Unrast und Leere. Das eigene Leben ist nicht, wie die Frau es sich gewünscht hat, es befriedigt nicht, wie es sollte. Der Beruf ist langweilig oder unerfreulich, die Liebesbeziehung trägt nicht, andere positive Lebensperspektiven werden nicht gesehen. Vom Kind wird dann all das erwartet, was jetzt fehlt, es soll Löcher füllen und Wunden heilen. »Ich habe mein

Kind auch bekommen aus Angst vor der Leere, die sich... vor mir auftat, Angst vor meiner ungewissen Zukunft.« »Wenn man ein Kind hat,... dann hat man das erste Mal etwas, für das man wichtig ist.« »Dann hab ich was, was immer bei mir bleibt.« Elternschaft dient nicht selten auch als Flucht aus einem Alltag, »in dem andere Möglichkeiten, Neues zu beginnen, entweder nicht bestehen oder aber nicht gesehen werden«[34].

Es sind eher die Frauen als die Männer, die vom Kind eine Wende in ihrem Leben erwarten, die mit dem Kinderwunsch Sinnsuche und Heilserwartung verknüpfen, die sich über die Verantwortung für ein Kind im Leben verwurzeln wollen.

Es gibt Frauen, die werden immer gerade dann schwanger, wenn sie spüren, daß sie in ihrem Leben vor neue Entscheidungen gestellt sind, wenn sie sich eigentlich aufgerufen fühlen, etwas zu tun oder zu unternehmen, wenn etwas Neues geschehen muß, vor dem sie vielleicht Angst haben. (Soll ich umschulen? Das berufliche Angebot in einer anderen Stadt annehmen? Die Liebesbeziehung beenden?). Die Schwangerschaft entlastet sie dann von der Notwendigkeit, von sich aus zu handeln; sie gibt ihrem Leben eine schicksalshafte Wende. Das Kind, das sie erwarten, setzt jetzt die Prioritäten und verlangt von ihnen nur Anpassung an das Gegebene. – Solche Schwangerschaften sind selten bewußt oder geplant; auf der bewußten Ebene kommen sie der Frau oft nicht einmal gelegen.

Viele Frauen ersehnen in einem Kind den Menschen, dem sie all die Zärtlichkeit und Liebe geben können, für die es in ihrem Leben sonst keinen Adressaten gibt. Manche berichten von einer sinnlichen Sehnsucht nach einem Baby, sie spüren ein Verlangen, mit einem Baby, einem Kleinkind zu schmusen, das sich nicht in der Beziehung zu einem erwachsenen Menschen befriedigen läßt.

Die Beziehung zum Partner kann als emotional unbefriedigend und als unsicher empfunden werden – die Beziehung zum Kind dagegen als eine, die bleibt. Sie kann von keiner Seite aufgekündigt werden, die Kinder können der Frau nicht weglaufen wie vielleicht ein Ehemann oder Liebhaber – jedenfalls die nächsten fünfzehn bis zwanzig Jahre nicht. Meistens wird das allerdings nicht in dieser Weise ausgedrückt, sondern verbirgt sich hinter dem Bedürfnis nach dem »Gebrauchtwerden«. In der Beziehung zum Kind kann sich die Mutter zumindest in den ersten Jahren als unersetzlich erleben in einer Weise, wie sie es für keinen erwachsenen Partner wäre. »Mit ihrer Fürsorge für ein Kind schafft eine Frau sich ein Wesen, das sie leidenschaftlich und ausschließlich liebt, das sie mehr braucht als jemals ein Erwachsener.«[35]

»Ich möchte gebraucht werden« – hinter diesem Bedürfnis steht auch die Sehnsucht nach dem Eingebundensein in Verantwortung, die dem Leben erst einen Sinn gibt.

Selbsterfahrungsberichte, Interviews und autobiographische Literatur enthüllen eine große Vielzahl von Motiven für den Kinderwunsch der Frauen von heute. Die Motive, bewußt oder unbewußt, vorder- oder hintergründig, sind so verschieden wie die Persönlichkeiten der Frauen. Natürlich haben auch unsere Urgroßmütter mit ihren Schwangerschaften Hoffnungen und Erwartungen verknüpft; sie wollten vielleicht Kinder, um endlich als erwachsene Frau anerkannt zu werden, um über ihre Fruchtbarkeit ihr Selbstwertgefühl zu bestätigen, um ihre Ehe zu krönen oder, im Gegenteil, zum Trost, weil sie lieblos war, weil ihnen die Sexualität als solche keinen besonderen Spaß machte, weil sie Verbündete suchten und so weiter. Aber ihre Erwartungen und Befürchtungen spielten eine geringere Rolle, weil die Kinder so oder so kamen; von ihnen hing nicht die Entscheidung über die Schwangerschaft ab.

Bis zur Geburt eines Kindes ist die weibliche Biographie heute der männlichen sehr ähnlich. Sie ist zunächst auf Ausbildung und Beruf hin angelegt, die die Voraussetzung für wirtschaftliche Unabhängigkeit darstellen; neben der Arbeit füllen Freundschaften, Liebesbeziehungen, eine individuelle Freizeitgestaltung den Alltag aus. Wie der Mann muß sich heute auch die Frau individuelle Ziele setzen, sie muß ihr Leben planen und aus dieser Planung und dem Erreichen ihrer Ziele Befriedigung ziehen. Das ist historisch eine neue Situation. Noch vor einer Generation sah das Leben der Frauen ganz anders aus: Die Heirat und die Zahl der Kinder, die sich schicksalshaft einstellten, bestimmten ihren weiteren Lebensverlauf. Nicht vorausschauende Lebensplanung, sondern die Fähigkeit zur Anpassung an Lebenswendungen, die nur bedingt von ihr herbeigeführt und oft nicht einmal vorausgesehen werden konnten, war gefragt: die Anpassung an einen Ehemann, den sie als Mädchen noch gar nicht kannte, an seine gesellschaftliche Stellung und seine Berufslaufbahn, die Anpassung an die Rolle der Mutter einer vorher unbekannten und nicht genau planbaren Zahl von Kindern, später die Anpassung an den Status der Witwe, der ebenfalls nicht von ihr selbst eingeleitet wurde.
In der heutigen Gesellschaft entwerfen die Frauen wie zuvor nur die Männer ihr Leben individuell, sie haben große neue Gestaltungsräume dazugewonnen, aber sie haben zugleich auch etwas verloren: die Einbettung in den von außen vorgegebenen Rahmen der kollektiven weiblichen Biographie, die einerseits Einengung, andererseits aber auch eine Art frageloser Sicherheit bedeutete. Diese Veränderung wird von vielen Frauen nicht nur positiv, als Befreiung, sondern auch negativ, als Verunsicherung und ständiger Leistungsdruck, erlebt.
Wenn eine Frau Mutter wird, ist vorübergehend ihre Orientierung am männlich-individualisierten Lebensmuster erst einmal außer Kraft gesetzt, und ihre Biographie gerät zu-

mindest teilweise wieder unter das Gesetz des traditionellen Frauenlebens. Als Mutter orientiert sie sich von nun an und für längere Zeit in erster Linie an den Bedürfnissen eines anderen Lebewesens; das Kind wird zum Mittelpunkt ihres Alltags, wie es ein Ehemann für eine Frau heute kaum mehr sein kann. Dieser Zustand wird von den meisten Frauen sehr ambivalent erfahren: teilweise als Einengung, als Rückfall in eine abgelehnte Abhängigkeit, teilweise aber auch als Befreiung von dem Leistungsdruck, unter dem die männliche Biographie steht. Mit dem Kind erhält die Frau einen Lebenssinn, der nicht immer wieder neu gesucht werden muß, sondern erst einmal fraglos selbstverständlich da ist. Für Jahre setzt das Kind Prioritäten und strukturiert mit seinen Anforderungen den Alltag der Frau. Für Jahre – aber eben nicht bis zu ihrem Lebensende. Irgendwann ist sie (anders als ihre Mütter und Großmütter) genötigt, zu einer individualisierten Biographie zurückzukehren, zu einem Leben, in dem sie für sich selbst Pläne machen und sich eigene Ziele setzen muß. Es sind diese Umbrüche, die das Leben der Frauen heute so schwierig machen, weil sie individuell gestaltet werden müssen und nicht mehr in gesellschaftlich vorgegebenen Bahnen verlaufen. In dem Augenblick, in dem eine Frau ein Kind will, und in den ersten Jahren der Mutterschaft wird nur der eine Umbruch krisenhaft erlebt; der andere, wieder zurück in die umgekehrte Richtung, scheint noch Lichtjahre entfernt.

Sich ein Kind zu wünschen, bedeutet also für manche Frauen heute auch, den Zwängen der männlichen Biographie zu entrinnen, bei der Sinnsuche mit individueller Lebensplanung und Leistung verknüpft ist, wenigstens vorübergehend die Last der Individualität abzuschütteln. »Wenn man ein Kind hat, dann kann man erst mal aufhören zu arbeiten, und dann hat man das erste Mal etwas, für das man wichtig ist«, sagte eine Graphikerin[36]. Diesen Wunsch haben wahrscheinlich vor allem Frauen, deren Berufe monoton und zermürbend und deren individuelle Lebensperspektiven ansonsten uninteressant sind – Frauen mit schlechter Ausbildung in wenig qualifizierten Berufen.

Bei Frauen, die beruflich hochmotiviert und auch erfolgreich sind, die es im männlich orientierten Teil ihres Lebens weit gebracht haben, kann der Kinderwunsch mit dem Bedürfnis verbunden sein, sich auch als Frau zu bestätigen oder zusätzlich in diesem Lebensbereich als kompetent zu erfahren. »Ich habe mir und den anderen bewiesen, was ich im Beruf leisten kann – jetzt möchte ich gern auch erleben, wie es ist, ein Kind zu haben. Ich will wissen, wie es mir gelingt, Mutterschaft und Beruf miteinander zu vereinbaren.« Die Möglichkeit, Mutter zu werden, Schwangerschaft und Geburt zu erfahren, kann als zusätzliche Potenz gesehen werden, als eine zusätzliche Facette der Selbsterfahrung und Selbstverwirklichung, die den Männern in dieser Weise nicht offensteht.

Was auch immer die Wünsche der Frauen sind, wenn sie sich entschließen, ein Kind zu bekommen: Die Erfahrungen, die sie machen, die Empfindungen, die sie haben, wenn das Kind einmal da ist, sind ganz anders, als sie vorher glaubten. »Der Weg zur Elternschaft wird, unvermeidlich, unter falscher Flagge angetreten. Für die Entscheidung, ob man Kinder haben will oder nicht, hat man wohl oder übel das ›falsche Bewußtsein‹, nämlich das kinderlose.«[37]

Sind die Kinder einmal da, nehmen sie nicht nur im Alltag, sondern auch im Seelenhaushalt der Eltern einen vorrangigen, wenn nicht gar den wichtigsten Platz ein. An ihnen machen sich die nicht erfüllten Hoffnungen für das eigene Leben fest; durch sie und an ihnen wird die eigene Kindheit aufgearbeitet; sie dienen als Lebenssinn oder werden als Unterpfand im Beziehungskrieg eines Paares und als Partnerersatz benutzt. Die familientherapeutische Literatur liefert dafür reichhaltiges Material. Doch das ist historisch eigentlich nichts Neues. Neu ist lediglich die psychische Überfrachtung des Kinderwunsches, die genau in dem Maße zugenommen hat, wie die naturwüchsige Selbstverständlichkeit des Kinderhabens abhanden kam und aus den ökonomischen Nutzen von einst wirtschaftliche Kosten geworden sind.

In der Literatur zur unfreiwilligen Kinderlosigkeit taucht häufig der Begriff vom »überwertigen Kinderwunsch« auf: Dieser Begriff meint, daß der langgehegte, nicht erfüllte Kinderwunsch einen immer höheren und immer unangemesseneren Stellenwert in den Phantasien kinderloser Paare, vor allem kinderloser Frauen, bekommt. Er steht stellvertretend für alle anderen Lebenswünsche, die die Betroffenen haben, er wird zum Symbol für alle unerfüllten eigenen Sehnsüchte – eine nicht unbedenkliche Hypothek für ein Kind, wenn es dann doch irgendwann geboren wird.

Aber heute ist, verglichen mit früheren Zeiten, beinahe jeder Kinderwunsch »überwertig«, und fast alle Kinder sind heute »Kopfgeburten«. Das heißt, sie werden schon lange vor ihrer Geburt oder sogar schon vor ihrer Empfängnis im Kopf hin und her bewegt, und sie sind hoch besetzt mit Ängsten, Zweifeln, freudigen Erwartungen und eigenen Selbstverwirklichungswünschen.

4. Kapitel:

Der Preis der »Wahlfreiheit«: Die Verschärfung der Konkurrenz zwischen Müttern und kinderlosen Frauen

Jede öffentliche Diskussion über Frauenthemen landet unweigerlich bei der alten Auseinandersetzung zwischen erwerbstätigen und nicht-erwerbstätigen Müttern.
»Die Kinder brauchen die Mutter«, sagen die einen; »sie muß stets präsent sein; eine außerhäusliche Erwerbstätigkeit fügt ihnen irreversible Schäden zu.« »Wenn die Kinder in Abwesenheit der Mutter gut betreut sind, schadet ihnen deren Berufstätigkeit nicht, im Gegenteil«, behaupten die anderen, »Kinder erwerbstätiger Frauen sind selbständiger.«
Diese Debatte wird seit den fünfziger Jahren mit beinahe gleichlautenden Argumenten geführt; obwohl es inzwischen wissenschaftlich hinreichend erforscht und belegt ist, daß pauschal weder das eine noch das andere stimmt, sondern daß es auf zahlreiche Randbedingungen ankommt. Dazu gehört nicht nur die Qualität der alternativen Kinderbetreuung, sondern auch die Einstellung der Mutter: Geht sie gern oder nur gezwungenermaßen, etwa unter ökonomischem Druck, außer Haus arbeiten?
Als kleiner Fortschritt in dieser Diskussion mag die Tatsache gelten, daß sie heute etwas weniger feindselig geführt wird als vor zwanzig oder dreißig Jahren. Neu ist auch, daß die Müttererwerbstätigkeit nicht mehr grundsätzlich umstritten ist, sondern nur noch die von Müttern kleinerer Kinder (meist geht es um das Vorschulalter).
Noch immer stellt sich eine breite Mehrheit junger Frauen einen Lebensverlauf nach dem »Drei-Phasen-Modell« vor, wie er seit den sechziger Jahren vor allem von der konserva-

tiven Familienpolitik proklamiert wurde. Die erste Phase, die der Ausbildung und frühen Erwerbstätigkeit, ist auf ökonomische Selbständigkeit ausgerichtet und entspricht ganz der männlichen Normalbiographie; sie dauert bis zur Geburt des ersten Kindes. In der zweiten Phase soll sich die Frau vorübergehend aus dem Beruf zurückziehen und ganz der Betreuung ihrer Kinder widmen, bis die mindestens das Schulalter erreicht haben. Die dritte Lebensphase soll dann den Wiedereinstieg in den Beruf bringen.

Doch die Erfahrung der letzten Jahrzehnte hat gezeigt, daß genau hier der Haken liegt. Unser Wirtschaftssystem orientiert sich an der ununterbrochenen männlichen Erwerbsbiographie und ermöglicht keinen glatten Wiedereinstieg in den Beruf nach mehreren Jahren Unterbrechung, jedenfalls nicht in den erlernten Beruf und nicht auf der ursprünglichen Qualifikationsebene. Gewiß haben in den vergangenen Jahren viele Frauen auch nach längerer Unterbrechung wieder einen Job bekommen, aber meistens waren das unterbezahlte Tätigkeiten, oft genug in ausbildungsfremden Berufen, die nicht ihrem Qualifikationsniveau entsprachen.

Im allgemeinen bedeutet ein Ausstieg aus dem Beruf in der Phase aktiver Mutterschaft, wenn er länger als drei Jahre dauert, den Ausstieg aus dem Beruf überhaupt – wenn auch manche Frau sich noch eine Weile einreden mag, sie habe noch immer die Wahl, sie könne immer noch irgendwann, »wenn die Kinder größer sind und mich nicht mehr so brauchen«, wieder erwerbstätig werden. Es gibt einige wenige Berufe, bei denen eine Rückkehr sich leichter bewerkstelligen läßt, aber nur in wenigen Fällen (z. B. im Beamtenverhältnis) existiert eine Arbeitsplatzgarantie über die gesetzlich gewährleisteten drei Jahre hinaus. Die Entwicklung der Konjunktur hat die Bedingungen für einen Wiedereinstieg der Frauen in den letzten Jahren eher verschlechtert als verbessert.

Diese Tatsachen sind den meisten Frauen bekannt. Dennoch bauen viele, unreflektiert oder wider besseres Wissen, auf das Drei-Phasen-Modell. Wenn ein Kind geboren wird, sind die Anforderungen der Gegenwart zunächst einmal so überwältigend, daß jeder Gedanke an die Zukunft in weite Ferne rückt: Das Kind ist da, es muß versorgt werden, eine andere Kinderbetreuung ist teuer und schwer zu organisieren – und da es sich heute zumeist um Wunschkinder handelt, sind viele Frauen auch innerlich bereit, sich ganz darauf einzulassen. »Jetzt ist jetzt, jetzt hat erst einmal das Kind Vorrang; später werde ich weitersehen.«

Frauen, die einen großen Teil ihres Selbstwertgefühls und ihrer Identität aus dem Beruf beziehen, fürchten diese Situation; sie schieben deswegen ihren Kinderwunsch häufig lange auf und versuchen dann, eine Betreuungslösung zu finden, die ihnen die Fortführung des Berufes, zumindest in Teilzeitarbeit, ermöglicht. Meistens handelt es sich dabei um Frauen, die besser qualifiziert sind und interessantere, besser bezahlte Positionen haben. Statistiken zeigen, daß der Anteil der Spätgebärenden in den letzten Jahren zugenommen hat; unter diesen sind besonders viele gut ausgebildete Frauen, und ihr erstes, spätes Kind bleibt oft ihr einziges.

Viele Mütter, die es ursprünglich richtig fanden, sich in der Kleinkindzeit ganz auf ihre Kinder zu konzentrieren, erleben ihre Situation in späteren Jahren als unbefriedigend. Sie sind nicht mehr so ausgelastet und leiden darunter, daß ihre Arbeit als Hausfrau von den anderen Familienmitgliedern nicht genügend wertgeschätzt wird, sie leiden vielleicht auch unter der finanziellen Abhängigkeit vom Ehemann. Dann würden viele gern wieder einem Beruf nachgehen – wenn es nur möglich wäre, etwas halbwegs Angemessenes zu finden, am liebsten als Teilzeitstelle. Denn inzwischen hat sich natürlich, weil sie immer zu Hause waren, in der Familie eine Arbeitsteilung etabliert, aufgrund derer sie allein für die gesamte Hausarbeit zuständig sind. Daneben gibt es natürlich auch Frauen (obwohl inzwischen wahrscheinlich eine Minderheit), die die relative Bequemlichkeit des Hausfrauendaseins in den späteren Jahren, wenn die Kinder selbständiger geworden sind, dem Streß des Berufslebens vorziehen. Die monotonen Wiederholungen in den Auseinandersetzungen zwischen erwerbstätigen und nicht-erwerbstätigen Müttern haben viel mit Neid und Rechtfertigungsdruck zu tun – auf beiden Seiten. Kleine Kinder bedeuten für Frauen in jeder Situation viel Arbeit, aber die Belastung erwerbstätiger Mütter, selbst wenn sie ihre berufliche Arbeitszeit reduzieren, ist ungleich größer und zieht sich über einen längeren Zeitraum hin als die der nicht-erwerbstätigen Mütter. Also neiden die Berufsfrauen nicht selten den Hausfrauen die relative Muße, die Tatsache, daß die sich selbstbestimmter die Zeit einteilen und ganz auf einen Lebensbereich konzentrieren können. »So eine ruhige Kugel wie die möchte ich auch mal schieben – morgens gemütlich einkaufen, mit einem Buch oder Strickzeug am Rande des Spielplatzes sitzen, am Telefon endlos mit der Freundin schwatzen können – bei mir kommt es auf jede Minute an, immer hetze ich von einem zum andern und versuche verzweifelt, Kindergarten-, Büro- und Einkaufszeiten aufeinander abzustimmen, immer bleibt etwas liegen, das eigentlich dringend erledigt werden müßte – und wehe, das Kind wird mal krank oder der Kindergarten fällt aus. Dann gerät der ganze sorgfältig ausgetüftelte Zeitplan durcheinander.« Der Neid versteckt sich oft hinter einer verächtlichen Haltung: »Aber wie gräßlich, nur zu Hause zu sein! Die haben ja nichts als Küche und Kinder im Kopf.« Umgekehrt beneiden die Vollzeitmütter die Mütter mit Beruf um den Zugang zu einer Welt, von der sie jetzt abgeschnitten sind, um Kontakte und Gespräche am Arbeitsplatz, um ein eigenes Einkommen und das inzwischen höhere Prestige der »Doppelrolle in Familie und Beruf«. Sie

haben nicht selten ein Minderwertigkeitsgefühl, das sie abwehren, indem sie die berufstätigen Frauen oder ihre Kinder bedauern: »In so einer Hektik möchte ich nicht leben!«
Die Konkurrenz zwischen berufstätiger Mutter und Vollzeitmutter ist historisch neu; sie hat sich in den Jahrzehnten seit dem Zweiten Weltkrieg bei uns erheblich verschärft – und sie hat gravierende Auswirkungen auf die Entwicklung der Mutter-Kind-Beziehung insgesamt.
Natürlich gab es auch früher verschiedene Lebensmuster von Frauen. Aber sie wurden nicht individuell gewählt, sondern sie waren gesellschaftlich mit der sozialen Schicht vorgegeben. In der Landwirtschaft, im Handwerk und in kleinen Familienbetrieben blieb noch weit bis ins 20. Jahrhundert hinein das vorindustrielle Muster erhalten: Die Frauen arbeiteten in der Familienwirtschaft und zogen ihre Kinder nebenher auf. In der Arbeiterschicht waren die Frauen vor und nach ihrer Heirat außerhäuslich erwerbstätig, oft auch noch als Mütter mehrerer Kinder, die mehr schlecht als recht betreut wurden. Auch wenn sie zu Hause blieben, nahmen sie meistens bezahlte Arbeit an; sie wuschen, nähten oder putzten für bürgerliche Haushalte.
In der bürgerlichen Mittelschicht hatte sich die Arbeitsteilung zwischen Mann und Frau entwickelt, die die Frau für den Binnenbereich, für das Heim, Haushalt und Kinder verantwortlich macht, den Mann dagegen für den Außenbereich, die Sicherung des Einkommes und die äußeren Geschäfte der Familie. Im 19. Jahrhundert waren die Frauen des Bürgertums im allgemeinen überhaupt nicht erwerbstätig. Nur ledig gebliebene Frauen ohne eigenes Vermögen mußten manchmal für ihren Lebensunterhalt eine Stelle annehmen, meist als Erzieherin oder Gesellschafterin.
Erst Anfang des 20. Jahrhunderts wurde es üblich, daß zumindest die Töchter kleinbürgerlicher Familien vor der Ehe arbeiten gingen, gewissermaßen zur Überbrückung, meist

ohne besonders gute Ausbildung, als Sekretärin oder kaufmännische Angestellte. Es war selbstverständlich, daß sie den Beruf aufgaben und Hausfrau wurden, sobald sie heirateten und ein Mann die Verpflichtung für ihren Unterhalt übernahm – auch wenn noch keine Kinder da waren. Nur diejenigen, die unverheiratet blieben, freiwillig oder unfreiwillig, mußten ein Leben lang erwerbstätig sein. Das war die bei weitem unattraktivere Alternative. Nur eine kleine Minderheit meist studierter Frauen wählte den Beruf aus Berufung und zog ihn bewußt der Ehe vor. Die meisten Frauen empfanden die Ehe, die ihnen den Hausfrauenstatus verlieh und sie der Notwendigkeit enthob, erwerbstätig zu sein, als Privileg. Es grenzte sie auf der einen Seite von den Arbeiterinnen ab, die Geld verdienen mußten, auch wenn sie verheiratet und Mütter waren, und auf der anderen Seite von den sitzengebliebenen alten Jungfern, die bemitleidet wurden, weil sie auf Mann und Kinder verzichten mußten.

Erwerbstätige Mütter gab es vor dem Zweiten Weltkrieg bei uns fast nur in der Unterschicht, wo es ein Zeichen der Armut, der mangelnden Fähigkeit des Mannes war, Frau und Kinder zu ernähren, oder eben in selbständig wirtschaftenden Haushalten, d. h. bei Bauern, Handwerkern und kleinen Geschäftsleuten.

Bis zur Mitte des 20. Jahrhunderts bestand keine wirkliche Konkurrenz zwischen diesen Lebensmustern von Frauen. Den höchsten Status hatten allemal die Ehefrauen der mittleren und oberen Schichten, aber den konnte man nicht wählen, sondern nur erheiraten, und die Ehemänner stammten in der Regel aus dem eigenen Milieu. Wählen konnte eine Frau allenfalls, ob sie heiraten oder ledig bleiben wollte – aber ledig zu bleiben war nur selten das Ergebnis einer bewußten Wahl.

Erst für die Generation, die nach dem Zweiten Weltkrieg aufwuchs, hat sich diese Situation grundlegend verändert.

Erst seit den sechziger Jahren gibt es auch einen Neid der Hausfrauen auf die berufstätigen Frauen. Nun entwickelte sich eine Konkurrenz zwischen verschiedenen weiblichen Lebensmustern, und zwar genau in dem Maße, wie Frauen frei zwischen ihnen wählen können – obwohl es mit der Wahlfreiheit, wenn man genauer hinschaut, auch nicht sehr weit her ist.

Daß Frauen nach dem Schulbesuch einen Beruf nicht nur erlernen, sondern auch ausüben, ist der Normalfall geworden. Es ist auch nicht üblich, den Beruf schon mit der Heirat aufzugeben – wie es noch die Mütter und die Großmütter der heute jungen Frauen taten. »Hausfrau« ist kein Beruf mehr, der mit dem Trauschein erworben und dann lebenslang ausgeübt wird. Heute ist es die Mutterrolle, die mit der außerhäuslichen Berufstätigkeit konkurriert – und das ist ein völlig neuer Aspekt.

Welten trennen das Leben der Nicht-Mütter von dem der Mütter. Der Lebensstil der kinderlosen Frau ähnelt heute dem des gleichaltrigen Mannes mehr als dem einer gleichaltrigen Mutter. Aber auch die Lebensmuster der Mütter sind verschieden. Wenn ein Kind geboren wird, bleibt ein Teil der Mütter erwerbstätig (vielleicht mit reduzierter Arbeitszeit), ein anderer Teil nutzt den Elternurlaub mit Arbeitsplatzgarantie und nimmt danach den Beruf wieder auf, ein weiterer Teil scheidet mehrere Jahre oder für immer aus dem Beruf aus. Zu diesem Lebenszeitpunkt ist es meist noch völlig unklar, ob es sich um ein »vorübergehend« oder ein »für immer« handelt.

Eine Konkurrenz der Lebensmuster existiert innerhalb einer Alterskohorte vor allem zwischen erwerbstätigen und nichterwerbstätigen Müttern: Wer macht es richtig, wer lebt das bessere Frauenleben, wer ist die bessere Mutter? Aber auch zwischen Müttern und Nicht-Müttern, zwischen Einkind- und Vielkindmüttern, zwischen alleinerziehenden Müttern

und Frauen, die mit den Vätern ihrer Kinder leben, gibt es Konkurrenz.
Die Vollzeitmütter geben ihren Beruf als »Hausfrau« an, aber einen Haushalt und die damit verbundene Arbeit hat jede erwerbstätige Frau mit oder ohne Kinder ebenfalls. Das setzt die »Nur-Hausfrauen« unter einen Rechtfertigungsdruck, der historisch neu ist. Bleiben sie etwa zu Hause, weil sie bequemer sind, sich ein schönes Leben machen wollen? Nein! Sie sind zu Hause, weil sie sich ganz um ihre Kinder kümmern wollen oder kümmern zu müssen glauben. Vielleicht ist keine andere Form der Kleinkindbetreuung möglich – der Vater sieht es nicht als seine Aufgabe an oder fühlt sich außerstande, einen Teil der Kinderbetreuung zu übernehmen, eine Kinderkrippe ist nicht vorhanden, die Großmutter nicht verfügbar, eine Kinderfrau zu teuer und so weiter. Vielleicht gäbe es auch Möglichkeiten, stundenweise eine andere Kinderbetreuung zu organisieren, aber die betreffende Frau oder ihr Mann oder sie beide halten alle Alternativen für unzureichend oder mangelhaft.
Wie auch immer die Gründe für diese Entscheidung im einzelnen aussehen mögen: Eine Frau, die ihre Berufstätigkeit heute ihrer Kinder wegen aufgibt, stellt damit unter Beweis, daß sie die Mutterschaft ernstnimmt. Sie bekundet, in ihren eigenen Augen und auch in denen der Umwelt: Mein Kind bestimmt mein Leben; ich habe mich meinem neuen Status, der Mutterschaft, ganz und bereitwillig angepaßt. Das wiederum setzt die erwerbstätige Mutter unter Rechtfertigungsdruck – ist sie etwa eine schlechtere Mutter, weil sie weiter ihrem Beruf nachgehen will oder muß? Erwerbstätige Mütter führen also die Qualität ihrer Beziehung zum Kind als Argument gegen die bloße Quantität der mit ihm verbrachten Zeit ins Feld: »Ich bin zwar mit meinem Kind nur den halben Tag oder nur ein paar Stunden zusammen – aber wenn ich nach Hause komme, freue ich mich richtig darauf, etwas

mit ihm zu unternehmen, mit ihm zu spielen oder zu reden. In dieser zugegebenermaßen kürzeren Zeit kümmere ich mich intensiver um mein Kind und tue mehr für seine Förderung als manche Frau, die den ganzen Tag zu Hause ist.«
Ob sie das nun tatsächlich tun oder nicht – die Konkurrenz dieser beiden Lebensmuster hat die Erwartungen an Mutterschaft und Mütterlichkeit erheblich in die Höhe getrieben. Für die »gute Mutter« kommen die Bedürfnisse der Kinder an allererster Stelle. Auch bei der nicht-erwerbstätigen Frau haben die Kinder, anders als im bäuerlichen oder bürgerlichen Haushalt früher, Vorrang vor der Hausarbeit – denn »das bißchen Haushalt« machen die erwerbstätigen Mütter doch schließlich auch nebenher – sagen und denken die anderen Frauen und die Ehemänner.
Hausarbeit kann eine Frau ruhig delegieren, wenn sie es sich finanziell leisten kann, die Arbeit mit den Kindern aber nur sehr bedingt. Die Wäsche waschen und bügeln zu lassen, eine Putzfrau oder einen Fensterputzer zu beschäftigen, häufig essen zu gehen statt selber zu kochen, ist ein Zeichen von Wohlstand, um den Frauen eine andere Frau vielleicht beneiden, aber sie können ihn der anderen nicht moralisch zum Vorwurf machen. Das aber tun sie, wenn die andere Frau ihre Kinder in eine Ganztagsschule oder gar in ein Internat schickt oder sie von einer Tagesmutter oder Kinderfrau betreuen läßt, um ihrem Beruf nachzugehen. Ist die andere Frau aus finanziellen Gründen zur Erwerbstätigkeit gezwungen, dann bedauert man nur die armen Kinder; tut sie es aber ohne ersichtlichen ökonomischen Zwang, dann wird sie als selbstsüchtig verurteilt.
Selbstsucht, Egoismus, die denkbar unmütterlichste Haltung – dieser Vorwurf hat seine volle Macht erst in der von Neid und Rechtfertigungsdruck geprägten Auseinandersetzung zwischen erwerbstätigen und nicht-erwerbstätigen Müttern entfalten können, seitdem Frauen weitgehend selbst ent-

scheiden können, ob und wann und wieviel Kinder sie haben wollen.

»Ich bekomme doch kein Kind, um es dann den ganzen Tag abzuschieben«, sagt die Vollzeitmutter, »eine Frau, die nicht bereit ist, ein Stück weit auf den Beruf zu verzichten, sollte gar nicht erst Mutter werden. Niemand wird schließlich zur Mutterschaft gezwungen.«

»Ich finde, daß Frauen ein Recht auf beides haben, Kind und Beruf«, sagt die erwerbstätige Mutter, »Männer müssen schließlich auch nicht zwischen Vaterschaft und Beruf wählen.«

Interessanterweise findet diese Auseinandersetzung fast nur zwischen Frauen statt. Früher war das anders: Ende des 19., Anfang des 20. Jahrhunderts gab es noch eine große Männerlobby, die die Frauen aus dem Berufsleben herauszuhalten versuchte. Heute nimmt die große Mehrheit der Männer nur noch halbherzig an der Debatte um die außerhäusliche Berufstätigkeit der Mütter teil. Es scheint fast, als schauten sie nur vom Rande der Arena zu, wie die Frauen sich darum streiten, was die gute Mutter darf und was nicht. Sie fühlen sich nicht wirklich betroffen, denn sie sind – wie die Frauen selbst im tiefsten auch – davon überzeugt, daß die Organisation dieses Lebensbereichs in die Zuständigkeit der Frau fällt.

»Meine Frau und ich sind beide der Meinung, daß es besser für die Kinder ist, wenn die Mutter einige Jahre zu Hause bleibt«, erklären die Männer der nicht-erwerbstätigen Frauen. Wenn die Frau von sich aus auf der weiteren Ausübung ihres Berufs besteht, haben aber die meisten Männer heute (anders als noch vor zwanzig Jahren) dagegen nicht mehr so viel einzuwenden – solange ihre Bequemlichkeit nicht allzusehr tangiert ist. »Natürlich soll meine Frau weiter berufstätig bleiben, wenn sie es möchte und wenn sie es schafft.« Stillschweigend gehen die Männer davon aus, daß es in diesem Fall Angelegenheit ihrer Frau ist, ihren Alltag so zu organisieren, daß sie mit der Doppelbelastung zurechtkommt. Wenn es nicht funktioniert, soll sie eben zu Hause bleiben und man muß sehen, wie man sich finanziell arrangiert.

Es ist sehr aufschlußreich, daß bei der Überlegung »Beruf ja oder nein, stundenweise, halb- oder ganztags?« sehr häufig im Kopf das Gehalt der Kinderfrau gegen das Gehalt der Mutter verrechnet wird: »Sie würde ja nur gerade so viel verdienen, wie die Kinderfrau kostet – da kann sie doch ebenso gut zu Hause bleiben.« Auch von den Müttern selbst hört man dieses Argument. Es zeigt, wie sehr die Kinderbetreuung als Frauensache angesehen wird: *Sie* muß eine Vertretung stellen, organisieren, bezahlen, nicht etwa beide gemeinsam, aus dem gemeinsamen Topf, wenn ihrer beider Erziehungsarbeit zum Teil von anderen Menschen übernommen wird.

Noch vor zwei Jahrzehnten wurde die Debatte zwischen dem Lager der erwerbstätigen und der nicht-erwerbstätigen Mütter erbittert und unversöhnlich geführt. Die Hausfrauen sahen ihre Lebensform entwertet und riefen nach öffentlicher Anerkennung; die berufstätigen Frauen gaben sich keinerlei Mühe zu verbergen, daß sie diese Lebensform tatsächlich verachteten.

Heute wird die Frontenbildung gern mit dem Schlagwort der »Wahlfreiheit« überdeckt. »Jede Frau soll es so machen dürfen, wie sie will«, erklären die Frauen in schöner Eintracht, wenn sie merken, daß sie mit der Diskussion um das »richtige« und das »falsche« Lebensmuster nicht weiterkommen. Ob sie weiter in ihrem Beruf arbeiten oder bei ihrem Kind zu Hause bleiben will, für einige Jahre oder auch für immer, das soll ganz in das private Belieben der Frau gestellt sein. Die Gesellschaft soll dafür sorgen, daß beide Alternativen als gleichwertig anerkannt werden und daß den Frauen in beiden Fällen keinerlei Nachteile entstehen, weder kurzfristig noch langfristig. Aufgabe des Staates, der Frauen- und Familienpolitik, wäre es, einerseits den Streß und die Überlastung der erwerbstätigen Mütter zu mindern, andererseits aber die Vollzeitmütter finanziell besser zu stellen während der Zeit, in der sie Erziehungsarbeit leisten und auch im Alter. Außerdem soll der Wiedereinstieg in den Beruf nach einer Familienphase erleichtert werden. – »Die Wahlfreiheit muß endlich gewährleistet werden!« Mit dieser Formel scheint der kleinste gemeinsame Nenner gefunden, die Frauenforderung, die alle unterschreiben können und die keiner Frau wehtut. So läßt sich eine Diskussion, die die Frauensolidarität aufs höchste gefährdet, in Scheinharmonie beenden.

Die meisten Frauen machen sich dabei gar nicht klar, welche Implikationen die Forderung nach der Wahlfreiheit hat. Sie lassen sich von einem wohltönenden Schlagwort einlullen. Ist nicht die Freiheit, zwischen verschiedenen Möglichkeiten wählen zu können, einer der höchsten Werte unserer pluralistischen Gesellschaft?

Zunächst einmal müßten die Frauen, die die Wahlfreiheit zu ihrem Programm machen, sich eingestehen, daß eine Familienpolitik, die Geschenke gleichmäßig nach allen Seiten austeilt, höchst unwahrscheinlich ist. Vielmehr ist die Familienpolitik am wahrscheinlichsten, die dem Staat am meisten nützt und ihn am wenigsten kostet. So ist es für die Politik die bequemste Lösung, daß Mütter ihre Kinder ganztags selbst betreuen und dabei so wenig gemeinschaftliche Institutionen wie möglich beanspruchen – solange sie dafür kein Geld haben wollen. Aber auch die Betreuung durch dritte Personen, während die Mutter ihrem Beruf nachgeht, wird politisch gebilligt sein, solange Mutter und Vater die Kosten dieser Fremdbetreuung privat zu tragen bereit sind.

Der wohlfeile Slogan von der Wahlfreiheit kommt einer konservativen Familienpolitik nur recht – denn er verfestigt die

Vorstellung, daß die Organisation der Kinderbetreuung Privatsache ist. Die Frau soll und darf entscheiden – hinter der großen Geste, die scheinbar die Souveränität der Frau respektiert, wird sie auf die alleinige Verantwortung für die Kinderbetreuung festgenagelt. Eine Frau, die für sich die Wahlfreiheit zwischen Beruf und Vollzeitmutterschaft fordert, hat indirekt akzeptiert, daß die Sorge um die Kinder erstens eine Privatangelegenheit und zweitens ihre persönliche Angelegenheit ist – nicht die ihres Mannes und nicht die der Gesellschaft.

Bestenfalls ist die Forderung nach der Wahlfreiheit eine Formel für politische Sonntagsreden, eine Verbeugung nach allen Seiten, die nichts kostet und aus der nichts folgt. Aber sie ist auch nicht ungefährlich, denn mit ihrem wohltönenden Klang vernebelt sie die negativen Folgen des Ausstiegs aus dem Beruf, die wiederum von den Frauen privat getragen werden. De facto »wählen« Frauen, die ihren Beruf aufgeben, um Vollzeitmütter zu sein, auch das »Kleingedruckte« mit: die finanzielle Abhängigkeit vom Ehemann, die sich vor allem bei Trennung oder Scheidung in einer miserablen ökonomischen Situation auswirkt, und die niedrigeren Altersrenten. Sie »wählen« Perspektivlosigkeit und ein schlechtes Selbstwertgefühl für die späteren Jahre, wenn ihre Kinder selbständiger werden und aus dem Haus gehen. Das Schlagwort von der Wahlfreiheit täuscht darüber hinweg, daß eine ununterbrochene Erwerbsbiographie, wie Männer und kinderlose Frauen sie haben, in unserer Gesellschaft längst die Norm geworden ist, von der Wohlstand und individuelle Autonomie abhängen. Jede Abweichung von diesem Modell bringt irreversible Nachteile mit sich.

»Mütter haben die Wahl« – das klingt zunächst wunderbar. Schließlich können die armen Männer ja nicht wählen, ob sie lieber ihrem Beruf nachgehen oder nur Väter sein möchten. Oder könnten sie es auch und wollen es nur nicht? Theoretisch hat in unserer Gesellschaft auch jede und jeder die Wahl, eine Erwerbstätigkeit auszuüben oder Sozialhilfe zu empfangen. Im Falle einer späteren Scheidung oder bei Verwitwung hat die Vollzeitmutter jedenfalls eine Wahl getroffen, die sie gefährlich nahe an eine Sozialhilfe-Existenz bringen kann, falls ihr Ehemann nicht gerade Spitzenverdiener ist.

Wenn den Frauen suggeriert wird, sie hätten als Mütter die Wahl, ganz nach Belieben sich nur auf ihre Kinder zu konzentrieren oder auch nebenher ganztags oder teilzeitbeschäftigt beruflich zu arbeiten (ganz wie es ihnen Spaß macht!), dann wird darüber hinweggelogen, daß die Notwendigkeit für Frauen, sich dem männlichen lebenslangen Erwerbsmodell anzupassen, immer zwingender wird. Muß der Slogan von der Wahlfreiheit sich für die wachsende Zahl der alleinerziehenden Mütter nicht wie ein Hohn anhören? Sie haben nämlich wirklich meistens nur die Wahl zwischen ununterbrochener Erwerbstätigkeit und Sozialhilfe.

Es gibt im Grunde keine Wahl, sondern nur eine vernünftige Alternative, nämlich die, auf jeden Fall im Beruf zu bleiben – aber dieses Lebensmuster ist unübersehbar mit Streß und Mehrfachbelastung verbunden, und das um so mehr, je weniger es der Frau gelingt, sich die Kooperation ihres Lebenspartners zu sichern, und je mehr sie selbst davon überzeugt ist, daß eigentlich Mutterschaft und Haushalt ihre zentralen Aufgaben sind. Wählt die Frau das scheinbar gleichwertige und von der konservativen Familienpolitik verbal aufgewertete Lebensmuster der Vollzeitmutterschaft, ist ihr Leben vielleicht kurzfristig weniger anstrengend und ihre Partnerschaft reibungsfreier, aber über kurz oder lang wird sie sich in einer Sackgasse befinden, aus der sie nur mit großem persönlichen Einsatz und mit viel Glück wieder herausfinden kann.

Eine Sackgasse bleibt die Hausfrauenexistenz auch dann,

wenn es gelänge, ihr Image wieder aufzuwerten, wie es die Hausfrauenverbände oder die Hausfrauengewerkschaft versuchen. Gewiß haben manche Hausfrauen sehr viel zu tun und sind daher zu Recht erbost, wenn das Ausmaß und der Wert ihrer Arbeit nicht anerkannt wird. Gewiß verweisen sie zu Recht darauf, daß die Arbeit einer Frau, die sich »nur« um ihre Familie kümmert, noch immer vielfältig und anspruchsvoll ist, sicher nicht mehr identisch mit der der Hausfrau früherer Zeiten in der Familienwirtschaft, aber interessanter und anspruchsvoller als manche weibliche Erwerbstätigkeit von heute in Fabrik oder Büro. Die Hausfrau von heute übt Tätigkeiten aus, die früher von vielen verschiedenen Personen wahrgenommen wurden: Sie ist in einer Person ihr eigenes Dienstmädchen, ihre Waschfrau, ihre Köchin, ihr Kindermädchen, manchmal ihre Näherin und ihre Gärtnerin; sie chauffiert ihren Mann und ihre Kinder, sie beaufsichtigt Schularbeiten, pflegt die Beziehungen zur Verwandtschaft und zur Nachbarschaft, kümmert sich, wenn nötig, um kranke Eltern oder Schwiegereltern, und vor allem ist sie so etwas wie eine Managerin des gesamten Haushalts- und Familienlebens, die den Überblick behält und die Beschäftigungen und Interessen der einzelnen Familienmitglieder miteinander koordiniert. Steht in den ersten Jahren die Arbeit als Kindermädchen im Vordergrund, so überwiegt später, wenn die Kinder Schulkinder und Jugendliche sind, die Managertätigkeit.
Kein Grund also zu behaupten, der Hausfrau von heute ginge die Arbeit aus, nur weil es inzwischen mehr arbeitssparende Haushaltstechnik gibt! erklären die überzeugten Hausfrauen. Natürlich ist es mit Spülmaschinen, Waschmaschinen und Tiefkühltruhen leichter. Aber es muß immer noch jemand präsent sein, der sie an- und ausschaltet, ein- und ausräumt und den Überblick über den Inhalt der Tiefkühltruhe behält. Und sie verlangen, daß der Wert ihrer Arbeit anerkannt wird – am besten durch ein ordentliches

Hausfrauengehalt und wenigstens bei der Berechnung ihrer späteren Rente. Schließlich würde es einen Mann eine Menge kosten, wenn er all diese Tätigkeiten an dritte Personen delegierte und dafür marktübliche Löhne zahlen müßte!

Diesen Argumenten der Hausfrauen-Lobby begegnen andere Frauen mit der Behauptung: Hausfrau ist kein Beruf! Schließlich müssen alle die aufgeführten Tätigkeit in Haushalt und Familie auch von erwerbstätigen Müttern geleistet werden, von ihnen oder gegebenfalls auch von ihren Männern und teilweise auch den Kindern (soweit es gelingt, die einzuspannen). Vielleicht tun berufstätige Frauen nicht ganz so viel im Haushalt wie Vollzeit-Hausfrauen, aber im Prinzip fallen die gleichen Tätigkeiten an. Es geht nicht an, sagen die erwerbstätigen Frauen, daß ihr für etwas bezahlt werdet, was wir umsonst nebenbei tun müssen!

Gesetzt den Fall, es wäre möglich, den Staat (oder die Ehemänner oder beide) zur Zahlung eines Hausfrauengehaltes zu bewegen: Was wäre denn dann die Bemessungsgrundlage? Was ist das für ein Beruf, den man mit gar keiner oder mit jeder beliebigen Ausbildung ausüben kann? Eine Hilfsarbeiterin mit abgebrochener Schulbildung kann eine ebenso gute (oder schlechte) Hausfrau sein wie eine promovierte Juristin. Und wie lange sollte ein solches Hausfrauengehalt gezahlt werden? Unter welchen Umständen und wie lange darf eine Frau mit gutem Recht von sich behaupten, ihr Beruf sei Hausfrau? Ist Hausfrau etwa ein akzeptabler Beruf, wenn ich für mich allein einen Single-Haushalt führe? Wohl kaum. Wenn ich einem vollerwerbstätigen Mann einen kinderlosen Haushalt führe? Das würde heute auch von den Hausfrauen-Vertreterinnen nicht unbedingt anerkannt werden. Eigentlich kann die Berufsbezeichnung »Hausfrau« nur dann in Anspruch genommen werden, wenn Kinder im Haushalt leben. Nur kleinere, oder auch Jugendliche und beinahe Erwachsene, die anderswo schon selber einen eigenen Single-

Haushalt unterhalten könnten? Darf die Tätigkeit einer Hausfrau, die nur ein Kind hat, genau so viele Jahre dauern wie die einer Hausfrau, welche fünf Kinder großzieht? Und ist die Hausfrau, im Alter von vielleicht fünfundvierzig Jahren, wenn ihre Kinder das Haus verlassen haben, immer noch Hausfrau oder schon Rentnerin, weil jetzt die Phase aktiver Mutterschaft vorbei ist?

Von einem richtigen Beruf unterscheidet sich die Tätigkeit der Hausfrau auch durch das Verhältnis zum Arbeitgeber: Mit ihrem Mann verbindet sie ein Liebesverhältnis, oder zumindest kommt ihre »Anstellung« als Hausfrau und Mutter indirekt aufgrund eines Liebesverhältnisses zustande. Wenn sie »kündigen« und gehen will, ist das bei weitem nicht so einfach wie in einem anderen Beruf; sie muß sich scheiden lassen. Es gibt auch keine festen Arbeitszeiten, keine geregelte Freizeit, keine klare Tätigkeitsbeschreibung.

All diese zum Teil etwas skurril anmutenden Überlegungen sollen eines deutlich machen: Eine Frau, die sich heute entscheidet, ihrer Kinder wegen vorübergehend oder länger zu Hause zu bleiben, »wählt« nicht zwischen zwei Berufen. Sie gibt ihren Beruf für eine Tätigkeit auf, die heute kein lebenslanger Beruf mehr sein kann und immer seltener eine lebenslange Existenzsicherung bietet.

Das Schlagwort von der »Wahlfreiheit« täuscht nicht nur über die persönlichen Risiken der Entscheidung für das Hausfrauendasein hinweg. Es macht auch alle Schwierigkeiten der »Vereinbarung von Familie und Beruf« zur Privatangelegenheit der Mutter. »Jede Frau soll es machen dürfen, wie sie will«, ist nur die positive Version. Im konkreten Fall heißt es dann: »Der Beruf und die Kinder werden ihr zuviel, sie ist immer verhetzt und völlig fertig. – Ja, warum geht sie nicht auf eine Halbtagsstelle? Warum pausiert sie nicht ein paar Jahre? Der Mann verdient doch ganz gut, da muß man dann eben mal die Konsumansprüche reduzieren!« »Sie jammert darüber, daß ihr das Dach auf den Kopf fällt. – Ja, warum hat sie sich denn nicht längst wieder einen Job gesucht, wenigstens halbtags; sie könnte doch schon wieder arbeiten gehen!« Die Schwierigkeiten von Frauen, die aus den gegensätzlichen Strukturen von Erwerbs- und Familienwelt entstehen, erscheinen auf dem Hintergrund der »Wahlfreiheit« nur mehr als individuelle Probleme, die individuell gelöst werden müssen und können, mit etwas gutem Willen. Jede Frau, die heute Mutter wird, muß die Mutterschaft für sich selbst völlig neu »erfinden«, d.h. sie muß sie individuell gestalten. Weil sie sie frei gewählt hat, hat sie auch die vollständige Verantwortung für das Kind übernommen. Sie muß Hilfspersonal und Ersatzbetreuung rekrutieren, wenn sie sich nicht selber vierundzwanzig Stunden um ihr Kind kümmern kann oder möchte. Sie wird von anderen und sich selbst verantwortlich gemacht, wenn irgend etwas in der Entwicklung des Kindes nicht wie gewünscht verläuft. Natürlich haben die meisten Kinder auch einen Vater, und natürlich hat auch dieser Vater eine gewisse Verantwortung – aber niemand käme auf die Idee, ihn in ähnlicher Weise für zuständig zu halten oder moralisch zur Rechenschaft zu ziehen.

Mit der Individualisierung und der Privatisierung der Mutterschaft ist den Frauen auch das Reservoir weiblicher Solidarität und Unterstützung verloren gegangen, das ihnen in früheren Zeiten selbstverständlich zur Verfügung stand. Als Mutterschaft noch nicht frei gewählt werden konnte, sondern eine gesellschaftlich zugewiesene Rolle war, da bereitete das ganze Mädchenleben die Frauen auf diese Rolle vor. Im bürgerlichen Haushalt betreute ein älteres Mädchen jüngere Geschwister und ging der Mutter zur Hand. Wenn sie selber dann verheiratet war und Kinder zur Welt brachte, gab es immer eine Mutter oder unverheiratete Tanten oder jüngere Schwestern, die im Umfeld lebten, sich, wenn erforderlich,

um die Kinder mit kümmerten oder auch nur als Gesprächspartnerinnen zur Verfügung standen.
Mit der Zunahme der Frauenerwerbstätigkeit und der Vielfalt der Lebensmuster von Frauen ist diese traditionelle weibliche Sphäre der bürgerlichen Welt geschrumpft, ausgetrocknet. Die junge Mutter von heute ist ungleich isolierter als die Mütter früherer Zeiten oder die Mütter in traditionellen Gesellschaften (etwa den Ländern der Dritten Welt). Die eigene Mutter der Frau lebt vielleicht weit weg oder sie hat, wenn ein Enkel geboren wird, anderes zu tun. Vielleicht hat sie selber gerade nach langer Unterbrechung in eine neue Erwerbstätigkeit hineingefunden, vielleicht möchte sie sich, statt Babies zu hüten, auf ihre neue Partnerschaft konzentrieren, oder sie will endlich einmal, befreit von Familienpflichten und Berufsarbeit, als flotte Jungseniorin auf Mallorca überwintern. Es könnte auch sein, daß die junge Mutter selbst die Hilfe ihrer Mutter oder Schwiegermutter ablehnt, weil sie die als Einmischung und zusätzlichen Streß erleben würde.
Die Nicht-Mütter unter den Freundinnen oder Schwestern sind in der Regel selber erwerbstätig und nicht abkömmlich, ihre Hilfsangebote kommen nur sporadisch und lassen bald ganz nach, wenn sich das anfängliche Interesse an dem neuen Kind gelegt hat. Dann gehen die Lebenswege zwischen Müttern und Nicht-Müttern spürbar auseinander, viel stärker als in früheren Zeiten, wo ganze Alterskohorten von Frauen etwa gleichzeitig in die Phase der Mutterschaft eintraten. Von den Nicht-Müttern in ihrem Bekanntenkreis kann eine Mutter heute kaum Unterstützung erwarten und schon gar nicht einfordern: Sie war es doch, die das Kind in die Welt gesetzt hat, weil sie ein Kind wollte – also muß sie auch sehen, wie sie damit zurechtkommt, wie sie ihr Leben um diese und andere Anforderungen herum organisiert. Sie wußte doch, was auf sie zukommt; sie konnte es schließlich hundertfach um sich herum studieren. Sie hat die Mutterschaft freiwillig

gewählt, der Freuden wegen – nun muß sie auch sehen, wie sie mit den Belastungen fertig wird. Das ist der Preis für eine Mutterschaft, die als Privatsache der Frau aufgefaßt wird.
Auch die Konkurrenz zwischen Müttern und Nicht-Müttern hat zugenommen. Die Leistungsnormen in der Arbeitswelt orientieren sich am Idealtyp des erwerbstätigen Menschen, und das heißt: genau am männlichen Erwerbstätigen, der durch keinerlei Haushalts- und Kinderarbeit belastet seine ganze Energie für die Berufsarbeit einsetzen kann. Die kinderlose Frau hat keine Probleme, sich an diesen Normen zu orientieren, auch wenn sie vielleicht nebenher mehr Zeit in ihren Haushalt investiert als ihr Mann. Das läßt sich noch gut im Rahmen der Freizeit ausgleichen, die ein Mann eben mehr für seine Hobbies und sonstigen Interessen nutzen kann. Aber die erwerbstätige Mutter muß über einen längeren Zeitraum ihre Arbeitskraft auf zwei Bereiche verteilen. Will sie im Beruf gegenüber dem männlichen Kollegen, der kinderlosen Kollegin nicht abfallen, so geht das nur, wenn sie all ihre Energien mobilisiert. Wo die gleichaltrige kinderlose Frau Freizeit genießen kann, muß die erwerbstätige Mutter von ihren Energiereserven zehren. Auf der einen Seite gibt es den Neid der Mutter auf die kinderlose Frau: »Diese konsumsüchtigen Doppelverdiener – und meine Kinder werden dann für ihre Rente aufkommen müssen!« Auf der anderen Seite gibt es Animositäten der kinderlosen Kollegin gegenüber der erwerbstätigen Mutter: »Dauernd muß ich für sie mitarbeiten! Sie fehlt ständig und redet sich immer mit ihren Kindern raus! Wenn sie das nicht auf die Reihe kriegt, warum bleibt sie nicht zu Hause?«
Wahrscheinlich bevorzugen viele erwerbstätige Mütter Teilzeitstellen, weil sie so von vornherein verhindern, daß ihre Arbeit mit dem gleichen Maß gemessen wird wie die der vollzeitarbeitenden Kolleginnen. Sie machen damit auch äußerlich sichtbar, daß ihre Energien jetzt nicht mehr vollständig

für den Beruf zur Verfügung stehen. Aber das funktioniert nicht immer und an jedem Arbeitsplatz; manchmal wird trotzdem stillschweigend von ihnen erwartet, daß sie das gleiche leisten wie vorher. Ihr persönlicher Hintergrund ist ihre Privatangelegenheit, ihre Familienverhältnisse interessieren ihren Arbeitgeber nicht. Es ist ihre Sache, diese Dinge so zu organisieren, daß sie ihrer Arbeit ohne Einschränkungen nachgehen kann. Andernfalls sollte sie eben nicht erwerbstätig sein.

In diesem Zusammenhang ist es interessant, die Situation der Frauen vor 1989 in der Bundesrepublik Deutschland mit der in der Deutschen Demokratischen Republik zu vergleichen. Dort gab es keine Wahlfreiheit; die volle Erwerbstätigkeit war für Frauen ebenso die Norm wie für Männer. Obwohl die Mütter in der DDR mehr Kinder hatten als in der BRD, machte ihnen die Vereinbarkeit von Familie und Beruf viel weniger Probleme. Es gab genügend staatliche Betreuungseinrichtungen für Kinder jeder Altersstufe. Man kann sich über die Qualität dieser Einrichtungen und ein solches Erziehungsmodell insgesamt streiten, aber auf jeden Fall hatten die Frauen kein schlechtes Gewissen, ihre Kinder dort unterzubringen, da alle es taten – es gab keine vergleichbare Konkurrenz zwischen guten und schlechten Müttern. Natürlich entrüstete man sich vom freiheitlich-westlichen Standpunkt aus darüber, daß die armen Frauen arbeiten mußten, egal ob sie Lust hatten oder nicht, und erst recht darüber, daß die armen Kinder nur morgens, abends und am Wochenende zu Hause sein durften. Was war denn das schon für ein Familienleben! Neuere Studien zeigen allerdings, daß die Familienbindungen in Ostdeutschland enger sind und von den Kindern positiver und herzlicher erlebt wurden als die in Westdeutschland[38].

Bei uns zahlen die Frauen heute für ihre scheinbare Wahlfreiheit einen hohen Preis: Die einen verzichten auf Kinder, die anderen finden sich in eine gefährliche Abhängigkeit und

Perspektivlosigkeit, die dritten müssen eine äußerst anstrengende Lebensphase akzeptieren.
Wer mehr Kinderkrippen, Kinderhorte, Kindergärten oder auch die steuerliche Absetzbarkeit jeder Form von Fremdbetreuung für Kinder (auch für Kinderfrauen, Tagesmütter, Babysitter) fordert, unterstreicht die Tatsache, daß Kindererziehung eine gesellschaftliche Aufgabe ist. Wer politische Initiativen unterstützt, nach denen Frauen und Männer den Elternurlaub gemeinsam abwechselnd nehmen müssen, wenn nicht die Hälfte verfallen soll, betont immerhin, daß die Kinderbetreuung Sache eines Elternpaares und nicht nur der Mutter ist. Wer aber die »Wahlfreiheit« zwischen Doppelrolle und Vollzeitmutterschaft für Frauen fordert, akzeptiert stillschweigend die alleinige Verantwortlichkeit der Frauen für die Kinderbetreuung und trägt somit zur Verfestigung einer problematischen gesellschaftlichen Tendenz bei. Wenn Mutterschaft immer mehr zur Privatangelegenheit der Frau wird, dann hat das gravierende Folgen nicht nur für die Frauen selbst und für ihre Kinder, sondern auch für die Beziehung zwischen Vater und Mutter und für die Gesellschaft überhaupt.

5. Kapitel:

Überbemutterung und Vernachlässigung: Die Folgen der Mutterzentrierten Erziehung

Innerhalb des jetzt zu Ende gehenden Jahrhunderts hat sich das gesamte soziale Umfeld, in dem Kinder aufwachsen und erzogen werden, völlig gewandelt. Kindheit und Jugend heute sehen ganz anders aus als vor hundert oder gar zweihundert Jahren. Die vielleicht wichtigste Veränderung in diesem Zusammenhang ist die neue Rolle der Mutter bei der Betreuung und Erziehung der Kinder, ihre Aufwertung zur zentralen Erziehungsinstanz. Die Mutter versteht sich – zumindest während der ersten Lebensjahre ihres Kindes – als exklusive Mittlerin zwischen dem Kind und der Welt, als die eigentliche Anwältin des Kindes, als die Person, die am besten weiß, was für ihren Sprößling gut oder schlecht ist. Das verleiht der Mutterrolle einen Hauch von Allmacht und läßt sie attraktiv erscheinen. Für dieses eine Kind ist die Mutter die zentrale Figur, der wichtigste Mensch überhaupt, durch niemanden zu ersetzen. Keine andere Person erlangt für den kleinen Menschen eine vergleichbar große Bedeutung – weder der Vater noch die Großeltern oder andere Verwandte, keine Kinderfrau oder Tagesmutter, schon gar nicht die Kindergärtnerin oder gelegentliche Babysitter.

Das Idealbild der heutigen Erziehung weist diesem »Hilfspersonal« nur einen Platz am Rande zu. Sie dürfen bzw. sollen die Mutter gelegentlich für kurze Zeiträume entlasten, wenn sie vorübergehend einmal gezwungen ist, sich aus der Nähe ihres Kindes zu entfernen. Aber es gilt nicht als wünschenswert, wenn der Anteil dieser dritten Personen an der Kinderbetreuung zu groß wird – auf jeden Fall dürfen sie niemals annähernd so wichtig für das Kind werden wie die leibliche Mutter. Erlangen andere Personen in der Lebenswelt des Kindes größere Bedeutung, dann wird diese Situation im allgemeinen negativ bewertet, die Mutter wird verurteilt und das Kind bedauert. »Wieso ist die Kleine den ganzen Tag bei den Großeltern? (oder: im Kindergarten, im Hort, bei der Kinderfrau?) Wieso kümmert sich die Mutter nicht darum?« Und das einhellige Urteil der Umwelt lautet: »Eine schlechte Mutter! Ein bedauernswertes Kind!« Jede Form des »Muttersatzes«, der Betreuung durch Dritte, gilt als minderwertige Alternative, vor allem, wenn es sich noch um Vorschulkinder handelt. Höchstens der Vater wird als Muttersatz akzeptiert, aber nur selten machen Väter bisher mit ihrem zeitlichen Engagement bei der Kinderbetreuung der Mutter den ersten Rang streitig.

Die meisten Menschen in unserer Gesellschaft vertreten heute die Ansicht, daß die Mutter als zentrale Bezugsperson unersetzlich ist und zumindest in den ersten Lebensjahren des Kindes stets präsent sein sollte – auch die Mütter selbst teilen mehrheitlich diese Auffassung. Wenn sie sich nicht diesem Ideal entsprechend verhalten, haben sie fast immer massive Schuldgefühle.

In der Vergangenheit genossen nur Kinder der gehobenen Schichten eine annähernd exklusive Betreuung wie das Normalkind von heute. Die Söhne und Töchter des Adels und der bürgerlichen Oberschicht hatten Ammen, Kinderfrauen und private Erzieherinnen. Meistens wurden mehrere Geschwister, die ungefähr im gleichen Alter waren, von einer Frau betreut. Die Amme blieb, solange Babies im Hause waren oder noch erwartet wurden; wenn die Kinder älter wurden, bekamen sie eine Kinderfrau, die nach einigen Jahren durch einen Hofmeister (im Mittelalter), später durch einen Erzieher bzw. eine Privatlehrerin oder Gouvernante ersetzt wurde. Man legte also weit weniger Wert auf die heute so vielbeschworene Kontinuität.

Auf den ersten Blick scheint es, als hätte sich das Betreuungsmodell der Oberschichten von einst in der Gegenwart über die gesamte Bevölkerung ausgedehnt: Jedes Kleinkind hat seine eigene Betreuerin – so kostbar sind uns die Kinder geworden. Heute allerdings kümmert sich in der Regel nicht eine angestellte Kinderfrau um das Kind, sondern seine leibliche Mutter. Weil sie es geboren hat, gilt sie selbstverständlich als die am besten geeignete Erzieherin.

Früher glaubte man nicht, daß Frauen, nur weil sie die Kinder zur Welt bringen, auch am besten dazu befähigt seien, Kinder zu betreuen. Vor allem hielten die Frauen sich selbst auch nicht qua Geschlecht allesamt für geduldige Kindermädchen und begnadete Pädagoginnen. Kindergärtnerin oder Lehrerin mag ein bevorzugter Frauenberuf sein – aber nicht alle Frauen sind darauf aus, als Kindergärtnerin oder Lehrerin zu arbeiten. Früher mußten sich Frauen nicht besonders dafür rechtfertigen, wenn sie einerseits einen Haufen Kinder bekamen, andererseits aber kein besonders großes Interesse daran hatten, sich viel mit ihren Kindern zu beschäftigen. Heute, da Frauen selbst entscheiden können, ob sie Kinder bekommen wollen oder nicht, setzt jedermann voraus, daß sie Spaß am Umgang mit kleinen und Interesse an größeren Kindern haben – warum sollten sie sonst Mutter werden wollen? Auch die Frauen selbst erwarten von sich Kinderliebe und Mutterglück und nehmen es sich übel, wenn das eine weniger ausgeprägt ist als vermutet und das andere sich nicht mit der Mutterschaft einstellt wie erhofft.

Die Kinder der Oberschicht verließen früher ihr Elternhaus häufig schon in jungen Jahren, um gemeinschaftliche Erziehungsinstitutionen zu besuchen, die bei uns heute so verpönt sind. Im Mittelalter schickten die adligen Familien ihre Söhne bereits im Knabenalter als Pagen an die Fürstenhöfe. (Mit zwölf Jahren waren sie volljährig, konnten zum Ritter geschlagen werden und, wenn sie Prinzen waren, die Regentschaft antreten.) Seit Jahrhunderten und zum Teil noch heute leben vor allem die Jungen der englischen Oberschicht vom zehnten Lebensjahr an in Internaten. Während des 19. und beginnenden 20. Jahrhunderts gab man Töchter aus adligen Kreisen und aus den Familien des gehobenen Bürgertums in Pensionate, sobald sie fünfzehn oder sechzehn Jahre waren; im Frankreich des 18. Jahrhunderts schickte man die Mädchen sogar schon sechs- bis achtjährig in Klosterschulen, wo sie so lange blieben, bis es Zeit für ihr gesellschaftliches Debüt und die Suche nach dem Heiratskandidaten war. Heute hat man bei uns eine tiefe Abneigung gegen solche Institutionen der Gemeinschaftserziehung, die früher als wichtig und unerläßlich für die Entwicklung von Jugendlichen angesehen wurden. Internate oder auch schon Ganztagsschulen und Horte werden, vor allem in (West-)Deutschland von vielen Müttern als Orte angesehen, in die man die Kinder »abschiebt«. Immer wieder hört man in Diskussionen über die Mutter-Kind-Beziehung dieses Argument: »Schule muß ja sein – aber ich bekomme doch kein Kind, um es den ganzen Tag in solche Aufbewahranstalten abzuschieben!« Den Kindergarten im Vorschulalter empfinden die meisten Mütter durchaus als angenehme Entlastung, aber nur für ein paar Stunden am Vormittag – eine längere Trennung des Kindes von der Mutter, seine längere Abwesenheit von zu Hause halten sie für unzuträglich.

Ganztagsschulen sind im europäischen und außereuropäischen Ausland weit verbreitet; bei uns werden sie von den meisten Müttern abgelehnt. Die öffentliche Meinung bedauert auch die »armen Hort-Kinder«, die nach der Schule dort hingehen müssen, weil niemand zu Hause mit dem Mittagessen auf sie wartet. Es ist nicht weiter verwunderlich, daß die Mehrzahl der betroffenen Kinder bei uns die Horte ebenfalls nicht besonders schätzt. Natürlich spüren sie, daß dies die statusniedere Alternative ist. Dorthin gehen die Kinder

alleinerziehender Mütter und die Kinder aus Familien mit niedrigem Einkommen, während die Kinder der Besserverdienenden zu Hause von einer Kinderfrau oder Hausangestellten betreut werden, wenn ihre Mutter erwerbstätig ist.
In Ländern, in denen die Ganztagsschule, der Nachmittagsunterricht oder der Hort üblich sind – wie etwa in Frankreich – , geraten umgekehrt die Kinder, die mittags nach Hause müssen, in eine Minderheitenposition, und sie werden nicht selten von ihren Mitschülern bedauert. In dieser Konstellation sind die meisten Kinder überzeugt, daß die spannenden Dinge in der Gruppe der Gleichaltrigen geschehen, und sie finden es langweilig, zu Hause bleiben zu müssen – nur weil ihre Mutter, die keinem Beruf nachgeht, den ganzen Tag ohne ihre Kinder mit sich nichts anzufangen weiß.
Der Vergleich mit Frankreich ist in mancher Hinsicht interessant: Die Müttererwerbstätigkeit, auch die von Müttern kleiner Kinder, ist dort viel verbreiteter als bei uns; die Frauen nutzen die öffentlichen Kinderbetreuungseinrichtungen, die den ganzen Tag über zur Verfügung stehen und so auch eine Vollzeitbeschäftigung möglich machen, ohne sich als Rabenmütter zu empfinden; sie sehen ihre Erwerbstätigkeit als selbstverständlich an. Dabei stellt die Familie in Frankreich einen hohen Wert dar, und die Geburtenrate ist deutlich höher als bei uns.
Die ehemalige Bundesrepublik Deutschland nimmt in dieser Hinsicht auch im westlichen Europa eine Sonderrolle ein. Nirgendwo sonst ist die Vorstellung so tief verwurzelt, daß es für ein Kind am besten sei, sich zu Hause aufzuhalten – und das heißt: im Einflußbereich der Mutter. Die Ablehnung gegen kollektive Institutionen der Erziehung wurde bei uns in den vergangenen Jahrzehnten besonders durch den ideologischen Krieg mit den sozialistischen Ländern geschürt. Die armen Frauen dort müssen erwerbstätig sein, war die westdeutsche Interpretation; die armen Kinder können gar

nicht nach Hause, sondern sie müssen sich den ganzen Tag in diesen gräßlichen Aufbewahranstalten aufhalten, weil niemand zu Hause ist, der sich um sie kümmert.

Dabei gibt es keinerlei Belege dafür, daß diese Art der Erziehung den Kindern generell schadet und daß die westdeutsche Mutterzentrierte Form der Betreuung die bessere ist. Natürlich gab (und gibt) es Krippen und Horte, die nicht besonders empfehlenswert sind. Doch die wissenschaftlichen Untersuchungen etwa über Kibbuz-Kinder haben die negativen Erwartungen vieler Forscher nicht bestätigt: Es gibt keinerlei Hinweise darauf, daß eine Gemeinschaftserziehung vom frühen Kindesalter an der Persönlichkeitsentwicklung abträglich ist. Es scheint allerdings, daß Menschen, die im Kibbuz aufgewachsen sind, sich als Erwachsene etwas stärker gruppenorientiert und weniger betont individualistisch geben[39]. Auch andere Formen der Fremdbetreuung – etwa durch Großmütter, Tagesmütter, Kinderfrauen – sind nicht nachteilig für die Kinder, wie immer wieder klischeehaft behauptet wird. »Erschöpfende Studien aus zwei Jahrzehnten (haben)... keinerlei Beweise für die negativen Folgen von Tagesbetreuung erbracht. Das liegt nicht daran, daß sie sich nicht bemüht hätten.«[40]

Bei uns in Deutschland hat die Überzeugung, daß die Erziehung durch die leibliche Mutter immer und unter allen Umständen der Betreuung in Gemeinschaftsinstitutionen vorzuziehen sei, inzwischen den Charakter eines unantastbaren Glaubenssatzes angenommen. Warum lehnen eigentlich so viele Mütter solche Einrichtungen ab – besonders die Krippe und den Hort, aber ebenso den Ganztagskindergarten, die Ganztagsschule oder das Internat. »Es gibt dort zu wenig Kindergärtnerinnen, Pädagogen, Erzieher für so viele Kinder«, ist ein häufiger Einwand, oder: »Dort herrscht eine lächerliche, völlig veraltete Auffassung von Ordnung und Disziplin; die Kinder werden viel zu sehr gegängelt und re-

glementiert.« Manchmal heißt es, im Gegenteil: »Die Kinder verwahrlosen dort, sie gehen über Tische und Bänke, niemand kümmert sich richtig um sie, man macht nicht genug mit ihnen, sie erhalten nicht genügend Anregungen.«
Alle diese Einwände haben etwas mit den zunehmenden Ansprüchen an die individuelle Behandlung des Kindes zu tun. Im Kern laufen die Vorbehalte der Mütter gegen die Gemeinschaftserziehung darauf hinaus, daß ihr Kind in Kindergarten, Schule und Hort nur eines unter vielen ist, während es zu Hause, für sie, das einzige oder zumindest eines unter wenigen ist. Die Mütter fürchten, daß die professionellen ErzieherInnen den besonderen Eigenarten ihres Kindes nicht gerecht werden, ihm nicht die allerbesten Entwicklungschancen verschaffen. (»Niemand außer mir nimmt genügend auf die Sensibilität und die Verletzlichkeit meines Kindes Rücksicht – niemand anderes weiß wie ich seine eigentlichen Talente, Fähigkeiten und inneren Werte zu schätzen – also muß ich mich so lange wie möglich selbst kümmern und darf niemand anderem großen Einfluß einräumen«). Familienerziehung – das bedeutet: Erziehung durch die Mutter, die im Prinzip am besten weiß oder zu wissen glaubt, was für ihr Kind gut ist. »Ich habe dieses Kind nicht zur Welt gebracht, um es den ganzen Tag in eine Krippe, einen Hort, eine Ganztagsschule ›abzuschieben‹.« Im Umkehrschluß heißt das aber auch: »Ich habe es zur Welt gebracht, es ist mein Kind, ich will es so lange wie möglich in meinem Einflußbereich behalten.«
Auch die Oberschichten der früheren Jahrhunderte betonten mit der exklusiven Betreuung der Kinder durch Ammen, Kinderfrauen und ErzieherInnen im frühen Lebensalter die Individualität jedes einzelnen Kindes, jedenfalls weit stärker, als dies in der einfachen Bevölkerung der Fall war. Aber das angestellte Personal hatte ein anderes Verhältnis zu den Kindern als die leibliche Mutter. Ammen und Kinderfrauen lieb-

ten ihre Zöglinge nicht als einen Teil von sich selbst. Vielleicht sahen sie in den Kindern auch das Produkt ihrer Erziehung – aber die Kinder »gehörten« ihnen nicht so, wie sie heute den leiblichen Müttern »gehören«; es gab also weniger narzißtische Besetzung des Kindes und weniger Überidentifikation mit dem Kinde. Zugleich stellte die im späteren Kindesalter einsetzende Erziehung in Klosterschulen, Internaten, Militäranstalten, Pensionaten ein Korrektiv zu der Betonung der Individualität dar, indem sie die Eingliederung in Gemeinschaften förderte, sowohl die Einordnung in Hierarchien als auch in die Gruppe der Gleichaltrigen.

In den unteren Schichten gab es keine ähnlich exklusive Kinderbetreuung. Nur selten hatten erwachsene Personen Zeit, sich ausschließlich um die Beaufsichtigung und Erziehung von Kleinkindern zu kümmern. Im bäuerlichen und handwerklichen Milieu liefen die Kinder nebenher. Als Babies wurden sie fest in Bündel gewickelt, so daß sie nicht herumkrabbeln und sich etwas antun konnten, wenn gerade niemand in ihrer Nähe war. Sobald sie herumlaufen konnten, kümmerten sich verschiedene Personen um sie: ältere Geschwister, die noch zu klein für andere Beschäftigungen waren, oder alte Großeltern, die sonst nicht mehr viel tun konnten – oder eben die Mutter selbst oder die Mägde, die aber daneben ihrer eigentlichen Arbeit nachgingen und nur dann und wann ein Auge auf die Kleinen haben konnten. Schon im frühen Kindesalter nahmen Jungen und Mädchen am Leben (und das heißt: am Arbeitsleben) der Erwachsenen teil, ohne daß die sich besonders an ihnen und ihren Bedürfnissen orientiert hätten: Kinderbetreuung und allmähliche Einführung in die verschiedenen Arbeiten lief Hand in Hand.

Ähnlich wie die Sprößlinge des Adels verließen auch die Kinder der Bauern und Handwerker im Mittelalter und zu Beginn der Neuzeit ihr Elternhaus früh, je nachdem zwischen dem achten und dem vierzehnten Lebensjahr, um »Dienst im fremden Haus« zu tun, als Knechte, Mägde, Lehrlinge. Zahlreiche Kinder wuchsen ohnehin nicht bei der leiblichen Mutter auf, weil die nicht selten früh verstarb, im Kindbett etwa, und der Vater eine zweite Frau genommen hatte. Man gab Kinder auch häufig zu Verwandten, wenn im eigenen Haus wenig Platz oder soziale Not war – oder wenn die Verwandten gerade Verwendung für ein Kind, eine Hilfe, einen Lehrling hatten. Schon Sechs- bis Achtjährige wurden als Hütejungen und -mädchen für Schweine und Gänse an die Haushalte von Verwandten und Nichtverwandten »ausgeliehen«; schon achtjährige Mädchen verdingten sich auf dem Land zur Beaufsichtigung noch kleinerer Kinder; Lehrlinge wurden im 16. und 17. Jahrhundert nicht selten schon als Elfjährige angenommen[41].

So wurde beispielsweise im 15. Jahrhundert der spätere Chronist Burkhard Zink von seinen Eltern nur elfjährig aus der Heimatstadt Memmingen fort- und zu einem Onkel nach Slowenien geschickt, weil der ihm einen Schulbesuch ermöglichen konnte. Der Physiker Isaac Newton, ein Gutsbesitzerssohn, kam im 17. Jahrhundert als Dreijähriger zu seiner Großmutter, weil seine verwitwete Mutter noch einmal heiratete und ihr zweiter Mann, ein Pfarrer, das Kind nicht im Haus behalten wollte. Im 18. Jahrhundert wurde die spätere Dichterin Anna Luise Karsch von ihrem Vater, einem Bauern und Gastwirt, im Alter von sechs Jahren aus der schlesischen Heimat fort zu einem kinderlosen Onkel nach Polen gegeben. Wenig später, als der Vater ein zweites Mal heiratete und die Stiefmutter für ihr Baby eine Betreuung brauchte, wurde sie als Kindermädchen nach Hause zurückgeholt, um dann mit zwölf Jahren Magd bei fremden Leuten zu werden. Zu Beginn des 19. Jahrhunderts wurde der spätere Universitätsprofessor Peter von Bohlen, Halbwaise und ältester Sohn einer auf Gemeindekosten lebenden verarmten

Mutter, als Vierzehnjähriger Stubenjunge und Laufbursche bei einem französischen General. Dies sind beliebige Beispiele, aber keineswegs ungewöhnliche Schicksale[42].

Zur Erziehung eines Kindes fühlten sich früher – anders als heute – alle Erwachsenen befugt und berufen, die mit ihm in Berührung kamen: die Verwandtschaft, sofern sie im Haus oder im nachbarschaftlichen Umfeld lebte, die Nachbarn und Nachbarinnen, Knechte und Mägde, der Pfarrer und der Lehrer. Alle erzogen sie an den Kindern herum, indem sie ihnen dies und das verbaten oder erlaubten, sie ermahnten und belehrten, bestraften und ermutigten, sie als lästig fortschickten oder bei irgendwelchen Verrichtungen zuschauen oder mitmachen ließen, ihnen Dinge erzählten, sie verulkten oder einschüchterten – und zwar jeder auf seine Weise, willkürlich, je nachdem wie ihnen, den Erwachsenen, gerade zumute war. Es gab nicht die eine zentrale Erziehungsinstanz, die Mutter, die ständig über das Wohlergehen ihrer Sprößlinge wachte und sich die Einmischung anderer verbat.

Die Mutter beschwerte sich kaum beim Nachbarn, wenn er ihr Kind ohrfeigte, weil er es beim Stiebitzen in seinem Kirschbaum erwischte. Sie wies die Großmutter nicht zurecht, wenn die die Kinder verwöhnte, und sie fuhr auch nicht dazwischen, wenn die Magd den Kleinen Schauergeschichten erzählte, die sie vielleicht am Einschlafen hinderten. Sie lief nicht zum Dorfschulmeister oder Pfarrer, um sich über eine unangemessene Behandlung ihrer Kinder zu beklagen – obwohl deren Methoden, gemessen an heutigen Standards, sicher pädagogisch höchst fragwürdig waren und gewiß weit weniger einfühlsam und kindgerecht als die der Mehrzahl der KindergärtnerInnen und LehrerInnen von heute. Die Mutter hatte für solche Interventionen keine Zeit, und sie fühlte sich auch nicht so generell und ausschließlich zuständig für das Wohlergehen, die Belehrung und Unterhaltung ihrer Kinder wie heute. Auch in ihren Augen besaßen alle anderen Kontaktpersonen des Kindes ein selbstverständliches Miterziehungsrecht.

Gerade dies hat sich heute grundlegend verändert. In einem Aufsatz in der Zeitschrift »Eltern« (im April 1994) führt eine junge Mutter Klage über die kinderfeindliche Umwelt. »Ich habe es satt, mich ständig von selbsternannten Experten belehren zu lassen!« Sie schildert eine Situation, die sie besonders verärgert hat: Als ihre zweijährige Tochter im Supermarkt einen Wutanfall bekommt und sich »schreiend und um sich schlagend an das Süßigkeitenregal vor der Kasse klammert«, bemerkt eine ältere Frau, die vor ihr in der Schlange steht: »Das Kind braucht mal was auf den Hintern, dann hört das Theater auf!«[43]

Diese Äußerung empört die junge Frau. Warum? Die andere, ältere Frau hat sich ungefragt in ihre, der Mutter, Angelegenheiten gemischt. Jemand, der nicht wie sie Verantwortung für das Kind trägt, jemand, der nicht wie sie die Arbeit mit dem Kind hat, hat ihrer Meinung nach kein Recht, sich in dieser Weise einzumischen. Vermutlich erwartet sie schweigende Zurückhaltung – und dies ist ja auch die häufigste Reaktion eines anonymen Publikums auf solche gewiß nicht seltenen Vorkommnisse. Normalerweise äußern sich andere Erwachsene heute erst dann laut der Mutter (oder einem Kind oder Jugendlichen selbst) gegenüber, wenn sie sich extrem gestört fühlen.

Denken wir an Beispiele, die uns allen bekannt sind: Wie verhalten wir uns, wenn Kinder sich in der Straßenbahn oder im Bus breit machen, nicht für ältere oder behinderte Personen aufstehen, laut herumkrakeelen und ihr Mütchen an öffentlichen Einrichtungsgegenständen kühlen? Im allgemeinen sehen wir weg. Wir fühlen uns nicht zuständig. Ein gewisses Ausmaß an Unruhe wird man den Kindern auch zubilligen – schließlich haben sie den ganzen Morgen still sitzen müssen, irgendwie müssen sie sich ja mal abreagieren. Doch die meisten Erwachsenen geben auch dann keinen Kommentar ab, wenn die Hyperaktivität unzumutbare Ausmaße annimmt. Statt dessen schauen sie mit dem typisch verkniffenen Gesichtsausdruck aus dem Fenster. Manche wenden sich vielleicht an den Schaffner, wenn sie das Benehmen von Kindern irritiert. Nur wenige Erwachsene würden intervenieren, was früher vermutlich die übliche Reaktion war. Heute würden sie nur riskieren, von den Kindern oder Jugendlichen angepöbelt zu werden, denn längst haben sie gegenüber fremden Kindern keine selbstverständliche Autorität mehr. (»Sie haben mir doch überhaupt nichts zu sagen!«) Wenn sie nicht Hohngelächter oder eine kesse Lippe riskieren wollen, mischen sie sich am besten gar nicht erst ein.

Solange ein Kind klein und seine Mutter präsent ist, wird der Erwachsene, der sich durch das Verhalten des Kindes gestört fühlt, sich immer an die Mutter als die alleinzuständige Person wenden und seine Beschwerde bei ihr vorbringen: »Warum sorgen Sie nicht dafür, daß Ihr Kind sich anständig benimmt?« Viel häufiger wird er das in aller Stille denken und die Mutter seine Mißbilligung nur schweigend fühlen lassen. Damit drückt der oder die fremde Erwachsene aus, was die Mutter selber auch empfindet: daß sie für das Benehmen ihres Kindes verantwortlich ist, daß es ihr obliegt, das Kind zu erziehen. Die meisten Mütter würden sich im übrigen auch eine direkt an ihr Kind gerichtete erzieherische Maßnahme von Fremden verbitten. (Was, wenn die ältere Frau im Supermarkt sich direkt an das kleine Mädchen gewendet hätte, als es seinen Anfall bekam: »Mach doch nicht so ein Theater!« – die Mutter wäre verblüfft, aber vermutlich noch empörter gewesen.)

Viele Mütter von heute fühlen sich einerseits durch ihre Alleinzuständigkeit und Alleinverantwortung in der Erziehung überfordert, aber nicht selten wehren sie zugleich jede Form von Einmischung anderer ab. Solche anderen, deren unerbetene Einmischung zurückgewiesen wird, sind nicht nur fremde Leute auf der Straße oder im Geschäft, sondern häufig auch Menschen aus dem persönlichen Umfeld, die gelegentlich bereit sind (oder bereit wären), ihr einen kleinen Teil der Kinderbetreuung abzunehmen: die eigene Mutter etwa oder auch eine Freundin mit oder ohne Kinder oder die bezahlte Kinderfrau. In den Ratgeberspalten der Erziehungszeitschriften finden sich immer wieder Anfragen junger Mütter, die sich über die unmöglichen (je nachdem die altmodischen, disziplinierenden oder verwöhnenden) Erziehungsmethoden der Omas gegenüber ihren Lieblingen beklagen. Die ExpertInnen-Ratschläge gehen fast immer dahin, die Mütter im Bewußtsein ihrer alleinigen Erziehungsautorität zu stärken: »Ihre Mutter (oder Schwiegermutter) muß lernen, daß sie sich aus der Erziehung herauszuhalten hat!« »Reden Sie mit der Oma, erklären Sie ihr, daß man heute manches anders macht als zu ihrer Zeit, – und wenn sie nicht einsichtig ist, dann gibt es eben Enkelentzug!«

Viele Mütter erleben jede Reaktion auf ihr Kind, die nicht positiv oder gewährend ist, als kinderfeindlich. Das hängt mit der Überidentifikation mit dem Kind zusammen, die wiederum das Ergebnis ihrer Alleinzuständigkeit ist. Kritisiert eine andere Person das Kind, so fühlt sich sofort die Mutter kritisiert – die ja alleinverantwortlich für das Kind und damit auch für jedes Fehlverhalten von ihm ist. In solch einer Situation empfindet die Mutter keineswegs das Bedürfnis, erzieherisch auf ihr Kind einzuwirken, sondern sie bekommt Aggressionen gegen die »kinderfeindliche Umwelt«, die ihr, der Mutter, ein schlechtes Gewissen machen will.

Das kommt auch in einem Artikel der »Eltern«-Redakteurin Amelie Fried sehr treffend zum Ausdruck: »Schimpfe fürs Kind, nur damit alte Damen zufrieden nicken? ... Ich finde, es ist höchste Zeit, daß Eltern selbstbewußter werden und ihrer Umgebung etwas zumuten. Kinder müssen mal laut sein dürfen, sie müssen mal aggressiv und frech sein dürfen. Erwachsene müssen das aushalten können.«[44] Zunächst möchte man dieser Aussage herzhaft zustimmen: Kinder sind eben Kinder.

Aber trifft sie wirklich den Kern des Problems? Solche Äußerungen entwerfen das Bild von ganzen Scharen unterdrückter, überangepaßter Kinder, die in der Öffentlichkeit keinen Mucks tun dürfen, weil sie von strengen Eltern und anderen, sie ständig reglementierenden Erwachsenen umgeben sind. Ist das wirklich die Realität? Ist es nicht vielmehr so, daß die gestreßten Eltern, vor allem die Mütter, vom ständigen Nahkampf in der Erziehung ermüdet, den Kindern zu wenig Grenzen setzen – während die nähere und fernere Umwelt sich weitgehend raushält? Weil es sie nichts angeht, weil es nicht ihre Kinder sind – und weil sie eine unliebsame Konfrontation mit den Eltern vermeiden wollen, die sich unfehlbar einstellen würde? Die am meisten verbreitete Reaktion der Umwelt auf schlecht erzogene und aggressive Kinder ist die, ihnen aus dem Wege zu gehen, sich zurückzuziehen, möglichst wenig mit ihnen zu tun haben zu wollen – was die alleingelassenen, verbitterten Eltern wiederum in ihrem Bild von der kinderfeindlichen Gesellschaft bestätigt. »Wie anstrengend ein Besuch mit Kind/ern in einem kinderlosen Haushalt sein kann, ahnt wohl niemand. Woher soll Leonard wissen, daß die Hauskatze ›leider keine Kinder mag‹, daß die alte Gitarre in der Zimmerecke ein wertvolles Erbstück ist, daß man auf dem empfindlichen Teppichboden ›eigentlich nicht‹ spielen sollte, daß die Pflanze, die er gerade plattgetreten hat, eine japanische Zwergmagnolie war?« schreibt Amelie Fried in dem zitierten Artikel. Gewiß – das kann von einem zwei- bis dreijährigen Kind niemand erwarten – aber was erwartet die Mutter in diesem Fall von ihren Gastgebern? Wäre es »kinderfreundlich«, wenn sie den Kleinen fröhlich lächelnd auf der alten Gitarre spielen und die

Blumen zerpflücken lassen? Oder hätten sie sich vorher die Mühe machen sollen, alles Empfindliche außer Reichweite zu räumen, bevor das Paar mit dem Kind zu Besuch kommt? Niemand kann erwarten, daß ein Zweijähriges versteht, daß bestimmte Dinge zerbrechlich sind – aber die entscheidende Frage ist eine andere: Dürfen die Gastgeber erwarten, daß die Mutter ihrem Kleinkind Grenzen setzt – oder wird die Mutter es akzeptieren, wenn sie selbst es tun und den Kleinen von diesen Gegenständen fortziehen? Das könnte großes Geschrei auf Seiten des Kleinen und Gekränktheit auf Seiten der Eltern geben, wenn es sich um ein Kind handelt, das es von Zuhause gewöhnt ist, mit allem spielen zu dürfen, was herumsteht. Und wie lange soll die allgemeine Rücksichtnahme auf das Kind dauern? Bis es fünf ist? Bis sieben? Was, wenn die Eltern ihm bis dahin immer noch nicht vermittelt haben, daß man Gegenstände respektieren muß, die anderen gehören und ihnen lieb und wert sind?

Als kinderlieb bezeichnen viele Mütter nur Menschen, die ausschließlich positiv auf ihr Kind reagieren, die es beachten, es anlächeln, mit ihm spielen, es beschäftigen und bestätigen – und ihr erzählen, wie nett und wie intelligent sie es finden. Doch sobald der andere Erwachsene dem Kind etwas verbietet oder gar mit ihm schimpft, zweifeln solche Mütter an seiner Kinderliebe. Diese Haltung rührt aus der starken Identifikation mit dem Kind: Wer positiv auf es eingeht, macht der Mutter Komplimente, wer an ihm etwas zu kritisieren findet, kränkt ihre Eigenliebe. Es ist die übermäßige Identifikation der Mutter mit ihrem Kind, die den Kontakt anderer Erwachsener zu Kindern heute oft erschwert. Väter identifizieren sich nur selten so stark mit ihren Kindern, daß sie sie als Teil der eigenen Person empfinden, und auch die Mütter taten es im allgemeinen nicht, bevor sie alleinverantwortlich für die Kindererziehung wurden.

Die Alleinzuständigkeit der Mutter für die Erziehung ihres

Kindes ist historisch noch sehr jungen Datums. Durch sie ist außerhalb der Mutter-Kind-Beziehung eine Art Erziehungsvakuum entstanden: Wo die Mutter nicht erzieht, erzieht niemand sonst. Wenn das älter werdende Kind sich allmählich vom Elternhaus entfernt, stößt es häufiger auf Mißbilligung, Gleichgültigkeit und Rückzug von seiten fremder Erwachsener als auf Anteilnahme und Ermunterung. Heute werden Kinder, die nicht die eigenen sind, nur noch selten selbstverständlich in irgendwelche Tätigkeiten oder Gespräche einbezogen; vor allem kinderlose Erwachsene empfinden den Kontakt mit Kindern häufig als anstrengend und unerfreulich. Nur gelegentlich findet man noch in ländlicher Umgebung oder in städtischen Vororten die früher übliche Situation, daß Kinder in der Nachbarschaft herumstreunen, dabei auf irgendwelche Erwachsene stoßen, die mit irgend etwas beschäftigt sind, bei dem die Kinder dann eine Weile zuschauen, vielleicht auch mitmachen, einbezogen werden, und dann nach einer Weile, wenn es ihnen langweilig geworden ist, wieder ihres Wege ziehen, auf der Suche nach einem neuen Spiel, einer neuen Beschäftigung. Auf der einen Seite erleben die Erwachsenen den Kontakt mit Kindern häufiger nur als lästig und störend, auf der anderen Seite passen sich die Kinder den vorgefundenen Situationen nicht mehr an; sie sind fordernder und anspruchsvoller. Die Betreuung von kleineren Kindern bedeutet heute in der Regel: ganz und gar für ihre Unterhaltung verantwortlich und nur auf sie ausgerichtet zu sein; man muß sie ständig »bespielen« oder sonstwie beschäftigen. Da die Kinder es von zu Hause meist gewöhnt sind, in dieser Weise im Mittelpunkt zu stehen, haben sie nur noch selten die Fähigkeit, sich irgendwo am Rande des Blickfelds von Erwachsenen mit irgend etwas zu beschäftigen – sie nerven, bis man sich entweder ausschließlich mit ihnen beschäftigt oder sie fortschickt, weil man nun mal gerade etwas anderes tun muß.

Überbemutterung und Vernachlässigung liegen deswegen heute dicht beieinander. Ist die Situation intensiver Betreuung nicht gegeben, an die das Kind aus der engen Mutter-Kind-Beziehung gewöhnt ist, fällt es gleich in ein Vakuum, in dem niemand mehr sich auch nur teilweise verantwortlich fühlt. Unser Alltagsleben, unsere Wohn- und Arbeitsformen haben sich grundlegend gewandelt und mit ihnen das Umfeld, in dem Erziehung stattfindet. Es gibt kaum mehr soziale Situationen, in denen Kinder sich am Rande der Lebenswelt Erwachsener in einem mehr oder minder selbstgestalteten Raum tummeln können, sehr eigenständig, doch ohne vollständig sich selbst überlassen zu sein. Übriggeblieben sind nur die »pädagogischen Provinzen«: Situationen, in denen das Kind sich in enger Interaktion mit einem oder mehreren Erwachsenen und dabei natürlich auch im Mittelpunkt befindet oder pädagogisch vorstrukturierte Programme (wie Kindergarten, Schule, Freizeitkurse usw).
Normalerweise wird ein Kleinkind von seiner Mutter intensiv und exklusiv betreut. Wenn sie sich aus irgendeinem Grunde nicht den ganzen Tag in dieser Weise um ihr Kind kümmern kann, versucht sie, eine Vertretung zu organisieren, die in der Zeit ihrer Abwesenheit idealerweise genau so intensiv und ausschließlich auf das Kind konzentriert sein soll wie sie sonst. Da dies sehr anstrengend ist, finden sich immer weniger Personen, die diese Aufgabe unbezahlt und einfach mal eben so übernehmen – wie noch vor einer Generation zum Beispiel die Großeltern, die Tanten, die Freundinnen, die Nachbarin. Die meisten kinderlosen erwachsenen Frauen sind erwerbstätig und stehen ohnehin nicht spontan zur Verfügung. Am ehesten sind noch andere Mütter von kleinen Kindern bereit, ein fremdes Kind kurzfristig zusammen mit dem eigenen zu betreuen, in Erwartung der entsprechenden Gegengefälligkeit durch die andere Mutter. Das ist aber nur eine Lösung für seltene und kurzfristige Ab-

wesenheiten. Wenn die Mutter regelmäßig und über mehrere Stunden am Tag fort ist, muß sie sich um eine bezahlte Vertreterin bemühen oder eben Kollektiveinrichtungen in Anspruch nehmen – Kindergarten, Ganztagsschule, Hort, die natürlich auch nicht kostenlos zur Verfügung stehen.

Mittelschichtmütter, die über die finanziellen Mittel zur Beschäftigung einer Kinderfrau verfügen, haben häufig die höchsten Erwartungen an die Person, die sie bei der Kinderbetreuung vertreten soll. Das zeigt sich sehr deutlich bei der Suche nach Kinderfrauen oder Tagesmüttern. Manchmal nehmen die Mütter die Bewerberinnen so kritisch unter die Lupe, daß keine sich als gut genug für ihr Kind erweist. Die eine ist noch zu jung und daher nicht verantwortungsbewußt genug, die andere zu alt und daher zu wenig flexibel, zu »altmodisch« oder zu streng in ihrer Auffassung von Erziehung; die eine ist nicht intelligent genug und würde mit dem Kind nicht in grammatikalisch reinem Hochdeutsch sprechen; die andere würde sich während der Hausarbeit nicht genug um das Kind kümmern und es vor dem Fernsehapparat parken. Wieder eine andere würde womöglich ihr eigenes Blag mitbringen wollen, das natürlich auch Aufmerksamkeit fordert, die Aufmerksamkeit, die doch ganz ihrem Kind zukommen soll, zumal sie dafür bezahlt. Auch könnte das fremde Kind, das entweder aggressiv oder verklemmt oder nicht so intelligent ist wie das eigene, einen schlechten Einfluß auf dieses haben. Kurzum: Bei kritischer Betrachtung gibt es für viele Mütter eigentlich keine andere Frau, dem sie ihr Kind für längere Zeit anvertrauen möchten, denn natürlich würde keine genauso mit dem Kind umgehen wie sie selbst, die Mutter. Also kann jede Fremdbetreuung nur die schlechtere Lösung sein.

So sehr es die Mutter schmerzt, wenn ihr Kind in Tränen ausbricht, sobald sie sich anschickt, das Haus zu verlassen und es mit der fremden Betreuerin allein zu lassen – im tiefsten

Inneren fühlt sie sich durch diese Reaktion auch in ihrer Unersetzlichkeit für das Kind bestätigt. Allerdings hat sie häufig Schuldgefühle (»Eigentlich dürfte ich noch nicht arbeiten gehen – das Kleine leidet doch zu sehr.«) Aber wehe, wenn das Kind gelassen auf das Gehen und Kommen seiner Mutter reagiert! Dann erst wird manche Mutter sich besonders alarmiert fühlen. Offenbar ist es der fremden Frau schon gelungen, ihr das Herz des Kindes zu stehlen; sie wird dem Kind womöglich wichtiger werden als sie selbst, die eigene Mutter. Wahrscheinlich steckt sie ihm dauernd Süßigkeiten zu oder läßt es ständig fernsehen oder arbeitet mit sonstigen Bestechungsmanövern. Jetzt hat die Mutter erst recht Schuldgefühle: Vernachlässigt sie ihr Kind nicht doch? Müßte sie diesen Job nicht doch aufgeben, der es so von ihr entfremdet?
Mütter, die zutiefst davon überzeugt sind, daß sie am besten wissen, was für ihr Kind gut ist, fühlen sich für alles verantwortlich, was mit ihm geschieht. Häufig geraten sie in ein Konkurrenzverhältnis zu den professionellen Erzieherinnen, mit denen ihr Kind im Laufe seines Lebens zu tun hat. Nicht nur die Persönlichkeit und der Erziehungsstil der Kinderfrau lassen zu wünschen übrig. Auch die Kindergärtnerin und die Lehrerin sind nicht so, wie sie sein sollten. Warum sieht die Kindergärtnerin nicht, daß ihre kleine Tochter schüchtern ist und ermuntert werden muß? Wie kann sie zulassen, daß der große Junge ihr das Spielzeug wegnimmt? Warum erkennt die Lehrerin nicht, wie begabt ihr Sohn ist, und läßt es an der richtigen Förderung fehlen? Wie kann sie behaupten, er sei aggressiv und unsozial, wo er sich doch zu Hause nie so verhält? Wenn er sich in der Schule wirklich so benimmt, wie die Lehrerin behauptet, dann kann das nur heißen, daß sie ihn falsch anfaßt. Eine Mutter wird doch wohl ihr eigenes Kind am besten kennen!
Gleichzeitig hat eine solche überidentifizierte Mutter oft be-

sonders ausgeprägte Schuldgefühle: Wenn ihre Kinder sich nicht so entwickeln, wie es zu wünschen wäre, muß es wohl auch an ihr liegen. Warum ist das kleine Mächen so schüchtern, der Sohn so aggressiv? Vielleicht hat sie doch irgend etwas falsch gemacht. In ihrer Angst und Hilflosigkeit sucht sie Entlastung und Bestätigung bei Experten, in den Ratgeberspalten der Illustrierten, in der pädagogischen und psychologischen Lebenshilfeliteratur, manchmal auch in psychologischen Beratungsstellen.

Die Ratschläge von Müttern, Schwiegermüttern, Freundinnen und Lehrerinnen werden häufig als besserwisserisch empfunden und als ungebetene Einmischung zurückgewiesen. Auch hier hat sich die Konkurrenz zwischen Frauen verschärft. Sind diese anderen Frauen nicht insgeheim darauf aus, ihre Erziehungskompetenz in Frage zu stellen und sie als schlechte Mutter zu entlarven? Von ihrer eigenen Mutter will sie schon deswegen nichts hören, weil die früher mit ihr doch so ziemlich alles falsch gemacht hat – so eine Mutter will sie jedenfalls bestimmt nicht sein! Die eine Freundin kann überhaupt nicht mitreden, weil sie kinderlos ist, und die andere soll sich erst einmal ihr eigenes gestörtes Kind anschauen, bevor sie ihr etwas über Erziehung erzählt! Die Überlegungen und Ratschläge fremder und distanzierter ExpertInnen dagegen kann sie akzeptieren; sie stellen sie nicht in Frage, und außerdem kann man sich aus dem Potpourri der samt und sonders als wissenschaftlich daherkommenden Erkenntnisse diejenigen herauspicken, die der eigenen Meinung am weitesten entgegenkommen und die Eigenliebe am wenigsten kränken.

Seit die Kinderzahlen zurückgehen, gibt es eine öffentliche Diskussion um die Mutterrolle. Es stimmt etwas nicht mit einer Gesellschaft, die es den Frauen so schwer macht, Kinder zu bekommen und großzuziehen. Das Muttersein muß wieder aufgewertet, die Mütter müssen entlastet, Beruf und

Familie leichter vereinbar werden, so tönt es von allen Seiten. Die einen fordern mehr Übernahme von elterlicher Verantwortung durch den Vater. Die anderen fordern den Ausbau von gemeinschaftlichen Betreuungseinrichtungen für Kinder – mehr Hort- und Krippenplätze und das Recht auf einen Kindergartenplatz für jedes Kind, finanzielle Unterstützung von privaten Initiativen wie Kinderläden und selbstorganisierten Kindergruppen, die steuerliche Absetzbarkeit privater Kinderbetreuung durch dritte Personen.

Die Tatsache, daß es hierzulande kaum Ganztagsschulen und viel zu wenig Kinderkrippen und -horte gibt, zeigt, daß eine stärkere Betonung gemeinschaftlicher Erziehung zur Zeit politisch nicht gewollt ist. Natürlich kosten Ganztagsschulen den Staat mehr Geld – aber wenn es eine stärkere Lobby dafür gäbe, wären sie sicherlich durchzusetzen. – Die Mehrzahl der Väter und Mütter gibt offenbar der privaten Erziehung in der Kleinfamilie den Vorzug, einer Erziehung, die überwiegend in den Händen der Mütter liegt. Das hängt mit der Entwicklung zum Wunschkind zusammen, mit all den neuen privaten und individualistischen Motiven, die inzwischen den Kinderwunsch umranken. Eine Frau, die heute ein Kind möchte, will etwas für sich, sie verspricht sich etwas vom Alltag mit dem Kind und kann sich deswegen nur schwer für längere Passagen des Tages von ihm trennen – und wenn es noch so anstrengend ist.

Die Forderung nach einem Kindergartenplatz für jedes Kind dagegen wird von einer breiten Mehrheit der Frauen getragen. Die berufstätigen und vor allem die alleinerziehenden Mütter begrüßen ihn sowieso – auch wenn das Kind durch den Kindergartenbesuch in der Regel noch lange nicht ausreichend betreut ist, denn die meisten Kindergärten haben zu kurze und zu wenig flexible Öffnungszeiten. Das Kind hier untergebracht zu wissen, enthebt die berufstätigen Mütter nicht der Mühe, sich um die drei Kindergartenstunden

herum ihr eigenes ganz privates Betreuungsarrangement zu rechtzubasteln.
Aber auch die Mehrheit der Vollzeitmütter schätzt den Halbtagskindergarten. Er verschafft ihnen eine kurze willkommene Verschnaufpause, während der sie sich den Dingen widmen können, die in Gegenwart des Kindes nur schwer zu erledigen sind. Aber er ist auch ihr Zugeständnis an die pädagogische Forderung, daß Kinder mit anderen Kindern zusammensein sollten. Die meisten Mütter sehen ein, daß bei der Schrumpfung der familialen Welt den Kindern die Möglichkeit des Kontaktes mit Gleichaltrigen geboten werden muß, die heute spontan, auf der Straße, immer weniger gegeben ist. Sie hoffen, daß die Erfahrung Kindergarten ihrem Kind den Übergang von seiner häuslichen »Prinzchen«-Rolle in das spätere Schuldasein erleichtert, wo es nur eines unter vielen sein wird.

6. Kapitel:

Geliebt, verwöhnt und unterfordert: Das Prinzchen- und Prinzessinnen-Syndrom

»Jedes Kind hat ein Recht, Wunschkind zu sein!« hieß es in den frühen 70er Jahren – ein Slogan der Kampagne gegen den § 218.

Seit Empfängnisverhütung unkompliziert und allgemein verbreitet ist, werden immer mehr Kinder als Wunschkinder geboren: bereits während der Schwangerschaft bejahte, oft schon vor der Empfängnis herbeigesehnte oder gar geplante Kinder. Zugleich gibt es immer weniger Kinder: Offenbar reichen in der Regel ein bis zwei aus, um den Kinderwunsch eines Paares bzw. einer Frau zu befriedigen. Immer häufiger hört man das Schlagwort von der »Einzelkindgesellschaft«, zu der wir uns allmählich entwickeln. Noch ist es nicht ganz soweit: 1991 lebte in Deutschland jedes dritte Kind als Einzelkind (31%); knapp die Hälfte (45%) mit einem Geschwister, aber nur noch 24% mit zwei oder mehr Geschwistern[45]. Die Einzelkinder sind also gegenüber den Geschwisterkindern durchaus noch in der Minderheit, aber ihr Anteil nimmt stetig zu – und er ist in Deutschland, verglichen mit anderen Ländern, besonders hoch.

Natürlich bedeuten solche Zahlen auch eine andere Qualität des Familienlebens, vor allem eine neue Intensität der Mutter-Kind-Beziehung. Das Wunschkind wird überschwenglicher willkommen geheißen; das Einzelkind erfährt mehr Aufmerksamkeit und Beachtung.

Natürlich gab es auch in früheren Zeiten Kinder, die mit Zuwendung überschüttet wurden – aber das galt nur für einige wenige. Solche übermäßig geliebten Kinder waren zum Beispiel späte Kinder von Müttern, die sich unfruchtbar glaubten und längst die Hoffnung aufgegeben hatten, schwanger zu werden. Manchmal wurden auch besonders schöne und charmante, besonders kluge und verständige, besonders fröhliche und lustige Kinder von ihren Eltern besonders geliebt und den anderen vorgezogen. Auch älteste Söhne, dermaleinst Hoferben und die Chefs von morgen, wurden von ihren Müttern nicht selten verwöhnt und umschmeichelt – schließlich hing vom guten Verhältnis der Mutter zu diesem Kind ihre Zukunft ab. Vermutlich haben sich die meisten Eltern in der Vergangenheit weit weniger Mühe gegeben als die Eltern von heute, ihre Liebe »gerecht« zwischen ihren Kindern aufzuteilen und keines von ihnen sichtbar vorzuziehen. Elternliebe war durchaus selektiv[46].

Heute sind viele Kinder Wunschkinder, und immer mehr wachsen als Einzelkinder auf, als zugleich erstes, letztes und liebstes Kind ihrer Mutter, mit allen ihren Wünschen, Hoffnungen und Ängsten befrachtet. Wie bekommt ihnen diese Situation?

Seit Anfang des 20. Jahrhunderts hat sich die Psychologie immer wieder mit dem Einzelkind und seinen besonderen Eigenarten befaßt. Bis in die jüngere Vergangenheit hinein schrieb man ihm überwiegend negative und problematische Eigenschaften zu. Seit einigen Jahren boomt die Einzelkindliteratur wieder, und in der Bewertung dieses Phänomens bahnt sich eine Tendenzwende zum Positiven an – wahrscheinlich weil die Einzelkinder inzwischen von einer kleinen Minderheit zu einer beachtlich großen Gruppe geworden sind – und ihre Situation in Zukunft die normale werden könnte.

Der amerikanische Psychologe Stanley Hall behauptete zu Beginn dieses Jahrhunderts, Einzelkinder seien selbstsüchtiger, herrschsüchtiger, abhängiger und aggressiver als Geschwisterkinder; er führte das auf die »maßlose Beachtung« zurück, die sie verlangten und normalerweise auch bekämen. Walter Toman, der Klassiker unter den Geschwisterforschern, nannte noch in den 60er Jahren die Einzelkindfamilie eine »milde Form einer gestörten Familie«. Einzelkinder benähmen sich schon in der Kindheit wie kleine Erwachsene, und sie neigten später dazu, ihr ganzes Leben als eine »Veranstaltung zum Zwecke der Entfaltung ihrer eigenen Bedürfnisse« anzusehen[47]. Damit hat er ziemlich genau die Haltung umrissen, die man inzwischen der gesamten jüngeren Generation zuschreibt, der »narzißtischen Generation« (Christopher Lasch) oder der »erlebnissuchenden Generation« (Gerhard Schulze), die die eigene Selbstverwirklichung oder auch nur Happening, Action, Spaß auf ihre Fahnen geschrieben hat[48].

Neuere, vor allem amerikanische Studien über Einzelkinder stellen die alten negativen Urteile auf den Kopf und finden bei den Einzelkindern überwiegend positive Eigenschaften: Sie seien selbständiger, intelligenter und kontaktfreudiger als Geschwisterkinder. Aus China, wo seit 1980 die Einzelkindfamilie die Norm darstellt, wird allerdings auch berichtet, diese Kinder seien egozentrischer, respektloser, eigensinniger, ängstlicher und weniger kooperativ als die Kinder in den früheren Mehrkind-Familien – allerdings seien sie deutlich leistungsorientierter[49].

Andere Untersuchungen aus den letzten Jahren[50] berichten von widersprüchlichen Forschungsergebnissen: Demnach sind ausgeprägte Unterschiede vor allem zwischen Einzelkindern und Geschwisterkindern in der Mittelposition zu erkennen, weniger zwischen Einzelkindern und ältesten oder jüngsten Geschwistern. – Wenn das so ist, werden die Kinder der Zukunft sämtlich wie Einzelkinder sein. Denn wenn es fast nur noch Ein- und Zweikindfamilien gibt, werden sich immer weniger Kinder in der mittleren Geschwisterposition befinden. Außerdem gleicht heute die Situation vieler Geschwisterkinder schon deswegen der von Einzelkindern, weil sie oft in großem zeitlichen Abstand geboren werden, was nicht selten mit der erklärten Absicht der Mütter zusammenhängt, sich intensiver um jedes einzelne Kind kümmern zu wollen.

Einzelkinder selbst sind sich der geballten Aufmerksamkeit, die ihnen entgegengebracht wird, wohl bewußt und nehmen sie mit zwiespältigen Gefühlen wahr. »Als Einzelkind kriegt man von allem zuviel – manchmal wird man mit Liebe fast erschlagen«, sagte in einer Befragung ein 15jähriger Junge, und ein 17jähriges Mädchen erklärte: »Ich wuchs wie unter einem Vergrößerungsglas auf. Alles, was ich gut machte, war viel besser und besonderer als in Wirklichkeit, und alles, was ich schlecht machte, war viel schlechter und unmöglicher, als es tatsächlich war.«[51] In dieser Untersuchung zählten Einzelkinder auf, was sie an ihrer Situation als positiv empfinden: mehr Freiraum, mehr Taschengeld, mehr Geschenke – allerdings sei es zu Hause auch langweiliger.

Populäre Bücher über Erziehung sind voll von Ratschlägen an Einzelkind-Eltern, wie sie es anstellen können, die Nachteile der Einkindfamilie auszugleichen. Das Kind müsse früh »teilen lernen«, eine Erfahrung, die Geschwisterkinder zwangsläufig von selbst machen; die Eltern sollten es nicht verwöhnen, indem sie ihm jeden Wunsch erfüllen; sie sollten es nicht zu sehr auf ein Podest stellen, nicht über jedes kleinste seiner Wehwehchen aus der Fassung geraten. – Kurzum: Die Eltern sollen sich so verhalten, als ob ihr Kind nicht das einzige und nicht der Mittelpunkt ihres Lebens wäre. Doch wie soll ihnen das überzeugend gelingen, wenn genau dies nun einmal der Fall ist?

An oberster Stelle steht überall die Forderung an die Eltern, dem Kind soziale Kontakte zu schaffen, die anstelle der Geschwisterbeziehungen treten können. Kinder brauchen Kinder! Schon früh sollte das Kind mit seinesgleichen zusammentreffen: auf dem Spielplatz, in der Krabbel-, der Babyschwimm- und Gymnastikgruppe; die Eltern sollten

Nachbarschaftsinitiativen und Elterngruppen gründen, sich Haus- oder Wohngemeinschaften anschließen. Immer wieder wird vor der »emotionalen Überhitzung« gewarnt, die sonst im »Treibhausklima« der Kleinstfamilie nur zu leicht entstehe. Sogar von »Zuwendungsterror« ist die Rede[52].

Das geht vor allem an die Adresse der Mütter, die früh lernen müßten »loszulassen« und beizeiten darauf achten sollten, sich für ihr Leben einen anderen Sinn als nur ihr Kind zu suchen. An dieser Stelle wird der Widerspruch in den Erwartungen an die Mütter ganz deutlich: Einerseits wird von ihnen verlangt, sich ausschließlich auf ihr Kind zu konzentrieren, vor allem in den ersten Lebensjahren; andererseits sollen sie aber auch die Fähigkeit besitzen, sich selber Schritt für Schritt zurückzunehmen, nach Maßgabe der wachsenden Kompetenz des Kindes, um so seine Selbständigkeit zu fördern. Das wird ihnen natürlich um so schwerer fallen, je mehr sie ihr Leben um die Bedürfnisse ihres Kindes herum angelegt haben.

Außerdem können die Mütter die sozialen Kontakte ihrer Kinder im frühen Alter nur fördern, wenn sie sie »managen«, das heißt, wenn sie Freizeitaktivitäten der Kinder für diese organisieren. Nur in den seltensten Fällen kann eine Mutter heute die Kinder einfach zum Spielen auf die Straße schicken, wie die Mütter der 50er Jahre es noch taten. Auf der Straße gibt es nichts mehr zu spielen; meistens ist da nur höllischer Verkehr, und Kinder, mit denen das Kind spontan spielen könnte, sucht man in vielen Gegenden vergeblich. Zum Spielplatz muß sie es noch lange begleiten. Der Säugling kann auch nicht allein zum Babyturnen gehen und das Vorschulkind ebensowenig ohne sie in den Flötenkurs. Ein zehnjähriges Kind hat sich dann längst daran gewöhnt, daß die Mutter für das Management seiner Freizeitbeschäftigungen zuständig ist. Es sagt höchstens: »Zum Singen will ich nicht mehr, es macht mir keinen Spaß mehr!« oder »Jetzt will ich reiten lernen!« – Die Mutter übernimmt dann die Ab- und Anmeldung, sie kümmert sich darum, daß das Kind die Zeiten nicht vergißt, und eventuell auch um seine Beförderung zu den entsprechenden Orten.

Lediglich Treffen mit Freunden und Freundinnen an gewöhnlichen Schulnachmittagen organisieren die Kinder relativ früh selbst, meist telefonisch – doch wenn ihre Mütter zu Hause sind und zur Verfügung stehen, erwarten sie oft, von ihnen mit dem Auto zum Treffpunkt gebracht und von dort wieder abgeholt zu werden. Viele Mütter kommen diesen Wünschen nach, weil sie den Kindern anstrengende Wege ersparen wollen (»Da wäre er ja fast zwei Stunden unterwegs – und dann ist er zu müde für die Schularbeiten!«) oder weil sie ängstlich sind und Gefahren von den Kindern abwenden wollen (»Diese Strecke am Sportplatz entlang kann man eine Dreizehnjährige mit dem Fahrrad unmöglich in der Dämmerung allein fahren lassen!«)[53].

Vieles, was mit Vorliebe über Einzelkinder behauptet wird, trifft wohl inzwischen auf die heutige Kindergeneration insgesamt zu – sowohl was die Diagnose als auch was die pädagogischen Ratschläge betrifft. Nicht nur die Einzelkinder, auch Geschwisterkinder halten ihre Mütter für »überfürsorglich« – das sagten bei einer Befragung immerhin 66% der Einzelkinder, 60% der Kinder mit einem Geschwister und 54% der Kinder mit zwei Geschwistern[54]. Kinder werden heute zu sehr verwöhnt, das ist der Tenor der neuesten populärwissenschaftlichen pädagogischen Literatur. Sie ständen zu sehr im Mittelpunkt, und diese Mittelpunktrolle mache sie egozentrisch und egoistisch. Weil sie mit materiellen Gütern geradezu überschüttet, verzärtelt und nicht genügend gefordert würden, neigten sie dazu, sich zu »Prinzchen« und »Prinzessinnen« zu entwickeln, zu kleinen Tyrannen beiderlei Geschlechtes. Auf sie konzentriere sich das Übermaß von Erwartungen der Eltern und deren

»geballter Erziehungswillen«. Trotzdem (oder wahrscheinlich gerade deswegen) seien viele Eltern heute unfähig, ihre Kinder zu erziehen.
Mit sinkender Kinderzahl ist der disziplinierende, autoritäre Erziehungsstil, der vor dem Zweiten Weltkrieg üblich und noch in den 50er Jahren vorherrschend war, immer seltener geworden. An seine Stelle ist ein lockerer Umgang mit den Kindern getreten, ein einfühlsamer Erziehungsstil, der der Persönlichkeit des Kindes mehr Raum läßt und auf seine wachsende Einsicht setzt, im positiven Fall, ein »Laissez-faire-Stil bis zur Verwahrlosung« (Thomas von Kürthy) im negativen Fall. Man läßt die Kinder machen, was sie wollen, an langer Leine, und greift erst ein, wenn man es überhaupt nicht mehr aushält. »Die Kinder heute sind nicht etwa schlecht erzogen – sie sind überhaupt nicht erzogen«, erklärte eine Lehrerin in einer öffentlichen Diskussion.
Wie sehr der vorherrschende Erziehungsstil sich innerhalb des letzten halben Jahrhunderts gewandelt hat, läßt sich besonders anschaulich am Umgang mit Säuglingen und kleineren Kindern zeigen. In den 30er bis 50er Jahren war das Stillen und Fläschchengeben nach Stundenplan verbreitet. Zwischendurch sollte die Mutter das Baby ruhig schreien lassen. »Schreien schadet nichts, es kräftigt die Lungen!« hieß es. Wer sein Kind bei jedem Gebrüll sofort aufnimmt, gewöhne ihm ein tyrannisches Verhalten an; es werde dann erwarten, daß es sich auf diese Weise immer Beachtung schaffen kann und in Zukunft auch schreien, wenn ihm nichts Ernsthaftes fehlt, nur einfach, weil es sich langweilt. Man hielt nichts davon, die Babies ständig auf den Arm und den Schoß zu nehmen und dauernd mit sich herumzuschleppen – Babies gehören in die Wiege! Sobald sie krabbeln konnten, kamen sie in ein Laufställchen, wo sie einigermaßen ungefährdet ihre ersten Steh- und Laufversuche machen konnten, ohne daß immer jemand danebenstehen mußte. Die Sauber-

keitserziehung begann sehr viel früher als heute, und sie wurde strikt durchgeführt: regelmäßiges Präsentieren des Töpfchens, Belobigung, wenn es klappte, Schimpfe und Nachsitzen, wenn das Kind sich verweigerte. Sobald das Kleinkind zu trotzen begann, sollte man ihm dies durch konsequentes Verhalten auszutreiben suchen: Grundsätzlich sollte das brüllende und um sich schlagende Kind nicht bekommen, was es will, sondern Wünsche sollten nur dann erfüllt werden, wenn sie brav und höflich vorgetragen wurden. Außerdem sollte man überhaupt nicht erst versuchen, Kindern alle Wünsche zu erfüllen, denn sie müßten lernen, auch Frustrationen zu ertragen.

Bis Ende der 50er Jahre hielten Eltern eine Menge von Disziplin, Regelmäßigkeit, Fleiß und Gehorsam; man wollte in erster Linie ordentliche, strebsame, höfliche und sozial angepaßte Menschen erziehen. Man setzte das Lob als Erziehungsmittel ein, fand aber auch nichts dabei, Kinder körperlich zu bestrafen – »Eine Ohrfeige oder eine Tracht Prügel haben noch niemand geschadet!« Kinder mußten bei der Hausarbeit mithelfen, doch wenn sie ihre Pflichten erledigt und die Schularbeiten gemacht hatten, dann überließ man sie für den Rest des Tages überwiegend sich selbst – es war ihre Sache, was sie sich einfallen ließen, ob sie andere zum Spielen fanden oder sich langweilten. »Langeweile gehört dazu; das fördert die Phantasie.«

Vom heutigen Standpunkt aus erscheint solcher Umgang mit Kindern kalt und streng. Seit den 70er Jahren hat sich bei uns, im Gefolge der 68er Bewegung, ein völlig entgegengesetzter Erziehungsstil durchgesetzt, von der autoritären hin zur antiautoritären, von einer stark reglementierenden hin zu einer gewährenden und einfühlsamen Erziehung. Alles, was nun empfohlen wird, ist das direkte Gegenteil von dem, was vorher praktiziert wurde: Babies sollen auf jeden Fall gestillt werden, so lautet das erste Gebot, und zwar möglichst lange.

Fläschchenmilch ist verpönt und nur akzeptiert, wenn die Mutter beim besten Willen nicht anders kann. Gestillt werden soll nicht nach Stundenplan, sondern auf Verlangen, wann immer Baby hungrig ist und es wünscht, bei Tag und Nacht. Wenn das Kleine schreit, muß es sofort aufgenommen werden. Andernfalls kommt es zu Verlassenheitsängsten und zu gräßlichen Traumata; das Kind kann kein Urvertrauen entwickeln. Die Mutter soll das Baby viel und oft mit sich herumtragen, auf dem Arm, im Tragetuch, und so wenig wie möglich sich selbst in seinem Bettchen überlassen – je mehr Zuwendung, Anregung und Körperkontakt, desto besser.

Die Sauberkeitserziehung soll nicht zu früh einsetzen und auf keinen Fall zur Dressur ausarten! Erst wenn das Kind selber Zeichen gibt, daß es jetzt reif dafür ist, darf die Mutter es auf den Topf setzen. Sie sollte ihm seine Exkremente, auf die es so stolz ist, nicht übereilt wegnehmen, womöglich noch die Nase rümpfen, sondern sie hinreichend bewundern, und das Kind dann am besten selbst die Wasserspülung betätigen lassen.

Gewährenlassen ist die Devise! Warum kann ein Kind denn nicht noch als Dreijähriges oder Fünfjähriges mit einem Windelpaket herumlaufen, wenn es dazu Lust hat? Irgendwann wird es schon ganz von selber wie die Erwachsenen die Toilette benutzen wollen. Wenn es trotzt, soll man auf keinen Fall seinen Willen zu brechen versuchen, sondern es lieber ablenken, ihm etwas Interessantes zeigen, ihm etwas Schönes geben, von etwas anderem zu sprechen anfangen. Die Verwahrung des Kindes im Laufställchen und der Spaziergang am Gängelband sind heute absolut verpönt. »Kinder sind doch keine Hunde!« Das Kleinkind soll möglichst frei und ungehindert seine gesamte Umgebung erkunden können, möglichst alles anfassen, untersuchen, in den Mund stecken dürfen. Die Mutter muß eben einfach ständig in seiner Nähe sein, um erst dann einzugreifen, wenn die Gefahr einer ernsthaften Verletzung besteht, bei Herdfeuer etwa oder heißem Wasser oder scharfen Messern. Außerdem ist es die Aufgabe der Erwachsenen (bzw. der Mutter), die Umgebung eines kleinen Kindes so »kindgerecht« zu gestalten, daß es seine Erfahrungen machen kann, ohne von extremen Gefahren bedroht zu sein.

Die Grundsätze dieses Erziehungsstils lauten: Viel belohnen, möglichst wenig bestrafen, schon gar nicht mit Schlägen, selbst ein Klaps ist meist tabu. Das Kind soll körperliche Gewalt gar nicht erst als Mittel der Durchsetzung kennenlernen. Die Eltern sollen es, wo immer es möglich ist, gewähren lassen, nur so kann es Erfahrungen sammeln und sich selbst und seine Fähigkeiten kennenlernen. Das Kind soll möglichst viel selbst bestimmen können, damit es sich zu einem autonomen Individuum entfalten kann, das fähig ist, mit Freiheit umzugehen. »Eltern sind heute in kaum zu überbietender Weise um ›kindgerechtes‹ und ›kindzentriertes‹ Verhalten bemüht.«[55] Das gilt zumindest für weite Kreise der Mittelschicht.

Auffällig haben sich die Umgangsformen zwischen Eltern und Kindern verändert; sie sind in den letzten dreißig Jahren deutlich liberaler geworden. Typisch für den heutigen Erziehungsstil ist, daß Gefühlsausbrüche der Kinder geduldet und nicht mehr unterdrückt werden. Man glaubt, das sei erforderlich zur Abfuhr der aggressiven Energien. Es gibt nicht wenige Familien, auch in der Mittelschicht, in denen Kinder ihre Eltern mit »du blöde Kuh«, »dumme Sau« oder »altes Arschloch« titulieren – selbst wenn dies umgekehrt nicht der Fall ist. Dabei können die Beziehungen grundsätzlich durchaus positiv sein.

Die psychologischen Erkenntnisse der letzten Jahrzehnte haben die Eltern von ihrer großen Bedeutung für die seelische Gesundheit und die Persönlichkeitsentwicklung ihrer Kinder überzeugt. Doch das Bewußtsein dieser Wichtigkeit, der Bruch mit den alten Vorstellungen über Erziehung und die Überschwemmung mit populärwissenschaftlicher psychologischer Literatur, die immer neue Anforderungen stellt, haben die Eltern vor allem verunsichert. Das Ergebnis ist häufig ein überängstlicher und diffus-schwammiger Umgang mit Kindern. Wenn ein Säugling schreit, sind die meisten Mütter von heute überzeugt, sie hätten etwas falsch gemacht; im Gegensatz zu früheren Zeiten, in denen man es einfach für normal und selbstverständlich hielt, daß Babies ab und zu schreien. Heute werden Mutter und Vater gleich schrecklich nervös und stellen alles mögliche an, um ihr Kind zu beruhigen, weil ihnen das Gebrüll Angst und Schuldgefühle macht. »Sie reagieren einfach hysterisch«, wie eine berufserfahrene Hebamme sich ausdrückte[56].

Der gewährende und kindzentrierte Erziehungsstil hängt eng mit der hohen Bedeutung des Wunschkindes im Lebenssinnkonzept der Eltern zusammen. »Ich durfte früher nie etwas – mein Kind soll es da besser haben«, denken viele Eltern. Sie wollen dem Kind die heile Kindheit verschaffen, die sie selber vielleicht entbehrten, und so nachträglich eigene Beschädigungen heilen. Das gewünschte, oftmals herbeigesehnte und bewußt in die Welt gesetzte Kind ist Träger vieler narzißtischer Projektionen. Es ist wie eine Verlängerung des eigenen Selbst, und als solches soll es von allem nur das Beste bekommen. Im Bemühen, dem Kind eine »glückliche Kindheit« zu verschaffen, versuchen manche Eltern, ihm Frustrationen zu ersparen, die für seinen Entwicklungsprozeß dringend notwendig wären. Sie glauben, eine Erziehung zur freien und autonomen Persönlichkeit sei eine Erziehung möglichst ohne Einschränkungen. In Wirklichkeit brauchen Kinder Grenzen, an denen sie sich reiben, und Prinzipien, mit denen sie sich auseinandersetzen können.

Eltern wünschen sich heute, anders als die Eltern früherer Generationen, von ihren Kindern nicht in erster Linie Respekt und Gehorsam, sondern sie möchten vor allem anderen geliebt werden – eine problematische Ausgangssituation. Denn sie führt nicht selten dazu, daß sie bemüht sind, sich beim eigenen Kind »lieb Kind« zu machen, oftmals mit Nachsicht und Toleranz an der falschen Stelle. Wer gerne »der beste Freund« seines Kindes wäre, wählt bei Auseinandersetzungen rasch den bequemen Weg des Nachgebens, vermeidet Reibereien und greift eher zum Mittel der Verwöhnung, um das Kind an sich zu binden. Das mag kurzfristig wirkungsvoll sein, langfristig aber verscherzt man sich den Respekt des Kindes, das eben doch eine Autorität sucht und braucht. Außerdem haben die so verwöhnten Sprößlinge in den Augen anderer Erwachsener, für die sie nicht Objekt narzißtischer Projektionen sind, nur wenig liebenswürdige Eigenschaften.

Weil der Umgang mit schlecht erzogenen und übermäßig anspruchsvollen Kindern anderen Erwachsenen nur wenig Vergnügen macht, erfahren sie außerhalb der Familie nicht viel Bestätigung. Das wiederum versucht eine ratlose und von Schuldgefühlen geplagte Mutter oft mit noch mehr Beachtung und Verwöhnung innerhalb der Familie auszugleichen – ein Teufelskreis.

Der Amerikaner Christopher Lasch (1980) charakterisiert die »narzißtische Generation« als eine Ansammlung von Riesenbabies, die immer infantil bleiben, stets nur mit sich selbst und den eigenen fragilen Seelchen befaßt, ebenso unfähig zum Arbeiten wie zum richtigen Genießen und voll von Versorgungsansprüchen an den Staat als die Große Mutter[57]. Damit meint er allerdings die jungen Erwachsenen von heute – das wären bei uns in Deutschland die antiautoritär erzogenen Kinder der 68er Generation. Ulrich Beer schreibt in seinem Buch »Die Einzelkindgesellschaft« (1994) der jungen Generation eine Lebensphilosophie zu, in der die Selbstverwirklichungsansprüche zum »Nimm! Nimm! Nimm!«

pervertiert seien. »Du bist das Wichtigste auf der Welt, alles steht dir zu, also nimm, was du kriegen kannst!« Er stellt fest, daß die Kinder bei uns trotz massiver Verwöhnung verdrossener, gelangweilter und unzufriedener wirken als die Kinder in anderen, ärmeren Gesellschaften[58]. Dieser kulturpessimistische Tenor wird von vielen AutorInnen geteilt, die heute über Kinder und Erziehung schreiben. Astrid von Friesen (1991) spricht von einer Kindergeneration im Zustand der »Dauergier«[59]. Felix von Cube und Dieter Alshuth (1988) konstatieren Apathie und Gewaltbereitschaft, Langeweile und Aggressivität zugleich und sehen darin die unvermeidliche Folge von konstanter Verwöhnung und Unterforderung[60].

Was ist von solchen Negativbeschreibungen der jüngeren Generation zu halten? Tobt sich da nicht wieder nur der uralte Generationenkonflikt aus, die konservative Haltung des »Früher-war-alles-besser«? Hat nicht seit Menschengedenken die jeweils mittlere und ältere Generation die jeweils nachfolgende für schlechter erzogen gehalten? – In diesem Zusammenhang ist ein Ausspruch von Sokrates aufschlußreich, dessen abschätziges Urteil über die Jugend seiner Zeit in unseren Ohren höchst aktuell klingt: »Die Schüler heute lieben den Luxus, sie haben schlechte Manieren, verachten die Autorität, haben keinen Respekt vor älteren Leuten und plaudern, wo sie arbeiten sollen. Sie verschlingen bei Tische die Speisen, legen die Beine übereinander und tyrannisieren ihre Eltern.«[61] Nichts Neues unter der Sonne also, nur das alte Lied, die abschätzige Haltung der Alten gegenüber den Jungen? Denn es kann doch wohl kaum über die Jahrtausende hinweg die jeweilige Jugend schlechter gewesen sein als die vorangegangene.

Die Jugend heute muß nicht notwendig schlechter sein, aber sie ist in vieler Hinsicht deutlich anders. Innerhalb der letzten dreißig Jahre hat sich jedenfalls spürbar ein Wertewandel vollzogen. Kinder und Jugendliche wachsen mit ganz anderen Wertvorstellungen und Welthaltungen auf als die Generation unmittelbar nach dem Zweiten Weltkrieg. Das hängt natürlich nicht nur mit der Einzel- und Wunschkindsituation zusammen, sondern vor allem mit dem Wohlstand: Früher setzte der Mangel natürliche Grenzen in der Erziehung. Aber es spielt auch eine große Rolle, daß Kindern in den ersten Lebensjahren heute erheblich mehr Beachtung und Aufmerksamkeit zugewandt wird als früher. »Noch nie sind bei uns so wenige Kinder geboren worden wie heute – und noch nie haben sich Eltern so verzückt über den Kinderwagen gebeugt... Noch nie haben Eltern so viel Zeit und Geld für Kinder ausgegeben wie heute – Zuwendungsterror.«[62]

Noch nie in der Geschichte gab es Bemutterung in solchem Ausmaß: Eine große Zahl von Frauen kümmert sich über Jahre hinweg um nichts anderes als die Betreuung und Erziehung eines einzigen Kleinkindes – manchmal sind es auch zwei, seltener mehr. Wohlgemerkt: Es geht mir hier nicht so sehr um die Frage, ob sich unsere Gesellschaft ein Erziehungssystem ökonomisch leisten kann, in dem eine Frau längere Zeit hauptberuflich nur ein Kind, nämlich ihr eigenes, betreut. Vielleicht wäre dies ökonomisch durchaus vertretbar. Wir sind als Gesellschaft reich genug, daß wir die Verteilungsprioritäten so setzen könnten, wenn es uns wünschenswert erscheint. Doch das ist genau die entscheidende Frage: Ist es wünschenswert? Bisher hat die Intensivierung der Mutter-Kind-Beziehung kaum dazu geführt, daß Kinder und Jugendliche liebenswürdiger, heiterer, friedfertiger oder sozial bezogener wären als die früherer Generationen. Sie mögen nicht schlechter sein – aber sie sind bestimmt kein Beleg dafür, daß die hohe Intensität der mütterlichen Sozialisation bessere oder auch nur glücklichere Menschen schafft. Kinder werden heute zu sehr verwöhnt: indem man ihnen

Anstrengungen aus dem Weg räumt, keine Frustrationen mehr zumutet und sie mit materiellen Gütern überschüttet, mit Süßigkeiten, Taschengeld, Geschenken, mit einem Überangebot an Unterhaltung, Ablenkung, Freizeitprogrammen. An dieser Stelle werden die meisten LeserInnen zustimmend nicken, sich selber aber und die eigenen Kinder ausnehmen. Natürlich haben die Kinder sehr viel mehr Spielzeug als sie selbst vor dreißig Jahren, das bleibt einfach nicht aus, von Zeit zu Zeit muß man eben ausmisten – aber haben sie nicht gerade noch mit einem Machtwort verhindert, daß die Oma ihrem Sprößling einen Fernseher für das Kinderzimmer schenkte? Sie selbst machen die schlimmsten Übertreibungen der anderen Eltern nicht mit. Ihr vierjähriges Kind hat nicht dreiundvierzig Pullover und Sweatshirts im Schrank. Sie geben auch keine Geburtstagsparties für Zehnjährige, bei der dreißig Kinder zum Pizza-Essen ausgeführt werden. Sie lassen sich nicht auf stundenlange Diskussionen über die Vorteile dieser oder jener Markenklamotten ein, wenn ein Jeans- oder Jackeneinkauf ansteht, und sie zahlen ihrem Dreizehnjährigen keine zweihundert Mark Taschengeld im Monat. Solche und ähnliche Beispiele aus einer Umfrage von Astrid von Friesen[63] mögen manchen weit hergeholt erscheinen. Doch wer hat nicht bei der Lektüre von Eva Hellers Bestseller »Der Mann, der's wert ist« (1993) gelacht über die böse Karikatur des verwöhnten Einzelkindes, das Mutter und Großeltern terrorisiert und jeden Besuch schon in der Tür mit der Frage empfängt: »Und wo ist mein Geschenk?« Karikaturen überzeichnen – aber das Gelächter rührt daher, daß man etwas Bekanntes wiedererkennt.
Besonders problematisch ist die Tatsache, daß Kinder und Jugendliche unterfordert sind: Die Erwachsenen, die Gemeinschaft erwartet nichts mehr von ihnen. Sie sollen nur Kind sein, jung sein, ihr Leben genießen. Sie tragen keine Verantwortung, sie leisten nicht, wie die Kinder und Jugend-

lichen der vorindustriellen Gesellschaft, einen wichtigen Beitrag zum Überleben und Wohlergehen der sozialen Gruppe, der sie angehören. Das klingt zunächst nur entlastend: Ist es nicht wunderbar, wenn man es den eigenen Kindern ermöglichen kann, Kindheit und Jugend als unbeschwerte Zeit zu erleben, als Freiraum, den sie nur für sich selbst haben? Aber auf der anderen Seite bedeutet dies eben auch, weniger eingebunden zu sein in Aufgaben und Strukturen, die Halt, Sicherheit und Selbstbewußtsein vermittelten. Die Apathie und Gewaltbereitschaft der heutigen Jugendlichen haben auch damit zu tun, daß sie nicht genug gefordert sind und oft einfach nicht wissen, wohin mit ihren Energien und Kräften. Es war ein großer sozialer Fortschritt, daß die Kinderarbeit abgeschafft wurde, die Ende des 19. und zu Beginn des 20. Jahrhunderts noch erschreckende Ausmaße hatte. Aber heute helfen Kinder kaum mehr im Haushalt mit, wie es noch vor dreißig Jahren üblich war. Viele machen nicht einmal selbst ihr Bett oder räumen ihr eigenes Zimmer auf – ganz zu schweigen von regelmäßigem Einkaufen oder Putzen. Natürlich hängt diese Entwicklung unter anderem auch damit zusammen, daß Hausarbeit einfacher geworden ist. Ein Haushalt, in dem drei Personen leben, macht weniger Arbeit als einer mit fünf oder sieben Personen. Wenn eine Mutter nicht erwerbstätig ist, gehen Mann und Kinder ganz selbstverständlich davon aus, daß es zu ihrem Tätigkeitsbereich gehört, das Essen auf den Tisch zu bringen, mit dem Staubsauger durch die Wohnung zu gehen, die Spülmaschine und die Waschmaschine zu bedienen. Am Anfang hält man die Kinder für noch zu klein, um wirksam mitzuhelfen (obwohl sie dann noch manchmal Lust dazu haben!); später gilt die Schule als ihr Beruf, und nach den Schularbeiten sollen sie ihre Freizeit genießen dürfen.

Die Kinder erwerbstätiger und vor allem die von alleinerziehenden Müttern werden im allgemeinen stärker zu Haushaltsarbeiten herangezogen. Doch hier steht den Müttern oft ihr schlechtes Gewissen im Weg: Ihre Kinder sollen ja nicht unter ihrer Berufstätigkeit »leiden«, das heißt, sie sollten sich nicht schlechter stehen als die Kinder der Nur-Hausfrauen, die jedenfalls weniger helfen müssen. Wieder einmal trägt also der unbewußte Wettbewerb zwischen Doppelrollenfrauen und Familienfrauen dazu bei, daß die Pflichten der Frauen sich nicht verringern – und daß den Kindern zu wenig abverlangt wird.

Ein neues Phänomen ist die Mithilfe der Kinder auf Taschengeldbasis: Der dreizehnjährige Sohn ist durchaus bereit, den Rasen zu mähen oder das Auto zu waschen – aber gegen Cash. Denn er vergleicht sich mit seinen Klassenkameraden, die in ihrer Freizeit Reklamezettel für den Supermarkt austragen und mit dieser Tätigkeit natürlich Geld verdienen.

Kinder und Jugendliche werden heute von ihren Müttern bedient wie früher nur Oberschichtsangehörige von ihren Dienstboten: Die Mutter räumt ihre Zimmer auf, putzt und wäscht und kocht für sie, hilft ihnen bei den Schularbeiten, chauffiert sie in die Schule und zu Freizeitaktivitäten, organisiert ihre Arzttermine und nimmt ihnen Anrufe oder Behördengänge ab. Im Vergleich zu den Kindern und Jugendlichen der vorindustriellen Gesellschaft sind auch die Selbständigen unter ihnen verwöhnt und unselbständig. Sie erleben die Familie nur selten als ein gemeinsames Projekt, an dem alle mitarbeiten, zu dessen Gestaltung alle beitragen, sondern als ein Serviceunternehmen, in dem man (und das heißt vor allem: die Mutter) ihnen zur Verfügung stellt, was ihnen zusteht.

Das führt nicht nur zur Bequemlichkeit und zu wachsender Ansprüchlichkeit. Es bringt die Kinder auch um eine wichtige Bestätigung, um das Gefühl von Stolz, das daher rührt, einen wichtigen Arbeitsbeitrag für die eigene Gruppe zu leisten – wie es etwa die Kinder und Jugendlichen der Nachkriegszeit noch hatten[64].

Doch die Kinder von heute sind nicht nur unterfordert; sie werden in anderer Hinsicht auch überfordert. Das geschieht zum Beispiel, wenn man ihnen in falsch verstandener Liberalität schon im frühen Alter allzuviel Entscheidungen überläßt. Was möchtest du trinken? Was möchtest du essen? Möchtest du jetzt nicht mal schlafen? Was möchtest du jetzt spielen? Was möchtest du anziehen? Wie anstrengend es für Kinder sein kann, ohne vorgegebene Strukturen auszukommen, belegt ein Witz, der über die antiautoritär erzogenen Kinder erzählt wird: Ein kleines Mädchen fragt seufzend die Kindergärtnerin: »Müssen wir heute auch wieder spielen, was wir wollen?«

Noch mehr überfordert sind Kinder, wenn sie spüren, daß sie dazu da sind, dem Leben ihrer Eltern einen Sinn zu geben, ihre Eltern zu stabilisieren, wenn die orientierungslos und depressiv sind. Das kommt häufiger vor, als man denkt, wenn es sich dem Kind oft auch nur durch eine bestimmte Atmosphäre im Elternhaus mitteilt. Nicht selten werden Kinder auch als Bundesgenossen ihrer Eltern bei deren Konflikten miteinander mißbraucht. Diese Phänomene hat es sicher auch in früheren Zeiten gegeben, aber heute wirken sie sich wegen der Enge, der Intensität und der langen Dauer der Eltern-Kind-Beziehung gravierender aus. Außerdem spielt natürlich eine Rolle, daß heute meist nur ein oder zwei Kinder mit Vater und Mutter leben – während sich früher die unbewußten Aufträge der Eltern an ihre Kinder auf eine größere Zahl verteilen konnten und nach innen und außen eine größere Vielfalt von Beziehungen einen Ausgleich bieten konnte.

Der Kult ums Kind hat in den letzten zwei Jahrzehnten ungeheuer zugenommen. Astrid von Friesen zitiert eine Geburtsanzeige aus der Hamburger Zeitung vom 5. Januar 1991: »Ich bin jetzt der Boss! Alexander ist da.«[65] Es liegt nicht an dem Kind, das da geboren wird, wenn es sich zu einem Men-

schen entwickelt, der glaubt, die Welt drehe sich nur um ihn. Unsere Gesellschaft ist zugleich kindzentriert und kinderfeindlich, unser Erziehungssystem zugleich überbehütend und vernachlässigend. Unsere Kinder sind Prinzchen und Prinzessinnen, zugleich überfordert und unterfordert. Ein Haufen Erwachsener stürzt sich mit all seiner Liebe, mit all seinen Verhätschelungsbedürfnissen auf immer weniger kleine Kinder. Außer den Müttern und Vätern, die das Kind ohnehin meist mit emotionalen Erwartungen überfrachten, sind da die Omas, Opas, Tanten, Onkels, Patentanten, Patenonkels, die das Kind sporadisch mit Aufmerksamkeit und Geschenken überschütten. Aber im Alltag von Mutter und Kind sind dann nur wenige zuverlässige Bezugspersonen zugegen, die regelmäßigen Umgang mit dem Kind haben und auf diese Weise aktiv am Erziehungsprozeß teilnehmen. Es ist dieses Mißverhältnis zwischen großer Beachtung und Verwöhnung einerseits und fehlenden regelmäßigen Beziehungen samt den damit verbundenen Korrekturen und Rückmeldungen andererseits, das die Situation der Kinder von heute so anders macht als die der Kinder in früheren Zeiten.
In öffentlichen Diskussionen um die zunehmende Gewalttätigkeit von Jugendlichen ist häufig von Vernachlässigung die Rede, von fehlender Liebe und Zuwendung im Leben der betreffenden Kinder und Jugendlichen. Es gehört heute zu den gängigen Klischees in solchen Diskussionen, alles, was in der Erziehung fehlgelaufen ist, auf »zu wenig Liebe« zurückzuführen, die man – und das heißt: die Eltern, insbesondere die Mütter – diesen Menschen entgegengebracht hätte. »Wir müssen unseren Kindern mehr Zeit, Zuwendung, Zärtlichkeit entgegenbringen«, kann man überall hören und lesen. »Sie werden mit Geschenken und Konsumgütern entschädigt für das, was sie eigentlich brauchen, nämlich Liebe.« Dahinter steht, ausgesprochen oder zwischen den Zeilen, der

Vorwurf an die Eltern, vor allem an die erwerbstätigen Mütter, sich nicht genügend um ihre Kinder zu kümmern. Statt dem schnöden Mammon in Form eines zweiten Einkommens nachzujagen, sollten sie zu Hause bleiben und ganz für ihre Kinder dasein. So würden sie ihren Kindern vorleben, daß immaterielle Werte wie Familienleben und Liebe zum Kind einen höheren Stellenwert haben als materielle Güter wie etwa Karriere und ein hoher Lebensstandard. Natürlich soll sich auch der Vater am Wochenende und abends mehr auf die Kleinen einlassen, mit ihnen etwas unternehmen, spielen, ihnen vorlesen. »Vati, spiel mit mir!« hieß der Slogan einer gutgemeinten bundesweiten Plakataktion des Bundesministeriums für Familie im Jahre 1994. Aber vor allem die erwerbstätige Mutter ist mit dem Vorwurf »Wir haben zu wenig Zeit für unsere Kinder!« angesprochen.

Doch so tief dieses Klischee auch in den Köpfen wurzeln mag, Tatsache ist, daß unsere Kinder von allem zu viel bekommen: zu viel materielle Verwöhnung wie auch zu viel Zuwendung und ihnen allein gewidmete Zeit! – Mit kaum einer Behauptung kann man in einer öffentlichen Diskussion so viel zornigen Unglauben und aggressive Reaktionen provozieren wie mit der These, daß die Kinder möglicherweise nicht zu wenig, sondern zu viel Liebe bekommen – mehr als ihnen gut tut.

Überbehütung und Vernachlässigung, übermäßige Kindzentriertheit und Kinderfeindlichkeit schließen einander nämlich keineswegs aus. Sie existieren bei uns vielmehr dicht nebeneinander, und sie werden eines vom anderen hervorgebracht.

Schließlich ist die Liebe zum Kind die Triebfeder der Verwöhnung, und die Liebe zum Kind hindert die Eltern daran, ihm Grenzen zu setzen. Es ist die Liebe, die die Mütter (vor allem in den Mittelschichten) bewegt, ihren Kindern zahllose Förder- und Unterhaltungsprogramme anzubieten. Aus

Liebe läßt man die Kinder zu ihrem Schaden zu oft gewähren, egal ob es um das Taschengeld oder die Fernsehzeiten geht. Das Kind, schließlich ein Wunschkind, soll doch in erster Linie glücklich sein. Weil die Eltern es für sich, sozusagen aus psychisch eigennützigen Motiven und nicht mehr aus unabwendbarer Notwendigkeit in die Welt gesetzt haben, fühlen sie sich für sein Glück besonders verantwortlich. Das Kind muß es gut haben – denn sonst wird es vielleicht Mutter und Vater später den Vorwurf machen: »Warum habt ihr mich überhaupt in die Welt gesetzt?« – Das sind Skrupel, wie sie die Eltern früherer Generationen, die ihre Kinder selbstverständlich und ohne groß zu reflektieren, gott- und naturgewollt bekamen, gewiß nicht hatten.

»Verwöhnung ist aber doch nicht Liebe – höchstens falsch verstandene Liebe«, würden die AnwältInnen der Liebesforderung an dieser Stelle einwenden. »Die Eltern bzw. die Mütter sollten eben ihre Kinder nicht mit Geschenken überhäufen, sondern statt dessen einfach nur für sie dasein, sich Zeit für sie nehmen, für ihre Nöte und Sorgen, ihnen zuhören, mit ihnen spielen.«

Viele Eltern fragen sich, auf dem Hintergrund der massiven Liebesforderung: »Nehmen wir uns auch genug Zeit für unsere Kinder? Unternehmen wir auch genug mit ihnen?« Abgesehen davon, daß diese »Unternehmungen« meist wieder ein Besuch im Freizeitpark werden, Konsumaktionen also, sollten wir uns einfach in Erinnerung rufen, daß sich noch nie in der Geschichte der Menschheit Eltern, vor allem Mütter, so viel Zeit für ihre Kinder genommen haben wie heute bei uns: Noch nie wurde so viel mit Kindern »unternommen«, mit ihnen gespielt, ihnen vorgelesen, auf ihre Wünsche eingegangen. Die Mütter von heute – und zwar unabhängig davon, ob sie erwerbstätig oder Hausfrauen sind und egal, welcher sozialen Schicht sie angehören, nehmen sich erheblich mehr Zeit für ihre Kinder, als dies ihre

eigenen Mütter und erst recht ihre Großmütter und Urgroßmütter taten.
Und doch ist auch etwas dran an der gängigen Behauptung, die Kinder von heute würden vernachlässigt und seien daher in Gefahr zu verwahrlosen. Das an Selbständigkeit nicht gewöhnte Kind empfindet sich als vernachlässigt, sobald es auch nur für kurze Zeit sich selbst überlassen bleibt. Wenn seine Mutter nicht mehr da ist, ist oft niemand zugegen, die oder der sich zuständig fühlt. Das Kind, das ständig im Mittelpunkt der Aufmerksamkeit steht, empfindet notwendig eine große Leere, wenn plötzlich, und sei es auch nur vorübergehend, keine erwachsene Person präsent ist, die ihm sagt, was es tun soll, daß alles wunderschön, wichtig und interessant ist, was es macht. Es hat nicht gelernt, leere Zeiträume zu füllen und seinen eigenen Tag zu strukturieren. Kommt der Übergang zu plötzlich, kann ein Kind sich tatsächlich vernachlässigt fühlen. Eine solche Situation mag eintreten, wenn eine Frau beispielsweise jahrelang zu Hause war und nun wieder einer Erwerbstätigkeit nachgeht. Der Sturz vom Zuviel an Mutter in das Loch der Mutterabwesenheit wird sicher von vielen Kindern nur schwer verkraftet.
Doch die ständig laut wiederholte gesellschaftliche Forderung nach mehr Liebe, die man – in erster Linie die Mütter – den Kindern entgegenbringen müßte, bewirkt nur eine Verschärfung der mütterlichen Schuldgefühle. Sie stellt die Weichen für noch mehr Überforderung und noch mehr Überbehütung und damit für noch schärfere Kontrasterlebnisse des Kindes zwischen Verwöhnung und Vernachlässigung.

7. Kapitel:

Der alte Vater ist tot – wo ist der neue?

Vor dreißig Jahren machte Alexander Mitscherlichs Formel von der »vaterlosen Gesellschaft« Schlagzeilen; in jüngster Vergangenheit ist in den Medien immer wieder von den »neuen Vätern« die Rede.

Der Vater ist tot – es lebe der Vater?

In der Tat: Der alte Vater ist tot. Väterlichkeit bedeutet heute etwas ganz anderes als in der Zeit unserer Groß- und Urgroßväter, im 19. Jahrhundert oder in der vorindustriellen Gesellschaft.

In den traditionellen patriarchalischen Gesellschaften war der Vater in erster Linie Autoritätsfigur, absoluter Familienherrscher, zeitweise sogar Herr über Leben und Tod der einzelnen Familienmitglieder – wie z. B. im alten Israel und im antiken Rom. Er fungierte als Priester und Richter für das ganze Haus, dem nicht nur seine Frau und seine Kinder, sondern auch unverheiratete Verwandte und Dienstboten angehörten. Der Vater leitete seine Macht von Gott und dem König ab. Er repräsentierte beides für die kleine Gemeinschaft der Familie, und wie den altväterlichen Gott mit dem weißen Bart hatte man sich auch den idealen Hausvater vorzustellen: streng und gütig zugleich. Er sorgte nach innen für Recht und Ordnung; er befahl, erwartete und bekam Gehorsam, er bestrafte (häufig), belobigte (selten) und gewährte dafür Schutz. Im 16. und 17. Jahrhundert war die väterliche Macht in Mitteleuropa noch einmal besonders stark ausgeprägt: Der Vater leitete den Familiengottesdienst, unter seinem Vorsitz wurde gemeinsam gebetet und gesungen, er war als Erzieher seiner Kinder vor allem für deren moralische Unterweisung zuständig, und er besaß ein fast uneingeschränktes Züchtigungsrecht. So

konnte er seine Kinder schlagen, einsperren, hungern lassen, fortjagen und verstoßen.
Der hervorgehobenen Stellung des Vaters als Herrscher, Priester und moralischer Erzieher entsprach die untergeordnete Position der Mutter. Sie war, gemeinsam mit anderen weiblichen Hausangehörigen, für die Aufzucht der Kleinkinder verantwortlich, aber nur als Gehilfin, die seinen Willen ausführte. »Gott, König, Vater und Hirte lenken ihre Geschöpfe, Untertanen, Kinder und Schafe, nur durch wachsame Vermittler: die Kirche, die Polizei, die Mutter und den Wachhund. Kann man nicht also aufgrund der analogen Verhältnisse sagen, daß die Mutter für ihre Kinder das ist, was die Kirche für ihre Schafe ist, etwas wie die Polizei, die ihre Untertanen überwacht, etwas wie der Wachhund, der die Herde umkreist? Sie hat Macht und Autorität über ihre Kinder... Diese Macht ist ihr jedoch übertragen worden, und sie ist ihrerseits dem Ehemann unterworfen, so wie die Kirche Christus, die Polizei dem Herrscher und der Wachhund seinem Herrn unterworfen ist.«[66]
Im 18. Jahrhundert fügte sich die Mutter meist noch den Anordnungen des Vaters, was die Kinder betraf. Im 19. Jahrhundert gewann sie allmählich an Macht, in dem Maße, wie das Binnenleben in der Familie gefühlsbetonter wurde. Nun ergriff sie dann und wann durchaus auch Partei für die Kinder, gegen den Vater. Ohnehin glaubte man, daß Frauen, was Verstand, Gemüt und Charakter betrifft, den Kindern ähnlich seien, und entwickelte zu dieser Zeit die Philosophie, daß sie deswegen zur Kinderpflege auch besonders geeignet seien. Als die Familie aufhörte, eine Produktionsgemeinschaft zu sein, bekam die Mutter allmählich eine engere emotionale Beziehung zu ihnen, während sie zugleich weniger Kinder zur Welt brachte.
Doch im 19. Jahrhundert war der Vater immer noch wichtig, auch wenn er meist erst später in das Leben des Kindes trat

als die Mutter, dann erst, wenn es »verständig« wurde, das heißt: wenn man mit ihm reden konnte. Seine wichtigste Aufgabe war nach wie vor die der strafenden Instanz. Der Vater sollte auch ein Korrektiv darstellen zu der als gefährlich betrachteten blinden Mutterliebe, der »Affenliebe« der Frauen, die den Kindern schaden könnte – vor allem den Söhnen. »Ich will nicht, wie so viele Erzieher meinen, daß das Kind in den ersten Jahren bloß allein der mütterlichen Pflege und Sorgfalt übergeben werde«, heißt es in einem pädagogischen Traktat aus dem Jahre 1812, »wir Mütter verzärteln so oft.« Der mütterliche Part in der Erziehung sei der »Tau der milden Rede«, während der väterliche Part, »der Ernst, die Achtung, die Pflicht in der befehlenden eindringlichen Stimme des Vaters« wie der »heiße Sonnenschein« sei, den das Kind zu seiner Entwicklung dringend benötige. »Freilich wird das Kind gern vor der ernsten Stimme des Vaters zu dem Schoße der Mutter fliehen; aber die Scheu des Kindes, der bange Blick des Kindes zum Vater ist die Ehrfurcht vor dem Gesetz, vor dem Wort, dem Befehl der Pflicht.«[67]

Außerdem bestand die Aufgabe des Vaters darin, Mittler zwischen den Kindern und der Welt zu sein, ihnen soziale Normen und Werte zu vermitteln, ihnen das Leben außerhalb der Familie zu erklären, von dem die Mutter nicht viel verstand, weil es ihr verschlossen war. Der Vater in der bürgerlichen Gesellschaft war nicht nur Ernährer, sondern auch derjenige, der über die Ausbildung und damit über die soziale Zukunft seines Sohnes bestimmte, der (dies allerdings mit der Mutter gemeinsam) die Ehe der Tochter arrangierte. In der Regel vererbte er das Vermögen, von seinem Stand und Ansehen hing die zukünftige soziale Stellung seiner Kinder ab. In der bäuerlichen und z. T. auch in der handwerklichen Familie vermittelte der Vater darüber hinaus ganz handfest auch berufliche Fertigkeiten. Die Kinder, vor allem die Söhne, erlebten ihn bei der Arbeit; sie nahmen je nach

ihrem Entwicklungsstand daran teil. Für die Kinder war der Beruf des Vaters unmittelbar einsichtig, ebenso anschaulich mitzuerleben wie die Tätigkeit der Mutter als Bäuerin, Handwerkersmeisterin oder bürgerlicher Hausfrau.
Ein Vater brauchte nicht viel zu leisten, um als guter Vater zu gelten. Wenn er als Mann tüchtig und seinem Sohn charakterlich ein Vorbild war, wenn er als Ernährer taugte und seine Autorität in der Familie respektiert wurde – dann war er auch ein guter Vater.
Nach und nach haben die Männer ihre patriarchalische Machtposition verloren, erst die von Gott und vom König abgeleitete legitime väterliche Gewalt und dann auch noch die traditionelle Machtstellung als Chef des gemeinsam wirtschaftenden Familienunternehmens. Daran war vor allem die fortschreitende Trennung von Arbeitsplatz und Wohnort schuld. Die Figur des außerhäusig erwerbstätigen Vaters verblaßte allmählich neben der der immer präsenten Mutter, die den Alltag der Kinder begleitete und viel entscheidender prägte, weil sie mehr Zeit mit ihnen verbrachte. Vom früher uneingeschränkten Züchtigungsrecht des gestrengen Vaters blieb nur noch die Rolle eines Popanz in den mütterlichen Drohungen:»Warte nur, wenn heute abend der Papa nach Hause kommt, und ich ihm erzähle, wie du dich aufgeführt hast...!« Zwar besaß (und besitzt) der randständige Vater immerhin noch einen Rest Autorität, wenn er alleiniger »Ernährer« ist, von dem Frau und Kind abhängig sind. Doch mit zunehmender Frauenerwerbstätigkeit verliert er auch diese letzte Begründung für eine exklusive Autorität. Auch die Frau repräsentiert jetzt dem Kind gegenüber ein Stück der äußeren Welt; der Vater ist nicht mehr der einzige Mittler zum öffentlichen Leben außerhalb der Familie.
Alexander Mitscherlichs »vaterlose Gesellschaft« war das Deutschland nach dem Zweiten Weltkrieg: eine Gesellschaft, in der der Vater alten Schlages nicht mehr existierte und

die vorhandenen schwachen, farblosen Vaterfiguren immer mehr an den Rand des Familienlebens rückten. Manch einer versuchte sich vielleicht noch als Herr im Haus: »Solange du deine Füße unter meinen Tisch stellst, tust du gefälligst, was ich dir sage!« Aber die tatsächliche Schwäche einer Generation von Männern, die im Krieg nicht selten den Kontakt zu ihren Familien verloren hatten und ihre schrecklichen Erfahrungen nur schlecht verarbeiten konnten, ließ diese Pose zur leeren Drohgebärde erstarren.

Der »alte Vater« war wirklich tot – und die familienrechtliche Entwicklung (von der »väterlichen Gewalt« über die »elterliche Gewalt« zur »elterlichen Sorge«) markieren diese Entwicklung. Die alte Väterlichkeit leitete sich aus dem Eigentumsrecht des Vaters an seinem Kind her; sie war formell begründet in der bevorzugten Stellung des Mannes in der patriarchalischen Gesellschaft. Als solche hat sie ihre Grundlagen unwiderruflich verloren. Historisch vollzog sich der Machtverlust des Vaters parallel zu einem gewaltigen Macht- und Bedeutungsgewinn der Mutter.

Doch was hat es mit dem »neuen Vater« auf sich? Hinter diesem Schlagwort, das seit einigen Jahren in Umlauf ist, steht die These, daß ein neuer Vatertyp aufgekommen ist: ein der Mutter ähnlicher Vater, der sich intensiv um emotionale Nähe zu seinen Kindern bemüht, ihre Entwicklung begleitet, ihr Vertrauen genießt, mit ihnen spielt und auch sonst für sie da ist. Seit Beginn der 80er Jahre sind zahlreiche Erfahrungsberichte werdender und junger Väter veröffentlicht worden, in denen sich ein ganz neuer Ton findet, Zeugnis einer engen gefühlsbetonten Beziehung zum Säugling und Kleinkind. »Ich war eben von Anfang an irrsinnig verliebt in meine Tochter«, erzählt ein solcher neuer Vater[68].

Das auffälligste Symptom für die veränderte Einstellung von Männern zu ihren Kindern ist die Tatsache, daß sie intensiver Anteil an Schwangerschaft und Geburt nehmen. Oft begleiten sie ihre schwangeren Frauen zu den Arztterminen, sie nehmen nicht selten an Kursen zur Geburtsvorbereitung teil – und sie sind vor allem immer häufiger bei der Geburt ihrer Kinder anwesend. Während Anfang der siebziger Jahre nur jeder vierte bis fünfte werdende Vater im Kreißsaal präsent war, sind es heute neun von zehn Vätern[69].

Welch gewaltige Bedeutung diese scheinbar kleine Geste hat, wird erst deutlich, wenn wir uns vergegenwärtigen, daß in der Vergangenheit das Gebären fast immer und überall reine Frauensache war. Es fand im Kreis der Frauen statt, die bereits geboren hatten; Männer durften und wollten auch gar nicht präsent sein. Im vorindustriellen Europa behielten sie einen großen Abstand zu allem, was mit der weiblichen Fruchtbarkeit zusammenhing. Das Geschäft des Gebärens war ihnen unheimlich, und sie tarnten das mit Verachtung. Heute bekunden die Männer, die der Geburt ihrer Kinder beiwohnen, daß sie das Abenteuer Kind als ein gemeinsames Projekt des Paares ansehen – und die Frauen geben ihrem Wunsch Ausdruck, die Männer an dem teilhaben zu lassen, was immer als die intimste Frauenerfahrung galt – eine wirklich revolutionäre Veränderung.

Daneben gibt es noch eine Reihe anderer, vielleicht weniger spektakulärer Symptome für ein größeres Interesse der Männer an ihren kleinen Kindern: Väter mit Kinderwagen, in den 50er und 60er Jahren noch bestaunt und belächelt, sind im Straßenbild keine Seltenheit mehr, viele Männer gehen heute selbstverständlich mit Windeln und Fläschchen um und sind bereit und in der Lage, ihre Frauen abends oder am Wochenende kurzfristig zu vertreten, wenn diese anderweitig zu tun haben. Wahrscheinlich lassen sich die Ergebnisse einer Studie aus England auch für Deutschland verallgemeinern: 1959 gaben bei einer Befragung 43 % der englischen Väter an, daß sie ihre Babies niemals gewindelt hätten, und 61% sagten, sie hätten sie nie gebadet. Anfang der 80er Jahre dagegen hatten

89 % der englischen Väter Erfahrung mit dem Windelnwechseln und 78 % standen schon mal auf, wenn ihre Kinder nachts schrien – auch dies ein bemerkenswerter Wandel[70].
»Ariel, dein Vater geht bewundernswert mit dir um, viel effektiver als ich. Er badet dich, klopft dir den Rücken, bis du Bäuerchen machst, fachkundigst. Er ist auf der Stelle wach, sobald du schreist. Er liest jeden Abend in Dr. Spocks ›Säuglings- und Kleinkindpflege‹. Seine Windeln halten immer, meine gehen manchmal auf«, schreibt Phyllis Chesler in ihrem Buch »Mutter werden«[71]. Die meisten jungen Väter sind auch stolz auf ihre Fähigkeiten in diesem Bereich und verbergen solche Beschäftigungen nicht etwa verschämt vor der Öffentlichkeit, wie es ihre eigenen Väter wahrscheinlich noch getan hätten. – All dies deutet auf einen Einstellungswandel hin, der das Schlagwort von den »neuen Vätern« berechtigt erscheinen läßt.
Auf der anderen Seite weisen zahlreiche Untersuchungen darauf hin, daß sich an der grundsätzlichen Arbeitsteilung zwischen Vätern und Müttern kaum etwas verändert hat. Repräsentativumfragen zeigen, daß bei 90 % der Kinder unter 15 Jahren die Mütter für die »Basis-Betreuung« zuständig sind; ein Drittel der Männer leistet dabei »selten« oder »nie« Hilfe. Putzen, Kochen, mit der Kindergärtnerin oder dem Lehrer, der Lehrerin sprechen ist in 80 % der Fälle Frauensache. Nach wie vor sind die Mütter grundsätzlich für die Kinderpflege und -erziehung zuständig. Sie verbringen, auch wenn sie erwerbstätig sind, etwa dreimal so viel Zeit mit ihren Kindern wie die Väter[72].
In vielen empirischen Untersuchungen ergab sich ein ziemlich übereinstimmendes Bild: Väter befassen sich durchschnittlich zwei Wochenstunden mit der Kleinkindpflege, Mütter neun bis achtzehn Stunden; Väter spielen etwa neun Wochenstunden mit ihren Kindern – Mütter zwischen vierzehn und zwanzig Stunden. Ein weiterer wichtiger Unter-

schied zwischen Müttern und Vätern besteht darin, daß Männer einen wesentlich größeren Teil der Zeit, die sie mit ihren Kindern verbringen, auf das Spielen verwenden, während bei den Frauen die Pflegetätigkeiten den größten Anteil haben. Auch hoch engagierte Väter in Familien mit nicht-traditioneller Rollenteilung kümmern sich immer noch weniger um ihre Kinder als durchschnittliche Mütter – bestenfalls tun sie gerade ebensoviel[73].

Die Frauen sind es, die bei der Geburt des Kindes auf eine Halbtagsstelle gehen oder ihr Leben in sonst irgendeiner Weise den veränderten Bedingungen anpassen, während die Männer im wesentlichen wie bisher weitermachen. Väter, die bei der Geburt ihres Kindes anwesend waren, beteiligen sich zwar anfangs intensiver an der Kinderpflege, vor allem wenn es sich um ihr erstes (oder einziges) Kind handelt – doch nach dreiviertel Jahren gibt es keinen Unterschied mehr zwischen ihnen und den Vätern, die der Geburt fernblieben.

Einer Studie über »männliche Arbeitszeitpioniere« kam 1986 zu dem Ergebnis, daß es in der Bundesrepublik Deutschland nur etwa 10.000 Männer zwischen zwanzig und fünfzig Jahren gab, die ihre Arbeitszeit aus familiären Gründen reduziert hatten – entweder als Teilzeitarbeitende oder als Hausmänner[74]. Nur 1 % der Väter kleiner Kinder nimmt in Deutschland Erziehungsurlaub – und nur jeder dritte Mann findet es überhaupt gut, wenn Väter den Erziehungsurlaub nehmen. In Schweden nutzen immerhin schon 10 % der Väter einen Erziehungsurlaub[75].

Interessanterweise bedeutet die Geburt eines Kindes auch für Ehen und Paarbeziehungen, die in der kinderlosen Phase eine partnerschaftliche Arbeitsteilung hatten, die Kehrtwendung zurück zur traditionellen Arbeitsteilung. Das gilt nicht nur für die Arbeit mit dem Kind, sondern auch für die Hausarbeit insgesamt. Mit einem zweiten oder gar dritten Kind verfestigt sich dieser Trend sogar noch.

Diese Informationen scheinen auf den ersten Blick sehr widersprüchlich: Einerseits gibt es deutliche Anzeichen für ein erhöhtes Interesse junger Väter an ihren Kindern – so finden zum Beispiel zwei Drittel aller deutschen Männer es gut, wenn auch Männer Babies füttern und wickeln – andererseits ist die herkömmliche Arbeitsteilung nahezu unverändert – denn eine ebenso breite Mehrheit lehnt einen Erziehungsurlaub für Männer ab[76]. Man fragt sich: Wann wollen diese begeisterten jungen Väter denn ihre Babies füttern und wickeln? Abends, nach der Arbeit? Morgens, bevor sie das Haus verlassen? Oder am Wochenende? – Es gibt heute also offenbar viele Männer, die die Erfahrung der Vaterschaft begrüßen und wichtig finden, auf der anderen Seite sind sie aber kaum bereit, ihr Zeitbudget auf diese neue Facette ihres Lebens hin zu verändern. Ist die »neue Väterlichkeit« etwas, das hauptsächlich im Kopf stattfindet? Wie und wo drücken sich die veränderten Gefühle für die Kinder aus?
Seit den 70er Jahren fordern Teile der Frauenbewegung eine gerechtere Arbeitsteilung zwischen den Geschlechtern: den Frauen die Hälfte der (bezahlten) Erwerbsarbeit, den Männern die Hälfte der (unbezahlten) Haus- und Kinderarbeit. »Wir sprechen über Väter. Wir sind beide der Meinung, daß wirkliches Engagement der Väter bei der Kinderbetreuung eine psychologische Revolution hervorrufen wird«, schrieb die bekannte amerikanische Feministin Phyllis Chesler 1979[77].
Diese Revolution steht, trotz der unübersehbaren Anzeichen für eine »neue Väterlichkeit«, immer noch aus. Was hindert die Väter eigentlich daran, die Hälfte der »Kinderarbeit«, der Betreuungs- und Erziehungsarbeit zu übernehmen? Können sie es nicht? Wollen sie nicht? Liegen die Verhinderungsgründe in ihnen selbst oder bei den äußeren Verhältnissen?
Lange Zeit ging man wie selbstverständlich davon aus, daß Männer eben von Natur aus nicht geeignet seien, sich ange-

messen um Säuglinge und Kleinkinder zu kümmern. Die vorherrschende Mutterideologie verstellte den Blick auf eventuell vorhandene »mütterliche« Fähigkeiten des Mannes – und die Väter rissen sich ja auch nicht geradezu um einen Platz an der Wiege. Es scheint auf der Hand zu liegen, daß die Frauen durch die körperlichen Veränderungen der Schwangerschaft, durch das Erlebnis der Geburt und die Fähigkeit zum Stillen von der Natur langfristiger und gründlicher darauf vorbereitet werden, Mütter zu sein. Die Väter dagegen werden von heute auf morgen mit einem neuen winzigen Lebewesen konfrontiert, zu dem sie überhaupt erst einmal einen Kontakt aufbauen müssen. Doch von einem gewissen biologischen Vorsprung der Mutter in der Beziehung zum Kind zu einer kulturellen Arbeitsteilung, die sie alleinverantwortlich für seine Pflege und Erziehung macht, ist es ein weiter Weg – und das eine bedingt nicht zwingend das andere.
»Es war immer schon so. Es ist von Natur aus so. Es kann gar nicht anders sein. Es ist gut und richtig so, und deswegen wäre jeder Versuch, es anders zu machen, falsch und schädlich für alle Beteiligten« – das ist hier wie bei so vielen anderen sozialen Phänomenen die gängige Argumentationskette. Auch der psychoanalytische Ansatz, der in unserem nun zu Ende gehenden Jahrhundert die Alltagspsychologie beeinflußt hat, trug viel dazu bei, die Mutter immer wichtiger erscheinen zu lassen, während man die Rolle des Vaters immer mehr vernachlässigte. Erst in jüngster Zeit ändert sich das wieder etwas.
Dabei war und ist die exklusive Betreuung des Kleinkindes durch seine leibliche Mutter keineswegs immer und überall üblich; es gibt im Gegenteil interkulturell und historisch ein breites Spektrum von Betreuungsformen und eine große Vielfalt väterlichen Verhaltens. »Sobald wir einen Schritt aus der uns vertrauten Vorstellung von Kindheit heraustreten und in andere Kulturen hineingehen, in denen vier von fünf

Kindern auf unserem Planeten leben, werden wir feststellen, daß die ausschließliche Sorge für die Kleinen durch die Eltern, und besonders durch deren Mütter, eher die Ausnahme als die Regel ist.«[78] In manchen Kulturen kümmern sich auch Väter um ihre Kleinkinder, tragen sie herum, sind mit ihnen zärtlich, trösten und füttern sie (so bei den von Margaret Mead untersuchten Arapesh, bei den Lesu in Melanesien oder den !Kung San in Botswana[79]). Im europäischen Abendland waren allerdings überwiegend Frauen für Kleinkinder zuständig – jedoch keineswegs immer nur die Mütter, sondern auch andere weibliche Personen: Großmütter, Ammen, Dienst- und Kindermädchen, ältere Schwestern und andere weibliche Verwandte.

Kinder brauchen, um sich entfalten zu können, ein gewisses Maß an Zuwendung, und wir sind daran gewöhnt, diese Form von Zuwendung als »mütterlich« zu bezeichnen. Aber eigentlich handelt es sich ganz einfach um fürsorgliches Verhalten, und die Person, die es ihnen entgegenbringt, braucht keineswegs die leibliche Mutter zu sein – und es muß sich auch nicht nur um eine einzige Person handeln. In früheren Zeiten wuchsen sehr viele Menschen ohne intensive Betreuung durch ihre leibliche Mutter auf. Das hing zum einen mit der hohen Sterblichkeit von Frauen im gebärfähigen Alter zusammen, andererseits damit, daß man andere Aufgaben der Frauen als wichtiger ansah und frühe Trennungen von Mutter und Kind nicht so problematisch fand. – Es wäre überheblich und sehr naiv zu behaupten, daß die Chancen all dieser Kinder für ein zufriedenes und erfülltes Leben deswegen geringer waren als die heutiger Kinder.

Väter sind »von Natur aus« ebenso geeignet wie Mütter, für Babies zu sorgen und ihnen die erforderliche Zuwendung entgegenzubringen – das haben zahlreiche Studien zur Entwicklung von Säuglingen in der jüngsten Zeit gezeigt. Männer sind nämlich, genau wie Frauen, mit angeborenen

Verhaltensmechanismen gegenüber Säuglingen und Kleinkindern ausgestattet, die es ihnen ermöglichen, angemessen auf die Bedürfnisse von kleinen Kindern einzugehen.
So stellte sich bei systematischen Beobachtungen heraus, daß Männer sich Babies im Kinderwagen oder auf dem Wickeltisch in genau der gleichen Weise wie Frauen nähern: Sie gehen mit dem Gesicht nah an den Säugling heran, sie lächeln und bringen unsinnige Lautfolgen hervor wie: dududu, kiekskieks, kuckuck; sie strecken dem Baby einen Finger hin, den es umklammern kann, berühren und kitzeln es usw. Alle diese Formen der Kontaktaufnahme müssen nicht erlernt werden, sondern es handelt sich um angeborene Reaktionsmuster auf Babies, die bei allen Erwachsenen und meist auch schon bei größeren Kindern ausgebildet sind. Männer wie Frauen sprechen Babies häufig mit leicht erhöhter Stimme an, ohne daß ihnen diese Veränderung ihrer Stimmlage überhaupt bewußt wird. Auch dies ist angeboren, denn man hat herausgefunden, daß Säuglinge früher auf hohe als auf tiefere Töne reagieren. In einer Untersuchung ließ man männliche Studenten, die vorher nie mit Babies zu tun gehabt hatten, mit ihnen am Wickeltisch allein; und alle Studenten stellten sich von selbst so, daß die Kinder längs vor ihnen lagen, so daß ihr eigenes Gesicht sich wie ein Spiegelbild über dem des Babies befand. Auch dieses Verhalten, das es den Babies einfach macht, die Mimik des Erwachsenen wahrzunehmen und einen nonverbalen Dialog mit ihm zu führen, ist offenbar angeboren. Bei Aufnahmen mit versteckter Kamera fanden Entwicklungspsychologen heraus, daß Väter ihre Babies genau so geschickt aufnehmen, halten und füttern wie Mütter; es gab keine Unterschiede in bezug auf Geduld und Einfühlsamkeit beim Fläschchengeben. Andere Untersuchungen haben gezeigt, daß die meisten Väter ihr eigenes Baby schon kurz nach der Geburt mit verbundenen Augen unter mehreren anderen wiedererkennen können.

Solche und ähnliche neuere Forschungsergebnisse widerlegen die Annahme, daß in den ersten Lebenswochen und -monaten ein ausschließlicher Mutter-und-Kind-Kontakt biologisch vorprogrammiert sei. Wahrscheinlich wäre es um das Überleben der Menschheit schlecht bestellt gewesen, wenn die Sorge für die Aufzucht von Nachkommen ausschließlich bei der leiblichen Mutter gelegen hätte, die nicht selten aus den verschiedensten Gründen ausfiel. Für die menschliche Evolution war es viel besser, die Fähigkeit zu fürsorgendem Verhalten gegenüber Babies und Kleinkindern bei allen erwachsenen Mitgliedern einer sozialen Gruppe zu verankern.

Alle Babies haben das Bedürfnis, »bemuttert« zu werden, aber es ist ihnen zunächst ziemlich egal, wer das tut: ob Mutter, Vater oder irgendeine andere Person. Allerdings entwickeln sie dann zu den Menschen, die sich um sie kümmern, eine enge Beziehung, und sie erleben die Trennung von diesen vertrauten Personen in den ersten Jahren (besonders zwischen dem 9. und dem 21. Lebensmonat) als sehr unangenehm.

Wenn wir also davon ausgehen können, daß Väter durchaus dazu in der Lage sind, ihre Kinder zu »bemuttern« – warum übernehmen sie dann so selten in größerem Umfang die Alltagsbetreuung der Kinder? Da sie es grundsätzlich können, muß das doch eigentlich zwangsläufig heißen, daß sie nicht wirklich wollen.

Tatsächlich ist es so, daß Väter ihre Fähigkeit zu »mütterlichem« Verhalten nur genau in dem Maße entfalten, wie es erforderlich ist. Wird dieses Verhalten nicht »abgerufen«, weil immer andere Personen anwesend sind, die sich zuständig fühlen und stets schneller auf den Winzling reagieren – dann bildet sich bei Männern im Umgang mit Kleinkindern keine große soziale Kompetenz heraus. Dies gilt im übrigen ganz genau so für Frauen, die kinderlos sind und sich von den Babies oder Kleinkindern anderer Frauen fernhalten bzw. sich nicht für sie zuständig fühlen.

Traditionell erwarten Männer in unserer Gesellschaft von einer Frau aufgrund ihrer bloßen Geschlechtszugehörigkeit eine größere Kompetenz im Umgang mit Babies, auch dann, wenn die Frau vorher ebensowenig Erfahrung in diesem Bereich gesammelt hat wie sie selbst. Noch vor ein oder zwei Generationen war es ganz selbstverständlich, daß ein Mann, dessen Frau aus irgendeinem Grunde nicht verfügbar war, eine andere Frau zur Betreuung seiner Kinder brauchte, egal ob Mutter, Schwiegermutter, Tante, Schwägerin oder sonst eine andere, aber eine Frau mußte her, der er die Verantwortung übergeben konnte. Dieses Verhalten verändert sich erst allmählich im Rahmen der »neuen Väterlichkeit«: Väter, die alltäglichen Umgang mit ihren kleinen Kindern haben, fühlen sich kurzfristig durchaus imstande, allein für sie zu sorgen, und sie gehen nicht mehr automatisch davon aus, daß jede beliebige Frau, nur weil sie eine Frau ist, besser mit ihrem Kind umzugehen versteht. Sie lassen sich auch nicht mehr ohne weiteres von fremden Frauen dreinreden. Allerdings glauben die meisten Väter immer noch, die eigene Frau wisse als Mutter ihres Kindes vielleicht doch etwas besser als sie, was für das Kind gut ist. Dieses Kompetenzgefälle verstärkt sich dann aufgrund einer Arbeitsteilung, bei der die Frau für die Kinderbetreuung zuständig ist.

Fast alle kennen wir, aus eigener Erfahrung oder aus dem Bekanntenkreis, die Geschichte des jungen Vaters, der mit seinem Baby ein paar Stunden, einen Abend allein ist – weil die Frau endlich einmal allein ausgehen, einen Kurs besuchen, eine Freundin treffen will. Wenn das Kind friedlich durchschläft, ist alles wunderbar. Wenn es aufwacht und zu brüllen beginnt, probiert der Vater (wie jede/r andere BabysitterIn) sein ganzes Arsenal an beruhigenden Gesten durch: beruhigend auf Baby einreden und ihm vorsingen, Baby auf den Arm nehmen und herumtragen, Baby schaukeln und im Kinderwagen herumfahren, Baby durch Spielzeug ablenken, Baby Kindertee im Fläschchen verabreichen usw. Manchmal funktioniert eines dieser Mittel, und der Vater ist stolz und zufrieden (wie jede/r andere BabysitterIn an seiner Stelle auch). Manchmal funktioniert aber keines davon, vor allem, wenn das Baby zahnt oder Blähungen hat oder aus sonst einem unerfindlichen Grund einfach verdrießlich ist. Wenn nun nach längeren erfolglosen Bemühungen des Vaters die Mutter nach Hause kommt, dem Vater einen vorwurfsvollen Blick zuwirft, das Baby an die Brust nimmt und es darauf schlagartig zu weinen aufhört – dann wird der Vater in der Regel nicht erpicht sein auf viele weitere Abende mit dem Baby allein – selbst dann, wenn ihm die Mutter keinen vorwurfsvollen Blick zugeworfen hat.

Gerade Männer, die sich um einen intensiven Kontakt zu ihrem Säugling bemühen und viel Einfühlung zeigen, empfinden häufig den natürlichen Vorsprung, den die Frauen durch das Stillen haben, als große Kränkung. »Ich strenge mich wer weiß wie an, ich stehe nachts auf, ich laufe stundenlang mit dem Kind im Arm herum, ich koche Tees, die es angewidert von sich spuckt – und sie braucht nichts anderes tun, als ihm einfach die Brust hinzuhalten, muß dafür noch nicht mal richtig wach werden – das ist nicht fair!« Das Gefühl der Kränkung legt es nahe, sich ganz zurückzuziehen: »Dann soll sie doch gleich alles machen, da sie es so viel leichter hat!« Psychologische Ratgeber, die zu konservativen Ansichten über die Familie neigen, setzen bei genau diesem Gefühl an, wenn sie den Männern raten, sie sollten doch gar nicht erst versuchen, sich als »Mütter ohne Brust« aufzuführen. Das Bemuttern sei nun einmal Sache der Frau, die Aufgabe des Vaters eine andere.

Und welche? Da die alte Vaterrolle obsolet geworden ist, bleibt dem heutigen Vater nicht mehr viel. Seine Aufgabe in den ersten Jahren sei es, das Familieneinkommen heranzuschaffen und der Mutter viele Stunden des ungetrübten und ungestreßten Zusammenseins mit ihrem Kind zu ermöglichen, indem er sie von der Welt abschirmt und ihr andere Aufgaben abnimmt, kann man überall in der Ratgeber-und-Lebenshilfe-Literatur lesen[80]. Außerdem sei der Vater wichtig als »symbolischer Vater«, als Identifikationsfigur vor allem für den kleinen Jungen, dem er vorleben müsse, was es bedeutet, ein Mann zu sein. An dieser Stelle beißt sich die Katze in den Schwanz, was die Ratgeber nicht einmal zu bemerken scheinen; der Vater soll also dem Sohn vorleben, daß Männlichkeit darin besteht, der Mutter-Kind-Symbiose vom Rande aus wohlwollend zuzuschauen?

Natürlich ist es verständlich, wenn Väter die mißglückten Versuche, ihr Baby zu beruhigen, auf den natürlichen Vorsprung der Mutter schieben. Dabei gibt es zahllose Situationen, in denen ein schreiendes Baby sich auch nicht von der Mutter beruhigen läßt. Außerdem gibt es vermutlich ebensoviele Situationen, in denen das Baby, mit dem Vater allein gelassen, sich nach einiger Zeit ganz von selbst wieder beruhigt, einfach, weil es jetzt genug geschrien hat und müde ist und einschläft.

Es ist nicht der natürliche Vorsprung der Frauen durch das Stillen, der zur Entwickung einer einseitigen Arbeitsteilung zwischen den Eltern führt – obwohl dies wahrscheinlich die Interpretation ist, zu der die meisten Männer und Frauen neigen würden. Entscheidend ist vielmehr, daß Vater und auch Mutter von Anfang an so handeln, als ob es eine naturwüchsige Kompetenz der Frau in Sachen Babybetreuung gäbe. Auf diese Weise erwirbt sie dann schnell einen tatsächlichen Kompetenzvorsprung.

Weil die Mutter sich zentral, als erste und als letzte, zuständig fühlt, sammelt sie auch mehr Erfahrung im Umgang mit dem Baby und wird so natürlich immer sicherer. Solange der Vater nur stundenweise verantwortlich ist und das Baby erleichtert an die Mutter zurückreichen kann, wann immer es Schwierigkeiten gibt, so lange behalten die Mütter ihren scheinbar natürlichen Vorsprung. Die ungeübte, frischgebackene Mutter mag sich oft genug ebenso überfordert, hilflos und ratlos fühlen, wenn ihr Baby unaufhörlich brüllt, aber ihr bleibt einfach nichts anderes übrig, als am Ball zu bleiben, verschiedene Mittel auszuprobieren und dabei geduldig abzuwarten, ob und bis das Schreien ein Ende nimmt. Denn sie kann das Kind an niemanden weiterreichen, der noch zuständiger wäre als sie selbst. In früheren Zeiten, als es für die Frauen gehobener Schichten bezahlte Ammen und Kinderschwestern gab, taten die leiblichen Mütter das durchaus gern und vermutlich ebenso erleichtert wie derzeit die Väter.

Im allgemeinen teilen auch moderne junge Paare stillschweigend die Überzeugung, daß der Vater nur eine Art Babysitter ist, während die Mutter die eigentlich zuständige und verantwortliche Person bleibt – bleiben soll und bleiben will. Der »neue Vater«, so Heinz Bonorden, ist »ein Aushilfs- und Freizeitassistent der Mutter, zugleich der Mann für besondere Notfälle. Nicht mehr und nicht weniger.«[81]

Viele Väter beschränken sich, auch wenn sie intensiv Anteil an Schwangerschaft und Geburt genommen haben, rasch auf die Rolle eines mehr oder weniger eifrigen Assistenten der Mutter – eines zu Anfang mehr und später zunehmend weniger eifrigen Assistenten. Die meisten kehren nach und nach in die traditionelle Vaterrolle zurück, konzentrieren sich auf ihren Beruf und das Geldverdienen und überlassen Mutter und Kind mehr oder weniger sich selbst. In diesem Fall sind die Weichen für eine Arbeitsteilung gestellt, die den Vater an den Rand des Familienlebens drängt.

Eine wirklich gleichberechtigte Partnerschaft würde darin bestehen, daß beide Elternteile Verantwortung tragen, gegebenenfalls durchaus in verschiedenen, aber gleichwertigen Teilbereichen von Haushalt und Kinderbetreuung. Schon vor der Geburt eines Kindes müßte geklärt werden, wann wer von den beiden sich um das Baby kümmert, aber solche Absprachen unterbleiben meistens. Selten wird in Beziehungen überhaupt explizit darüber gesprochen, was – nach Auffassung von beiden, Frau und Mann – im Haushalt und für die Kinder getan werden muß, wie oft, auf welche Weise, und wer sich dafür zuständig fühlen soll. Meistens übernimmt die Frau ganz selbstverständlich die Verantwortung, und der Mann hält sich vornehm zurück.

Seit Jahren beklagen Frauen in öffentlichen Diskussionsveranstaltungen zur Geschlechterthematik die mangelnde Kooperation der Ehemänner und Väter. Die meisten tun zu Hause kaum etwas, da können sich schon die Mütter glücklich schätzen, deren Männer sich als »Spielväter« betätigen. Der »Spielvater« fühlt sich zwar nicht für die alltägliche Routine der Kinderarbeit, die alltäglichen Bedürfnisse seiner Sprößlinge verantwortlich, aber er unterscheidet sich vom traditionellen Vater immerhin wohltuend dadurch, daß er mehr Freizeit mit ihnen verbringt, am Wochenende manchmal etwas mit ihnen unternimmt und daß er abends zehn Minuten vor dem Schlafengehen mit ihnen herumtobt – das Kinderzimmer räumt derweil die Mutter auf.

Doch nicht nur die Frauen der traditionellen Väter beklagen sich: »Meiner tut keinen Handschlag im Haushalt und kommt erst vom Geschäft zurück, wenn die Kinder schon schlafen!« Auch die Frauen der »Spielväter« sind häufig unzufrieden: »Am Wochenende geht er mit den Kindern schwimmen – aber um ihre Schularbeiten, die saubere Wäsche, die Arzttermine, um all den anderen Kram muß ich mich kümmern«; »ich kann zwar mal auf eine Tagung fahren

– aber wenn ich wiederkomme, sieht es zum Erbarmen aus, und sie haben sich nur vom Pizza-Schnelldienst ernährt.«
Solche und ähnliche Aussagen zeigen, daß die Verantwortung für den Arbeitsbereich »Haushalt und Kinder« nach wie vor bei der Frau liegt. Auch wenn der Mann kooperiert, übernimmt er nur die genau umrissene Aufgabe, die sie ihm übertragen hat; er kümmert sich nicht um das Umfeld und läßt den Rest liegen. Außerdem klingt in solchen Äußerungen der Frauen auch an, daß die Qualität der erbrachten Leistungen der Männer, egal ob in Sachen Haushalt oder Kinderbetreuung, zu wünschen übrig läßt, daß sie jedenfalls nicht dem von den Frauen gewünschten (und selber erbrachten) Standard entspricht.
Aber wie passen solche Klagen, die seit dem Aufkommen der Frauenbewegung in den siebziger Jahren immer wieder zu hören sind, zu Umfrageergebnissen von 1991, in denen 88% der westdeutschen und 89% der ostdeutschen (also neun von zehn Frauen!) erklärten, sie seien »im großen und ganzen« mit der bestehenden Arbeitsteilung in Haushalt und Familie zufrieden?[82]
Natürlich könnte es sein, daß Vorträge und Diskussionen zu Frauenthemen von eben jener Minderheit, den knapp zehn Prozent unzufriedenen Frauen, besucht werden. Sie nehmen an solchen Veranstaltungen ja vielleicht gerade deswegen teil, weil sie die Arbeitsteilung für veränderungsbedürftig halten. Die anderen Frauen, die angeben, »im großen und ganzen« zufrieden zu sein, bleiben zu Hause. – Das könnte eine Erklärung sein. Doch ich glaube, der Sachverhalt ist viel komplexer. Denn auch bei den unzufriedenen Frauen, die lautstark und selbstbewußt mehr Mitarbeit von ihren Männern fordern, gibt es eine gewisse Ambivalenz, die in den Diskussionen nicht zu überhören ist.
Natürlich sollten die Männer mehr tun, mehr Haushaltsarbeiten übernehmen und sich mehr um die Kinder kümmern.

Aber hinter diesem Wunsch nach einem quantitativen Mehr steht nur selten der Wunsch nach einem wirklich qualitativ gleichen Engagement der Männer. Die Mehrzahl der Frauen möchte die Chefin im eigenen Haushalt und bei der Kindererziehung bleiben, d. h. sie will bestimmen, was wie gemacht wird, und die Kontrolle über diesen Lebensbereich nicht aus der Hand geben.

Viele Frauen wünschen sich also eifrigere und vor allem häufiger verfügbare »Assistenten«, als sie zur Zeit haben – aber die wenigsten wollen wirklich Väter, die sich so intensiv wie sie selbst in der Elternrolle engagieren. Denn dann bestände auch die Gefahr, daß sie ihnen als Mütter Konkurrenz machen.

Sicherlich gibt es nur wenig Männer, die sich um ihren Anteil an der Kinderbetreuung reißen. Aber es gibt sie durchaus. So erklärten vereinzelte Männer, sie seien von sich aus bereit gewesen, Erziehungsurlaub zu nehmen, dabei aber keineswegs auf die Gegenliebe ihrer Partnerin gestoßen. »Ich mußte meine Frau auf Knien darum bitten«, berichtete ein Vater während einer öffentlichen Diskussion zum Thema »neue Väter«. Und ein anderer erzählte, daß er sich bei seiner Frau mit dem Wunsch nach Erziehungsurlaub nicht durchsetzen konnte. »Die Frauen fühlen sich bedroht, wenn wir ihnen diese Position streitig machen.«[83]

Die Konkurrenz zwischen Mann und Frau in der Elternrolle (und das heißt heute: in der bemutternden Rolle) ist historisch ein ganz neues Phänomen – früher kamen sich die beiden, da ihre Funktionen so unterschiedlich aufgefaßt wurden, gar nicht in die Quere. Heute entsteht zwischen der Mutter und einem von Anfang an wirklich engagierten Vater sehr leicht ein Wettbewerb: Wer geht besser auf das Kind ein, wer erkennt seine Bedürfnisse besser, wer kann besser mit ihm umgehen? Wen lächelt es öfter an? Bei wem weint es mehr? Von wem läßt es sich eher beruhigen? Bei wem sucht es Trost? Mit wem spielt es lieber? Das heißt nichts anderes als: Wer von uns beiden ist die bessere Mutter?

»Anna war in den ersten zwei Jahren nach der Geburt ein reines Papa-Kind«, erzählt ein Vater stolz. »Und Angelika hat da anfangs richtig darunter gelitten; sie war richtig eifersüchtig... als Anna noch ein Baby war, so sieben oder acht Monate, und sie mußte gewickelt oder gebadet werden, da haben wir sie immer gefragt: Wer soll das machen? Da hat sie immer gesagt: Papa, Papa...«[84]

Wie fühlt sich eine Frau, wenn ihr Partner die bessere Mutter zu sein scheint? »Dein Vater springt schon beim geringsten Ton von dir auf die Beine. Er gibt mir das Gefühl, unnütz, untauglich zu sein. Er sagt, ich verstände es nicht so gut mit dir wie er. Das erzählt er auch anderen... Ariel, welche Schuldgefühle, welche Wut ich habe, weil ich nicht dein liebster Elternteil bin!«[85]

Der Vater, der ebenso gut oder besser bemuttert, wird keineswegs nur als eine wunderbare Entlastung empfunden – obwohl die meisten jungen Mütter durchaus Entlastung wünschen und brauchen, weil der Vierundzwanzigstunden-Einsatz Schlafmangel, Streß und Erschöpfung bedeutet. Das Engagement des Vaters stellt auch die exklusive Position der Frau als Mutter in Frage und bedroht sie so nicht selten im tiefsten Kern ihrer Identität: Sie hat ein Baby bekommen, sie wollte gerne Mutter sein – aber sie ist offenbar keine gute Mutter.

Natürlich sind solche Konkurrenz-Konstellationen zwischen Mann und Frau, Vater und Mutter, verschwindend selten, verglichen mit der riesigen Zahl der konventionellen Familienarrangements, mit den unzähligen traditionellen Vätern, die sich bereitwillig mit einer Position am Rande des Familienlebens zufriedengeben. Die weitaus überwiegende Zahl der Frauen hat wahrscheinlich Ehemänner und Lebensgefährten, die die Kinderbetreuung von vornherein als Angelegenheit der Frau und keineswegs als gemeinsames Projekt ansehen. Aber es gibt auch diesen neuen Konflikt, diese neue Form der Konkurrenz, und sie taucht da auf, wo die Väter ihre Vaterrolle hochschätzen und die Frauen Mitarbeit von ihren Partnern einfordern, weil sie erwerbstätig bleiben und nicht ausschließlich Mütter sein wollen, also vor allem im Milieu der Mittelschicht. Dann entsteht nicht selten eine hochgradig ambivalente Situation.

Die Frau möchte weiterhin außerhäusig erwerbstätig sein; sie will nicht 24 Stunden am Tag nur mit dem Kind verbringen. Sie möchte sich aber auch als gute Mutter fühlen. Eine gute Mutter aber, so hat sie es verinnerlicht, erkennt man daran, daß sie immer für ihr Kind da ist, daß sie ihrem Kind unentbehrlich ist. Wenn nun der Vater sich ebenfalls als mütterlich erweist, dann ist das einerseits sehr entlastend für die Frau: Sie kann aufatmen, dem Kind fehlt nichts, es geht ihm offenbar prächtig in seiner Zeit mit Papa. – Aber andererseits steckt genau darin auch eine tiefe Kränkung: Wieso strahlt Baby nicht übers ganze Gesicht und streckt die Ärmchen nach ihr aus, wenn sie nach Hause kommt? Wieso spielt es ungerührt weiter? Will es die Mutter dafür strafen, daß sie sich zeitweise mit anderen Dingen befaßt hat? So beruhigend es einerseits ist, daß Baby nicht weint, wenn sie morgens aus dem Haus geht, so ungemütlich ist doch auch der Gedanke, daß sie nun offenbar irgendwer für ihr Baby ist, eine Person unter anderen, die kommt und geht, während zeitweise Papa als wichtigste und liebste Person vorgezogen wird!

Solche beunruhigenden Gefühle schildern manche Mütter, die mit den Vätern eine andere als die übliche Arbeitsteilung ausprobiert haben, etwa den Vater-Erziehungsurlaub, das Hausmann-Arrangement oder die Voll-Berufstätigkeit der Mutter bei Teilzeitarbeit des Vaters. – »Nicht genug, daß sie uns im Beruf nicht zum Zug kommen lassen«, beschwerte

sich eine Frau in einer Frauengruppe, »sobald sie mal einen Handschlag in der Familie tun, behaupten sie gleich, sie könnten und wüßten alles besser als wir! Demnächst erzählen sie uns noch im Geburtsvorbereitungskurs, sie könnten besser hecheln und pressen.«
Bisher wissen wir noch nicht viel darüber, wie es sich langfristig auf die Ehen auswirkt, wenn die traditionelle Rollenverteilung aufgehoben oder gar umgekehrt wird, für kürzere oder längere Zeit. Die wenigen empirischen Untersuchungen, die dazu vorliegen, stammen nicht aus Deutschland, sondern aus Australien, Norwegen und den USA. Die meisten Männer und vor allem Frauen waren mit dem Arrangement sehr zufrieden, sie glaubten, daß es zu mehr Gleichheit und gegenseitigem Verständnis in ihrer Beziehung beigetragen habe. Aber es wurde auch von Konflikten und Spannungen berichtet, vor allem in der Anfangszeit, während der Umstellung auf die neue Arbeitsteilung. Die Väter sahen ihre verbesserte Beziehung zu den Kindern als größten Gewinn; sie meinten, ihre Kinder jetzt viel besser zu kennen, sich mehr in ihre Lebenswelt einfühlen zu können. Die Frauen berichteten von einem gewachsenen Selbstbewußtsein und von großer Befriedigung, die sie aus ihrer Arbeit zogen – aber 85 % der Frauen vermißten die Nähe zu ihren Kindern, während nur 70 % der Väter die Behinderung ihrer Karriere beklagten! Viele Frauen hatten auch Schuldgefühle, weil sie glaubten, ihre Kinder allein zu lassen. Außerdem waren die Mütter in den Zeiten, in denen sie sich zu Hause aufhielten, besonders intensiv mit ihren Kindern befaßt, – vielleicht ebenfalls ein Ausdruck von Schuldgefühlen oder zumindest der Wunsch, die außer Haus verbrachte Zeit wieder wettzumachen. Die Konflikte und Spannungen, von denen die Paare erzählten, hingen meist mit Meinungsverschiedenheiten über Haushalt und Kinderbetreuung zusammen. Offenbar waren die Mütter mit der Qualität der Väterarbeit nicht immer zufrieden[86].

Wie gesagt: Die Zahl der Männer, die bereit sind, ihren Kindern gegenüber ein ähnliches Engagement zu zeigen, wie die Mütter es tun, ist verschwindend gering. Mehr Frauen als Männer würden, deutschen Umfragen zufolge, ein solches Engagement begrüßen. Bei einer Allensbach-Umfrage im Jahre 1993 sympathisierte jede zweite Frau, aber nur jeder dritte Mann mit verschiedenen Formen einer nicht-traditionellen Aufgabenteilung in Haushalt und Kindererziehung: 59 % der Frauen, aber nur 37 % der Männer fanden es positiv, wenn der Mann »bei seiner Karriere etwas zurücksteckt, damit auch die Frau arbeiten kann«; 47 % der Frauen und nur 29 % der Männer, wenn »ein Mann Erziehungsurlaub nimmt«; 49 % der Frauen, aber nur 30 % der Männer, wenn ein Mann »nur halbtags arbeitet, damit auch seine Frau arbeiten kann, ohne daß die Kinder darunter leiden müssen«, und 54 % der Frauen, aber nur 36 % der Männer, wenn »ein Mann die Hausarbeit und die Kindererziehung übernimmt, während die Frau berufstätig ist«[88].
Die Frage war ganz unverbindlich gestellt, und deswegen ist die Antwort auch kein Maß für emanzipatorisches Verhalten, sondern sie macht nur eine Aussage darüber, wie sehr die Zurschaustellung emanzipatorischer Ansichten gerade in Mode ist. (So finden zwar 29 % der Männer den Erziehungsurlaub für Väter gut, aber nur 1–2 % machen in Deutschland derzeit davon Gebrauch!)
Ein bißchen verräterisch ist es auch, daß zum Beispiel die Variante »Erziehungsurlaub für Väter« eine geringere Zustimmung findet als die Variante »Hausmann mit erwerbstätiger Ehefrau« – und zwar bei Männern und Frauen. Wenn es um den Hausmann geht, wollen die Befragten ganz offensichtlich zeigen, wie progressiv und vorurteilsfrei sie sind: »Hausmann? Ja, wo es paßt – warum denn nicht? Nur in unserem Fall käme das überhaupt nicht in Frage, weil meine Frau nicht genug verdient.« Der Erziehungsurlaub für den Vater,

der sehr viel weniger utopisch ist und sich mit ein bißchen Engagement und nur ein bißchen Karriereverzicht von vielen in die Realität umsetzen ließe, findet dagegen weniger Beifall.

Die Umfrageergebnisse lassen sich auch so lesen: Immerhin findet es jede zweite Frau gar nicht wünschenswert, daß ein Vater Erziehungsurlaub nimmt, um eine ähnlich intensive Phase mit seinem Baby zu erleben, wie die Mutter sie schon unmittelbar nach der Geburt, während der gesetzlichen Mutterschutzfrist, hat. Nicht nur bei den Männern, auch bei den Frauen findet sich also ein gewisses Element der Beharrung, das Festhalten an der Exklusivität der frühen Mutter-Kind-Beziehung.

Auf diesem Hintergrund müssen wir uns fragen, ob die neue Rolle des Vaters als »Freizeitassistent« der Mutter und als »Spielvater« nicht auch der Versuch zu einem neuen Geschlechterkompromiß ist. Der Mann hat sich diesen neuen Platz zwischen zwei ungeliebten Extremen gesucht: zwischen dem »alten« Vater einerseits, der Gefahr läuft, als randständiger Fremder aus der Familie hinauskatapultiert zu werden, und dem wirklich engagierten »neuen« Vater andererseits, der von der Mutter als bedrohliche Konkurrenz erlebt werden könnte. Es scheint ein in weiten Kreisen der Bevölkerung von beiden Geschlechtern zumindest vorübergehend akzeptierter Kompromiß zu sein – sonst würde doch kaum eine so breite Mehrheit der Frauen die Arbeitsteilung in Haushalt und Familie als im großen und ganzen zufriedenstellend bezeichnen. Nicht nur eine gewisse Bequemlichkeit auf Seiten der Männer bzw. Väter, sondern auch das Gefühl bedrohter Identität auf Seiten der Frauen wäre demnach verantwortlich für das schleppende Veränderungstempo in Sachen geschlechtsspezifischer Arbeitsteilung.

Verunsicherung durch Konkurrenz – das ist offenbar in vielen Lebensbereichen eine Begleiterscheinung des Ge-

schlechtsrollenwandels. Von der verschärften Konkurrenz zwischen Müttern und Nicht-Müttern, erwerbstätigen und nicht-erwerbstätigen Müttern, Einkindmüttern und Vielkindmüttern, zwischen Großmüttern und Müttern, zwischen Müttern und professionellen KinderbetreuerInnen war an verschiedenen Stellen dieses Buches schon die Rede.
An die Konkurrenz zwischen Mann und Frau im Beruf haben wir uns in diesem Jahrhundert gewöhnt. Sie ist für die Männer nur noch dann bedrohlich, wenn sich die Frauen nicht mit untergeordneten Positionen begnügen, wenn sie etwa Führungspositionen anstreben oder mehr verdienen als er. Neu und deswegen auch beunruhigender ist die Konkurrenz von Frau und Mann in der Elternrolle, wenn der Mann sich ebenso »mütterlich« gibt wie seine Frau; eine Konkurrenz nunmehr in der traditionell weiblichen Domäne. Sie bedroht die Frau um so mehr, als sie sie in der eben nicht naturwüchsigen und nicht mehr selbstverständlichen, sondern freigewählten und deswegen unsicheren Identität als Mutter gefährdet.
In beiden Lebensbereichen, Beruf und Familie, ist die erste Reaktion auf bedrohliche Konkurrenz die Herstellung einer Hierarchie: hier der Mann als Boss, die Frau als Zuträgerin; dort die Frau als Chefin, der Mann als Assistent. – Doch es ist die Frage, ob diese Rollenteilung zwischen den Geschlechtern langfristig stabil bleiben kann. Einerseits begnügen sich eben zahlreiche Frauen nicht mehr mit untergeordneten Positionen in der beruflichen Hierarchie, andererseits ist die bloße Assistentenrolle nicht sonderlich befriedigend für die Väter – und sie garantiert ihnen vor allem keine dauerhafte Position im Familienverband.

8. Kapitel:

Vater-Mutter-Kind: Konkurrierende Liebesbeziehungen?

Konkurrenz und Rivalität zwischen Mutter und Vater prägen heute besonders die Phasen von Trennung und Scheidung. Auch in dieser Situation zeigt sich das ganze breite Spektrum von den »traditionellen« zu den »neuen Vätern«, wenn auch die engagierten Väter, die auf die Beziehung zu ihren Kindern nicht verzichten wollen, nur eine kleine Minderheit bilden. Die Mehrheit der Scheidungsväter machen die »flüchtigen Väter« aus, die »Schattenväter« und »Rabenväter« – wie sie an verschiedenen Stellen in der Literatur bezeichnet werden. Die meisten Scheidungskinder wachsen bei der Mutter auf, für nur etwa 10 % hat bei uns der Vater das Sorgerecht[88]. Regelmäßige und häufige Begegnungen zwischen Vater und Kind sind eher die Ausnahme als die Regel. So stellte eine amerikanische Studie aus dem Jahre 1983 fest: Nur 16 % der Kinder sahen ihren Vater mindestens einmal wöchentlich; 17 % sahen ihnen mindestens einmal im Monat, 15 % hatten ihn wenigstens einmal im vergangenen Jahr gesehen, aber für 16 % lag der letzte Kontakt ein bis fünf Jahre zurück. Und über ein Drittel, nämlich 35 %, hatten den geschiedenen Vater innerhalb der letzten fünf Jahre überhaupt nicht gesehen, sie wußten zum Teil nicht einmal, wo er lebte!
In Deutschland scheinen die Verhältnisse nicht viel anders zu sein. Eine Hamburger Studie kam Anfang der 80er Jahre zu dem Ergebnis, daß auch bei uns 40 % der Scheidungskinder keinen Kontakt mehr zum weggezogenen Elternteil hatten, in einer Berliner Untersuchung Anfang der 90er Jahre waren es 42 %. Nur bei jedem vierten Kind (27 %) war die Beziehung zum Vater eng und herzlich geblieben[89].

Warum brechen so viele Männer die Beziehung zu ihren Kindern ab, obwohl sie doch wissen müßten, wie wichtig sie noch immer für sie sind? Über die Gründe kann man nur spekulieren.

Häufig haben sie sich als traditionelle Väter schon vorher in erster Linie als Ernährer verstanden und keine engere Beziehung zu ihren Kindern gehabt. Wenn sie jetzt nur noch den vereinbarten Unterhalt zahlen (manchmal drücken sie sich auch davor), dann ist das nur eine konsequente Fortführung der Rolle als Zahlvater. »Er hatte nie viel Interesse an den Kindern, und jetzt schon gar nicht mehr«, klagen dann die Frauen.

Doch was wie nacktes Desinteresse aussieht, könnte auch mit dem Wunsch zusammenhängen, einen unerfreulich zu Ende gegangenen Abschnitt des eigenen Lebens zu verdrängen, zu vergessen und noch einmal ganz neu anzufangen. Das Kind wird als zur Mutter gehörig, als Verlängerung der Mutter verstanden. Jede Annäherung, jeder Versuch, mit ihm in Kontakt zu bleiben, bedeutet die Notwendigkeit, sich weiterhin mit der Mutter auseinandersetzen zu müssen, vor allem, wenn das Kind noch klein ist. Dieser Situation wollen vermutlich viele Väter aus dem Wege gehen, sei es aus Konfliktscheu, sei es aus Schuldgefühl.

Sie unterscheiden nicht zwischen der Ebene der Paarbeziehung, die beendet worden ist, und der Eltern-Kind-Beziehung, die unabhängig davon bestehen und eigentlich lebenslang fortdauern sollte. Das ist nicht weiter erstaunlich, da viele Männer die Beziehung zu ihren Kindern auch vorher nur über ihre Frau vermittelt erlebt haben. Während sie es in der Ehe ganz selbstverständlich fanden, daß die Frau die Brücke zum Kind war, empfinden sie es jetzt als demütigend, daß sie ihren Kontakt zum Kind verwalten kann. Wenn sie die Beziehung ganz abschneiden, räumen sie der Ex-Ehefrau erst gar keine Macht ein. Gewiß mag bei manchem Mann auch das Motiv eine Rolle spielen, die ehemalige Frau bestrafen zu wollen, indem man sich nicht mehr um die Kinder kümmert.

Statistiken belegen, daß die meisten Väter in den ersten beiden Jahren nach der Scheidung den Umgang mit ihrem Kind noch pflegen. Später dünnt er bei vielen aus und bricht dann eventuell ganz ab. Manche Väter leiden so sehr unter der zunehmenden Fremdheit zum Kind, unter den künstlich gewordenen Begegnungen, daß sie lieber die Flucht nach vorn antreten und den Kontakt ganz aufgeben. Viele waren es in der Zeit ihrer Ehe kaum gewöhnt, mit den Kindern allein zu sein, und sie scheuen aus Unsicherheit die alleinige Verantwortung, vor allem für kleinere Kinder. Eine große Zahl geschiedener Väter glaubt auch, beim Kind ohnehin keine Chance mehr zu haben: Die Mutter, die den Alltag mit ihm verbringt, wird ihm so oder so ihr Bild vom Vater aufprägen. Sie sitzt am längeren Hebel; er kann tun, was er will: Sein Kind wird in ihm den Bösewicht sehen, durch dessen Schuld die Ehe zerbrach. Auch simple Beqemlichkeit mag eine Rolle spielen, der Wunsch, weiterhin möglichst mobil und flexibel zu sein, attraktiv für mögliche neue Partnerinnen. Viele »flüchtige Väter« verlieren das Interesse an den Kindern, wenn sie eine neue Partnerschaft beginnen. Aber die Bedeutung der anderen Motive sollte nicht unterschätzt werden.

Neben den »Schattenvätern«, die ihren Kontakt mit den Kindern vernachlässigen oder vielleicht ganz aufgeben, gibt es auch eine kleine Minderheit engagierter Scheidungsväter – und sie sind ein bemerkenswertes neues Phänomen. Zum größeren Teil handelt es sich um Männer, die sich schon während der Familienphase mehr als andere um ihre Kinder gekümmert haben. Aber es sind auch solche darunter, die erst während des Trennungsprozesses ein verstärktes Interesse an ihren Sprößlingen entwickeln, möglicherweise aus der Verlustangst heraus. Manche dieser Väter erleben zum ersten

Mal das Gefühl, mit ihren Kindern längere Zeit allein zu sein, ohne die sonst allgegenwärtige Mutter, mehrere Stunden, vielleicht einen Tag oder ein ganzes Wochenende. Die Erfahrung, einmal alleinverantwortlich zu sein, wird von ihnen mehrheitlich begrüßt, und häufig erklären die Väter, sie bereuten es, daß sie sich nicht schon während ihrer Ehe in dieser Weise intensiver um ihre Kinder gekümmert haben[90].

Die noch kleinere Minderheit der alleinerziehenden Väter stellt mit ihrer Alltagspraxis unter Beweis, daß Männer ebenso engagierte Eltern sein können wie Mütter. Für Väter, die mit ihren Kindern nach der Trennung oder Scheidung allein leben, entstehen ganz ähnliche Alltagsprobleme wie für alleinerziehende Mütter. Sie haben Schwierigkeiten, den Anforderungen ihres Berufes und den Bedürfnissen ihres Kindes zugleich gerecht zu werden. In der Regel ist die Entscheidung, sich ständig oder überwiegend um ihr Kind zu kümmern, mit beruflichen Einschränkungen verbunden.

In den letzten Jahren hat die Zahl der alleinerziehenden Väter zugenommen, die um das Sorgerecht für ihre Kinder kämpfen. Außerdem gibt es eine breite öffentliche Diskussion um das gemeinsame Sorgerecht für geschiedene Eltern, das in manchen europäischen Ländern nach der Scheidung der Regelfall ist. 70 % der Finnen und 60 % der Franzosen entscheiden sich dafür. In Deutschland kann seit 1982 das gemeinsame Sorgerecht nach der Scheidung beantragt werden, aber nur etwa 3 % der geschiedenen Paare machen Gebrauch davon. In der deutschen Scheidungspraxis geht man noch immer davon aus, daß es im Interesse des Kindeswohls ist, wenn nur ein Elternteil nach der Scheidung sorgeberechtigt ist. Es besteht ja auch eine gewisse Wahrscheinlichkeit, daß ein Paar, das sich nicht mehr versteht, auch in bezug auf die Kindererziehung ernste Meinungsverschiedenheiten hat. Mit der Übertragung des Sorgerechts auf nur einen Elternteil, in der Regel die Mutter, soll vermieden werden, daß das Kind nach der Trennung zum Zankapfel zwischen den Eltern wird, auf dessen Rücken die nachehelichen Streitigkeiten ausgetragen werden.

Viele Frauen, vor allem Feministinnen, stehen dem gemeinsamen Sorgerecht als Regelfall sehr kritisch gegenüber. »Während der Ehe kümmern sich die Männer so gut wie überhaupt nicht um die Kinder, jedenfalls verbringen sie einen viel geringeren Teil des Alltags mit ihnen – und nach der Scheidung wollen sie dann plötzlich entscheiden, welche Schule das Kind besucht und ob es eine Zahnspange tragen soll.« Viele Frauen verweisen auch auf das geringe Interesse der »flüchtigen Väter« an ihren Kindern: Warum soll man den Vätern, die sich in ihrer Mehrheit so desinteressiert an den Kindern zeigen, auch noch mehr Rechte einräumen? Verständlicherweise vermuten manche Frauen hinter dem Interesse der geschiedenen Männer am Sorgerecht vor allem ein Kontrollbedürfnis: Sie sollen die Alltagsarbeit mit dem Kind leisten, und der Mann will weiterhin bestimmen, wo es langgeht.

Dennoch gibt es auch gute Gründe, die für das gemeinsame Sorgerecht als Regelfall sprechen: Im Alltag ist das formale Sorgerecht ohne große Bedeutung, denn in allen alltäglichen Belangen entscheidet ohnehin die Person, die mit dem Kind zusammenlebt; sie hat auch ohne förmliche juristische Legitimation den größeren Einfluß. Aber das Sorgerecht könnte eine psychologische Signalfunktion haben, indem es sichtbar macht, daß die Eltern-Kind-Beziehung, im Gegensatz zur Paarbeziehung, nicht aufkündbar ist. Es würde der neuen Sichtweise von der Vater-Kind-Beziehung Rechnung tragen und den Vätern zumindest symbolisch klarmachen, daß sie nicht aus der Verantwortung entlassen sind, daß ihr Kind einen Anspruch auf sie hat, und wenn sie noch so zerstritten mit den Müttern sind. Allerdings gibt es kein Gesetz, das die Väter zwingt, sich um ihre Kinder zu kümmern, wenn sie es nicht wollen, weder vor noch nach der Scheidung. Die gesetzlichen Pflichten der Väter bestehen eben nach wie vor nur darin, für den finanziellen Unterhalt des Kindes zu sorgen. Zwar gibt es ein »Umgangsrecht« für den geschiedenen Vater, nicht aber eine »Besuchs-« oder »Umgangspflicht«.

Einige »Väter ohne Kinder« erleben nicht nur die Trennung als großen Verlust, sondern sie fühlen sich oftmals auch von ihren Ex-Freundinnen oder Ex-Frauen im Kontakt zu den Kindern massiv gehindert und blockiert. In zum Teil bewegenden Fallgeschichten[91] äußern solche Männer die Vermutung, ihre Ex-Partnerin wolle sich durch den Entzug des Kindes an ihnen rächen. Sie sei darauf aus, beim Kind die Erinnerung an den leiblichen Vater zu löschen, weil sie sich durch die Trennung verletzt fühle, weil sie ihn richtiggehend hasse – oder weil sie mit einem neuen Partner zusammenleben und wieder eine »richtige Familie« gründen wolle.

»Das richterliche Urteil, daß ich mein Kind besuchen darf, ist so viel wert wie ein Stück Klopapier«, lautet die bittere Feststellung eines betroffenen Mannes[92]. Dieser Mann hatte sein Kind in den ersten Lebensmonaten gefüttert und gewindelt und manchmal am Wochenende und nachts gehütet, wenn seine Frau etwas vorhatte. In der ersten Zeit nach der Scheidung durfte er seine Tochter noch sehen; jetzt hat seine Frau einen neuen Freund und versucht unter allerlei Vorwänden, den Kontakt auszudünnen. Die nie verheirateten Väter sind insofern noch schlechter dran, als sie keinerlei Rechtsanspruch auf den Umgang mit ihrem Kind haben – egal ob sie vor der Trennung mit ihm zusammengelebt haben oder nicht.

Viele Mütter, so berichtet Andreas Schmidt in seinen Fallgeschichten über »Väter ohne Kinder«, würden behaupten, das Kind sei nach den Besuchen beim Vater immer völlig verängstigt und verwirrt. Es müsse erst »zur Ruhe kommen« und solle den Vater eine Zeitlang nicht sehen, um sich nicht hin-

und hergerissen zu fühlen. RichterInnen und professionelle BeraterInnen würden sich dieser Meinung nur zu oft anschließen. Mit solchen Begründungen würde der Kontakt zwischen dem Vater und seinem Kind nicht selten ganz abgewürgt.

Sicher zeigten viele Kinder unmittelbar nach einer Trennung oder Scheidung viele Symptome von Angst und Verunsicherung, sie seien oftmals aggressiv oder zögen sich in sich zurück. Dies aber ist, so Andreas Schmidt, eine sehr verständliche Reaktion auf die Feindseligkeit, die die Kinder zwischen ihren Eltern spüren. Sie sind verängstigt, weil sie einen Elternteil verloren haben und fürchten, auch noch den anderen zu verlieren. Vordergründig kommen sie bei einer Kontaktsperre tatsächlich oft zur Ruhe, denn sie reagieren dann mit Überanpassung an den verbliebenen Elternteil, im allgemeinen die Mutter, den auch noch zu verlieren sie sich nicht leisten können. Langfristig aber schadet dem Kind das vollständige Verschwinden des Vaters aus seinem Leben. Dieser Verlust ist auch durch die Figur eines wohlwollenden sozialen Vaters, eines neuen Lebensgefährten der Mutter, nicht zu ersetzen. Deswegen sei es eigentlich ganz besonders wichtig, daß der Kontakt des Kindes zum Vater auch in der Trennungsphase gleichmäßig fortgeführt werde. Der Verwirrung und Verunsicherung des Kindes könne am besten begegnet werden, wenn es sich des ausgezogenen Elternteils wieder sicher fühlen könne, über die Phase akuter und hoffentlich nachlassender Spannungen hinaus.

Es sind zwei völlig unterschiedliche Erlebniswelten, die sich bei dieser Kontroverse gegenüberstehen: Frauen berichten von flüchtigen Vätern, die sich schon nach ein, zwei Jahren beim Kind nicht mehr blicken lassen, von weinenden und depressiven Kindern, die nicht verstehen können, warum der Vater kein Interesse mehr an ihnen hat, und sich oftmals selber dafür verantwortlich machen (»vielleicht, weil ich immer so frech war«). Frauen erzählen von nichteingehaltenen Verabredungen des geschiedenen Partners, von plötzlich abgesagten Terminen für gemeinsame Wochenenden oder Unternehmungen, auf die das Kind sich schon lange gefreut hatte, und davon, daß sie sich nun in der undankbaren Rolle fänden, das Kind trösten zu müssen.

Männer berichten von Ex-Partnerinnen, die ihren Kontakt zum Kind einschränken oder ganz unterbinden, die ihnen nicht einmal erlauben, dem Kind zum Geburtstag zu schreiben. Sie erzählen davon, wie sie auf der Straße lauern, um ihr Kind wenigstens von weitem zu sehen oder es heimlich anzusprechen, von mühsam organisierten »konspirativen Treffen«, vielleicht nur für eine halbe Stunde, denen wochenlange Sendepausen folgen, und von ihrer Verzweiflung über die wachsende Entfremdung, die sie nicht aufhalten können. Wenn in der Pubertät das Kind nach ihnen zu fragen beginne, dann sei doch längst alles gelaufen, wenn es, einmal volljährig, von sich aus den Kontakt zu ihnen suche, seien sie für ihr Kind nur noch Fremde. – Die schrecklichsten Geschichten in der Sammlung von Andreas Schmidt erzählen ledige getrennte Väter, die ja keinerlei Rechte, sondern nur Pflichten gegenüber ihrem Kind haben – eine Gruppe, die im übrigen auch den höchsten Anteil sehr engagierter »neuer Väter« aufweist.

Wer redet hier die Wahrheit und wer verzerrt die Realität? Wahrscheinlich gibt es genügend Belege für die Sichtweise beider Lager. Sicher ist die Zahl der »verwaisten« Väter, die mehr Kontakt zu ihren Kindern wünschen und von den Müttern gehindert werden, erheblich geringer als die Zahl derer, die von sich aus über kurz oder lang den Kontakt zu ihren Kindern einstellen oder ihn auf ein Mindestmaß einfrieren. Allerdings macht die Tatsache, daß die eine Gruppe klein und die andere groß ist, das Leiden der einen nicht geringer.

Die Frauen, die sich über die militanten Scheidungsväter ärgern, haben die nackten Zahlen auf ihrer Seite. Doch für die Sichtweise der gekränkten Väter spricht immerhin ein Umfrageergebnis: Obwohl so viele geschiedene und getrennt lebende Väter ihre Kinder nicht sehen und die meisten keinen regelmäßigen alltäglichen Umgang mit ihnen haben, finden zwei Drittel der alleinerziehenden Mütter das Ausmaß des Umgangs, den die Väter mit ihren Kindern pflegen, »gerade richtig« – sie wünschen also gar keine intensivere Beziehung des Kindes zu seinem leiblichen Vater[93]. Auf diesem Hintergrund können wir getrost unterstellen, daß in manchem Fall die Mutter auf ihre Weise dazu beiträgt, daß der Kontakt nicht allzu eng wird oder bleibt.
Interessant ist natürlich die Frage, warum die Probleme der winzigen Minderheit der engagierten »Väter ohne Kinder« in der Öffentlichkeit zur Zeit so viel mehr Beachtung finden als die Probleme, die den Kindern durch die große Mehrheit der »flüchtigen Väter« entstehen. Vielleicht hängt es damit zusammen, daß das Phänomen des sich entziehenden Schattenvaters in das uns seit langem vertraute Bild von der »vaterlosen Gesellschaft« paßt, während sich bei den um ihre Kinder kämpfenden Vätern eine neue Einstellung von Männern abzeichnet.
Im übrigen macht die Nachscheidungssituation und die anwachsende Zahl der alleinerziehenden Mütter insgesamt die immer stärker werdenden matriarchalischen Strukturen des Familienlebens in der spätindustriellen Gesellschaft sichtbar. Die Mutter-Kind-Dyade ist nicht nur der Kern des Familiennetzwerks, sie ist nicht nur eine neue Familienform unter anderen – sondern sie wird immer mehr zur Familie schlechthin, während der Vater sich nach und nach zum überflüssigen Beiwerk entwickelt. Denn es geht auch ohne ihn. Immer mehr Frauen ziehen ihr Kind (meist bleibt es dann bei nur einem Kind) von Anfang an allein auf; seltener

als Ergebnis bewußter Lebensplanung, denn als eine Folge der Umstände. Immer mehr Vater-Mutter-Kind-Konstellationen scheitern am Streß der Umstellung von der Zweier- auf die Dreierbeziehung. Im allgemeinen geht dann der Mann, und die Frau und das Kind bleiben zurück und wachsen enger zusammen. Ehemänner kommen und gehen – das Kind bleibt, zumindest, bis es erwachsen ist.

So entsteht dann ein für unsere Zeit typisches Familien-Szenario, das John Updike in seiner Erzählung »Familienleben in Amerika« trefflich charakterisiert hat: Der geschiedene Ehemann mittleren Alters bewohnt in der Stadt, in der er seinem Beruf nachgeht, ein kleines Appartement. Am Wochenende reist er in den Vorort, in dem seine Ex-Frau mit seinen Kindern weiterhin im alten Einfamilienhaus lebt. »Die Ehefrauen bekommen die Häuser. So herum ist es für die Rechtsanwälte einfacher.« Die Kinder sind inzwischen im Teenageralter, das Verhältnis zur Ex-Partnerin hat sich entspannt – aber der Mann registriert, melancholisch und resigniert, wie er für seine Kinder immer mehr zum Fremden wird. So verabschiedet er sich schnell wieder und begibt sich in ein anderes, dem seinen ganz ähnliches Vorstadteinfamilienhaus, wo seine Freundin lebt, ebenfalls eine geschiedene Frau, deren Ex-Mann ausgezogen ist. Bei dieser Freundin verbringt er, wie gewohnt, das Wochenende und fühlt sich dort ebenfalls fremd. Die Freuden eines gemütlichen Sonntagmorgens im Bett werden getrübt durch die Kinder der Freundin, jünger als seine eigenen, Kleinkinder noch, die ihn als Eindringling empfinden. Sie maulen und mosern und verweigern sich seinen Bemühungen, wenigstens ein netter »Onkel« zu sein. Der Jüngste will gar aus Protest gegen Mamas Freund zu seinem Papa gebracht werden (der möglicherweise seinerseits inzwischen mit einer anderen geschiedenen Frau lebt – aber das bleibt in dieser Geschichte offen). Überall ist unser Mann nur ein mehr oder weniger willkommener Gast. Autorität besitzt er weder gegenüber seinen eigenen noch gegenüber den Kindern der Freundin. »Du hast uns gar nichts mehr zu sagen, du bist schließlich weggegangen!« sagen die einen, mit Worten oder Gesten. »Du hast uns gar nichts zu sagen, du bist schließlich nicht unser richtiger Vater!« sagen die anderen. Ihm bleibt nichts anderes übrig, als sich nach beiden Seiten um eine Kumpelrolle zu bemühen, die eigenen und die Stiefkinder in spe mit Freizeitangeboten und Geschenken für sich einzunehmen. Den Alltag der fremden Kinder teilt er ebensowenig wie (früher oder jetzt) den der eigenen. Zentrale Figuren sind und bleiben die Frauen[94].

Updikes Geschichte könnte ebensogut in Deutschland spielen. Auch bei uns nimmt die Zahl der randständigen, weder hier noch da ganz verwurzelten Väter und der »Patchwork«-Familien zu. Der Autor schreibt mit Sympathie für den Mann als den heimatlosen Zahlvater, der nach einem solchen Wochenende wieder in sein Stadtappartement zurückkehrt. Dort lebt er ungemütlich und beengt, eigentlich übernachtet er nur, denn seine Wochentage verbringt er von morgens früh bis abends spät im Büro, um das Geld zu verdienen, das er für die Unterhaltszahlungen an seine frühere Frau und die eigenen heranwachsenden Kinder braucht, und vielleicht auch für eine Beteiligung am Haushalt der neuen Partnerin.

Das von Updike geschilderte Szenario könnte die Zukunft der Väter überhaupt skizzieren – wenn es ihnen nicht gelingt, eine Kehrtwendung vorzunehmen und sich als »neue Väter« in eher mütterlichem Stil in der Familie zu verankern. Bemühungen in diese Richtung können sich, wie erwähnt, positiv auf die Beziehung zwischen Mann und Frau auswirken, bringen aber auch nicht selten neue Formen von Konkurrenz und Rivalität mit sich. Die können als positive Herausforderung, aber auch als Belastung empfunden werden. Außerdem muß der Mann damit rechnen, daß er bei stärkerem Engagement in der Familie im Beruf nicht so vollständig zur Verfügung steht wie ein traditioneller Vater. Er hat also mit gewissen Karrierenachteilen zu rechnen, die – je nach Beruf – vorübergehend oder nachhaltiger sein können. Es ist auch keinesfalls garantiert, daß sein intensiveres Engagement in der Familie durch eine größere Stabilität seiner Ehe belohnt wird, daß seine Frau ihm seinen Einsatz auch wirklich dankt. Im Fall einer Trennung oder Scheidung kann er mit eben so leeren Händen dastehen wie ein Vater, der sich erheblich weniger angestrengt hat. Daß er vermutlich eine bessere Beziehung zu seinen Kindern entwickeln wird, schützt ihn (noch) nicht davor, eines Tages zu den 5 % der sehr verbitterten Väter zu gehören, die mit ihren Ex-Frauen bis aufs Messer um das Sorgerecht streiten.

Und wie sieht die Sache aus, wenn man sie von der Frauenseite her betrachtet? In der Streß-Phase der frühen Mutterschaft empfinden viele Frauen ihre Ehepartner und Lebensgefährten als wenig hilfreich. Sie haben, wenn sie Mütter werden, häufig das Gefühl, die gesamte Belastung des Geschlechtsrollenwandels allein zu tragen. Geben sie ihre Erwerbstätigkeit auf, ziehen sie langfristig den kürzeren; erhalten sie sie aufrecht, geraten sie in die Mühle der Doppelt- und Dreifachbelastung: Zu den Anforderungen des Berufs kommt die Zuständigkeit für den Haushalt und vor allem die hohen Anforderungen der immer gewichtiger werdenden und immer ernster genommenen Mutterrolle. Wenn Frauen in dieser Phase das Gefühl haben, daß der Partner sie nur wenig unterstützt, womöglich noch beleidigt reagiert, weil er weniger von ihnen hat als zuvor, dann sind sie verständlicherweise verbittert und wütend. Schnell entsteht das Gefühl: »Was soll ich mit einem Mann, der mir nicht beisteht, nur noch mehr Last bedeutet? Zur Not schaffe ich es auch allein mit meinem Kind; ich mache ja ohnehin fast alles allein!« Wenn der Mann geht, wird die Bindung zum Kind noch enger. Das Kind ist das verläßlichere Liebesobjekt, es bleibt der Mutter, zumindest einstweilen, erhalten. Sie mag hoffen, es sich so zu erziehen, daß es sie nie enttäuschen wird wie der Partner. Der ist schon zu alt und zu sperrig für eine Umerziehung; er kann sich ihr auch ohne weiteres durch Flucht entziehen. »Ehemänner kommen und gehen. Sie sind nicht wirklich für dich da, verstehst du, was ich meine. Aber ein Kind! Wenn du jetzt für ein Kind da bist, ist das Kind immer für dich da«, heißt es bei Phyllis Chesler[95]. In diesem Hintergedanken, den sich nicht alle Frauen eingestehen, steckt eine gefährliche Wendung des Mutter-Kind-Verhältnisses: Das Kind wird zum Partner-Ersatz, weil es verfügbarer und abhängiger von der Mutterliebe ist. Es soll ihrem Leben einen Halt und einen Sinn geben.

Über den sexuellen Mißbrauch von Kindern wird neuerdings viel geredet: kein Zweifel, ein schreckliches Trauma und eine schwere Belastung für den Lebensweg des Kindes, dem so etwas widerfahren ist. Aber es gibt auch so etwas wie einen emotionalen Mißbrauch, der langfristig seelisch verkrüppelnd wirkt – und diese Gefahr droht den Kindern häufiger von der Mutter als vom Vater.

Dabei ist es gewiß nicht die Schuld der Mütter, sondern ergibt sich manchmal beinahe zwangsläufig aus den sozialen Verhältnissen: Wo zu wenig Vater ist, da ist zwangsläufig zu viel Mutter. Und so dreht die Spirale sich weiter.

Die alleinverantwortliche Mutter und der an den Rand gerückte Vater in der Kleinfamilie alten Schlags, die alleinerziehende Mutter und eventuell wechselnde Ersatzväter am Rande der Mutter-Kind-Dyade in den neuen Patchwork-Familien – das sind die neuen Formen des Matriarchats. Sie machen die Mutter alleinzuständig und scheinbar allmächtig, zum eigentlichen Zentrum der Familie. Aber sie ist in ihrer Alleinveranwortung zugleich auch ohnmächtig. In der Wahrnehmung der Umwelt und in ihren eigenen Augen, ver-

mutlich auch in denen ihrer Kinder, ist sie für alles verantwortlich, was mit diesen geschieht.
Sie muß in einer Person dem Kind Zuwendung, Geborgenheit, Bestätigung geben wie auch disziplinierend und grenzenziehend wirken. Gerade in bezug auf die Disziplinierungsfunktion, die früher an den Vater delegiert wurde, fühlt sie sich oft überfordert – sie bringt es nicht über sich, das Kind zu frustrieren, dem sie doch schon zumutet, nur mit ihr allein aufzuwachsen. Das Kind soll sie ja lieben, und es würde sich womöglich von ihr abwenden, wenn sie ihm Enttäuschungen zumutet. Es hat ja nur sie – wie könnte sie da eine strenge und bestrafende Mutter sein?
Sie duldet auch das autoritäre Hineinregieren eines geschwächten Vaters in ihre Beziehung zum Kind immer weniger – weder des leiblichen Vaters, der ja doch keine Ahnung vom Kind hat, so oft wie er abwesend ist, noch des Ersatzvaters, wenn sie mit einem neuen Partner zusammenlebt. Das Kind ist ihre Angelegenheit; sie ist seine einzige aufrichtige Anwältin, nur sie kennt es wirklich. Empirische Untersuchungen zeigen, daß Mütter ihren neuen Partnern frühestens zwei Jahre nach dem Zusammenziehen eine gewisse erzieherische Einflußnahme auf ihr Kind einräumen[96]. Wahrscheinlich haben sie Schuldgefühle, wenn sie wieder einem Dritten Platz in ihrem Leben geben, und sie glauben, dem Kind vermitteln zu müssen, daß die exklusive Beziehung zu ihm den höheren Stellenwert hat.
Überhaupt scheint es den Menschen immer schwerer zu fallen, in einem komplexeren sozialen Beziehungsnetz zu leben. Dazu trägt möglicherweise die frühe Prägung durch die intensive und exklusive Mutter-Kind-Beziehung nicht unerheblich bei. In der Mutter-Kind-Beziehung steht das Kind mit seinen Bedürfnissen lange im Mittelpunkt; es muß häufig nicht einmal mehr mit einem Geschwister teilen. Als Erwachsene suchen sich die Menschen in der späteren Lie-

besbeziehung wiederum einen Partner oder eine Partnerin, die sich ihnen intensiv und ausschließlich zuwendet, und unreife Menschen erwarten als Erwachsene immer noch, daß es auch in dieser Lebensgemeinschaft vorrangig um die Erfüllung ihrer Bedürfnisse geht. In einem komplexeren Beziehungsnetz, in dem vielfache wechselseitige Abhängigkeiten und Ansprüche bestehen, die miteinander vereinbart bzw. gegeneinander abgewogen werden müssen, fühlen sie sich schnell überfordert.

Die meisten Menschen kommen offenbar nur noch allein oder in Zweierbeziehungen zurecht. Schon engere Freundschaften eines der beiden Partner mit einer dritten Person können Liebesbeziehungen oder Lebensgemeinschaften so belasten, daß sie zerbrechen. Es ensteht sofort ein Entscheidungsdruck: entweder sie oder ich – entweder er oder ich.

Die große Krise im Leben eines jeden Paares ist die Begegnung mit dem Dritten, egal ob das in Form von Eskapaden des einen oder der anderen ausgelebt wird, oder ob das Dritte das gemeinsame Kind ist. Es ist höchst symptomatisch, daß so viele Paare heute an der Umstellung von der exklusiven Mann-Frau-Beziehung zur Vater-Mutter-Kind-Beziehung scheitern.

Der Mann wird kindisch und eifersüchtig; er regrediert; er erträgt ihr enges Liebesverhältnis zum Baby nicht – so erklären das viele Frauen. Die Männer dagegen stellen verbittert fest: Ihre Frau wird plötzlich zur Glucke, macht ein ungeheures Gewese um das Kind und interessiert sich für sonst nichts mehr auf der Welt, nicht einmal für ihn.

Die Geburt eines Kindes bedeutet auf jeden Fall eine einschneidende Veränderung der Paarsituation, denn die Mutter-Kind-Beziehung der ersten Wochen und Monate ist ein Liebesverhältnis ganz eigener Art. Der Mann fühlt sich nicht selten als Dritter außen vor; er empfindet sich als vernachlässigt. Immer kommen die Bedürfnisse des Kindes an erster

Stelle, das Stillen kann der Frau große sinnliche Lust bereiten, und das Interesse der meisten Mütter an Sex mit dem Partner in dieser Phase ist gleich Null. Nur in wenigen Fällen findet sich der Mann in die ihm von psychologischen Lehrbüchern und Lebenshilferatgebern zugedachte Rolle des wohlwollenden, uneigennützigen Beschützers der frühen Mutter-Kind-Symbiose. Nicht selten wendet er sich schmollend nach außen, verstärkt sein Engagement im Beruf oder sucht Bestätigung bei einer Geliebten. An der Seite einer Frau, die sich begeistert, mit Leib und Seele, in das neue Abenteuer der Mutterschaft stürzt, findet er häufig nur schwer seinen Platz, obwohl die Elternschaft doch ein gemeinsames Projekt sein sollte. Muß das so sein? War das immer schon so?

Mann und Frau leben heute in einer engeren Gefühls- und Seelengemeinschaft als früher. Früher war ihre Beziehung im allgemeinen weniger emotional als heute; der Kontrast zwischen der meist kurzen Phase des Zusammenlebens vor der Geburt des ersten Kindes und der Zeit danach war schon deswegen nicht so groß. Der Mann hatte eine Vielzahl von Aktivitäten und Sozialbeziehungen nach außen, zu anderen Männern, mit denen er wahrscheinlich mehr Zeit verbrachte als mit seiner Frau. Die Geburt eines Kindes raubte ihm nicht viel von einer vorher genossenen Zweisamkeit. Die Frau hatte ihrerseits reichlich Kontakt zu anderen Frauen, vor allem Verwandten, die an ihrem Alltagsleben und ihrer wachsenden Kinderschar Anteil nahmen. Sie entbehrte nicht viel, wenn der Mann seiner Wege ging, denn er brachte für ihre Gefühle und Gedanken schon vorher nicht allzuviel Interesse auf. Die Geschlechter lebten ohnehin in weitgehend getrennten Welten, was ihr seelisches Erleben betraf, und Kinder konnten dies kaum noch verstärken.

Doch der Vorher-Nachher-Kontrast ist nicht nur deswegen so intensiv, weil die Mann-Frau-Beziehung gefühlsmäßig enger geworden ist. Er wird dadurch verstärkt, daß die Mutter ihre Beziehung zum Kind intensiver und exklusiver auslebt, auch über die ersten Monate hinaus, seit die Mutterideologie ihre Dauerpräsenz und absolute Liebe zur notwendigen Bedingung für das seelische Gedeihen des Kindes erklärt hat. Wenn das Kind ein Wunschkind ist, dann wird sie sich ihm erst einmal von ganzem Herzen widmen, und die Beziehung zum Mann, mit dem sie vorher so lang, wie sie wollte, zu zweit leben konnte, wird ihr zumindest vorübergehend weniger wichtig erscheinen.

Weil die Mann-Frau-Beziehung und die Eltern-Kind-Beziehung (insbesondere die Mutter-Kind-Beziehung) heute so hohe emotionale Anforderungen stellen, werden sie immer häufiger als zwei miteinander konkurrierende Liebesbeziehungen erlebt. Zwei früher aufeinander hin angelegte und ganz gewiß miteinander verträgliche Beziehungen machen einander nun nicht selten Konkurrenz und können jede für sich so fordernd sein, daß sie die andere erschweren. Manches Paar verzichtet ganz auf Kinder, weil es die Intimität und Intensität des Leben zu zweit dem Leben zu dritt vorzieht. Manche Ehe wird durch Kinder nicht gekittet, sondern gesprengt. Und manche intensive Mutter-Kind-Beziehung läßt keinen neuen Partner für die Mutter zu.

Zwei Familientypen sind bei uns heute besonders verbreitet: einmal die enge Mutter-Kind-Beziehung mit einem eher randständigen Vater als Beiwerk – zum anderen die kindzentrierte Paarbeziehung. Im ersten Fall scheint der Frau ihr Kind nicht nur vorübergehend, sondern dauerhaft wichtiger als ihr Partner; der Mann wiederum wirkt nicht allzu interessiert an seinem Sprößling. Im anderen Fall konzentrieren sich beide Eltern um die Wette auf ihr Kind und vergessen darüber nicht selten die eigenständige Paarbeziehung.

Dieses letzte Phänomen findet sich häufiger in der Mittelschicht, bei psychologisch und pädagogisch ausgebildeten

Eltern, bei älteren Eltern oder da, wo es sich um ein heißersehntes Wunschkind handelt. Die Kinder bestimmen das Familienleben vollständig. Der Vater widmet seine gesamte in der Familie verbrachte Freizeit den Kindern, und auch für die Mutter stehen die Bedürfnissse der Kinder immer im Vordergrund, vor den Anforderungen des Haushalts, ihres Berufes oder ihren sonstigen Interessen.

In Familien, in denen beide Eltern erwerbstätig sind, ist es für mehrere Jahre, wenn die Kinder noch klein sind, einfach erforderlich, alle Energien auf die Kinderbetreuung zu richten, einfach um das Funktionieren des Alltags zu gewährleisten; es bleibt dann verständlicherweise nur wenig Zeit und Energie für die Kultivierung der Paarbeziehung übrig. Meistens entlasten die Paare sich nur ungern durch eine bezahlte Hilfe oder durch Kinderbetreuungseinrichtungen. Das ist nicht immer nur eine Frage der finanziellen Möglichkeiten, sondern oft glauben die Eltern auch, sie müßten, gerade weil sie beide berufstätig sind, jede Minute der freien Zeit ihren Kindern zukommen lassen. So entsteht eine Familienatmosphäre von Hektik und Streß. Das Kind wird nicht selten wie ein Staffelstab zwischen seinen Eltern hin- und hergereicht: Der Mann kommt von seiner Arbeit nach Hause, die Frau »übergibt«, um ihrerseits rasch zu ihrer beruflichen Tätigkeit, zu ihren Terminen zu gehen. In den seltenen Zeiten, in denen beide zu Hause sind, steht das Kind im Vordergrund, denn es soll doch auch einmal das »richtige« Familienleben genießen, mit allem, was dazu gehört, mit Vater-Mutter-Kind.

Solche Familienkonstellationen sind sicher die partnerschaftlichsten, aber vor lauter Tanz ums Kind wird oft die Paarbeziehung sträflich vernachlässigt. Vielen Paaren, die ihre Elternschaft gemeinsam ernst nehmen, gelingt es manchmal über Jahre hinweg nicht, sich wieder als Paar zu erleben, und nicht nur noch als Vater und Mutter. Sie genehmigen sich keinen Abend, an dem sie nur zu zweit ausgehen (sei es aus Müdigkeit, aus Desinteresse oder aus schlechtem Gewissen gegenüber dem Kind), und manche bringen es nicht einmal fertig, ihre Kinder an feste Bettgehzeiten zu gewöhnen, damit ihnen selbst ein Rest des Abends miteinander bleibt. Wer kennt nicht – aus eigener Erfahrung oder aus dem Bekanntenkreis – stundenlange, zum Selbstzweck gewordene Bettgehrituale – vorlesen, vorsingen, das Lieblingsspiel, und schließlich das Warten am Bett, bis das Kind einschläft – mit dem Ergebnis, daß am Ende der Erwachsene selber schläft.

Wir wissen aus Umfragen, daß die Zufriedenheit mit der Ehe nach der Geburt eines Kindes häufig abnimmt, bei den Männern übrigens noch mehr als bei den Frauen, die sich vermutlich über die enge und emotional befriedigende Beziehung zum Kind einen Ausgleich holen[97].

Der dritte denkbare Familientypus kommt heute nicht mehr oft vor: eine enge Beziehung des Elternpaares, die das Kind ganz außen vor läßt. Vermutlich gab es diese Konstellation zu Beginn des 20. Jahrhundert in Ehen, die nicht mehr Konventions-, sondern schon Liebesehen waren: da, wo Mann und Frau schon so aufeinander bezogen lebten, daß sie einander eigentlich genügten, und nur Kinder bekamen, weil es nicht ganz zu verhindern und eben so üblich war. Heute würden solche Paare vermutlich von vornherein kinderlos bleiben.

Jedenfalls ist es historisch ein relativ neues Problem, daß die Mann-Frau- und die Eltern-Kind-Beziehung emotional so exklusiv aufgefaßt werden, daß es immer weniger Menschen gelingt, beides in ausgewogener Weise so nebeneinander zu leben, daß sowohl der Partner als auch das Kind und nicht zuletzt die eigene Person zu ihrem Recht kommt.

Immer mehr Lebensgemeinschaften zerbrechen heute unter dem Druck übergroßer emotionaler Erwartungen, die vermutlich in der Kindheit entstanden sind, in der intensiven und exklusiven Beziehung zur Mutter. Vielleicht werden in Zukunft immer mehr Menschen ihr Leben in einer Abfolge von emotional sehr hochbesetzten Zweierbeziehungen verbringen, unterbrochen von kürzeren oder längeren Phasen des Lebens allein. Möglicherweise werden in der Frauenbiographie der Zukunft ein oder mehrere Ehen oder eheähnliche Beziehungen einander abwechseln mit Phasen des Zusammenlebens mit ein oder mehreren Kindern, die ähnlich exklusiv gelebt werden.

9. Kapitel:

Der Mythos von der guten Mutter: Alleinzuständig, unersetzlich – und von Angst- und Schuldgefühlen geplagt

Die meisten Menschen glauben, die Mutterliebe – oder vielmehr das, was wir uns heute darunter vorstellen – sei ein zeitloses Phänomen.

Doch die überhöhte Form der Mutterliebe, die wir heute für selbstverständlich halten, ist ein verhältnismäßig spätes Produkt unserer Kulturentwicklung. Es ist ein universelles und zeitloses Phänomen, daß Kinder bemuttert werden – daß man sich um sie kümmert und für sie sorgt, bis sie für sich selber sorgen können. Wenn dem nicht so wäre, dann hätte die Menschheit nicht bis heute überlebt. Sicher haben sich die meisten Mütter zu allen Zeiten und in allen Kulturen irgendwie um die Mehrzahl ihrer Kinder gekümmert. Doch sie waren nie ausschließlich und nur selten überwiegend mit den Kindern befaßt. Fast immer waren auch andere Personen beteiligt.

Außerdem war die Qualität der Kinderbetreuung, gemessen an unseren heutigen Maßstäben, eher schlecht als recht. Es gibt in der Geschichte zahlreiche Beispiele für Vernachlässigung und eine harte, oft grausame Behandlung von Kindern – nicht nur in Einzelfällen, sondern als durchgängige Einstellung von ganzen Epochen. Extreme Vernachlässigung kam wohl nur dann vor, wenn die äußeren Umstände sehr ungünstig waren, wenn die Menschen in großer Armut lebten und Männer und Frauen äußerst hart arbeiten mußten, um zu überleben. Aber auch unter günstigen Bedingungen, auch bei den Reichen, Mächtigen und Müßigen, wurde um Kinder nicht viel Aufhebens gemacht. Noch nie war eine Kultur so »kindzentriert« wie die unsere.

Die Idealisierung der Mutterliebe und die Aufwertung der Kindheit haben sich in den letzten drei Jahrhunderten vollzogen; das eine hat das andere bedingt und gefördert. Der vorläufige Höhepunkt dieser Entwicklung ist die Vollzeitmutterschaft für das Einzelkind – die Eins-zu-Eins-Betreuung eines einzigen Kindes durch seine Mutter, rund um die Uhr.

Mutter sein – das hieß in der frühen Geschichte der Menschheit vor allem: Schwangerschaft und Gebären, Leben hervorbringen, und die Menschen waren sich der Bedeutung der Fruchtbarkeit sehr bewußt. Die ersten Kultobjekte, die uns überliefert sind, Statuen wie die »Venus von Willendorf« (aus der Zeit etwa 30 000 vor Christus) symbolisieren die Frau als sichtbare Trägerin neuen Lebens: hochschwanger, mit gewölbtem Bauch, schweren Brüsten, kleinem Kopf und dicken Oberschenkeln. Objekt der Verehrung war die Fruchtbarkeit und damit das Leben schlechthin – nicht etwa die Figur der Mutter und ihre mütterliche Haltung gegenüber dem Kind. Darstellungen von Mutter und Säugling tauchen erst vereinzelt in der späten Jungsteinzeit auf[98].

In vielen älteren Religionen gibt es Muttergottheiten, die nur wenig mit dem sentimental gefärbten Bild der Mutter unserer Zeit gemeinsam haben – beispielsweise die indische Kali. Sie ist nicht lieb und gut, voll Zuwendung und nimmermüder Geduld, sondern vital und fruchtbar, aber auch grausam und zerstörerisch. Die Muttergottheiten repräsentierten zugleich mit dem Leben auch das Sterben, den ewigen Zyklus von Entstehen und Vergehen, vom Fressen und Gefressenwerden, dem alle Natur unterworfen ist.

In der agrarischen Gesellschaft des vorindustriellen Europa hatten die Frauen zwar einen niedrigeren Status als die Männer, aber ihre Fruchtbarkeit stellte einen hohen Wert dar. Die Gebärfähigkeit wurde in den großen Festen gefeiert, die die Gemeinschaft der Frauen für die Wöchnerin am Kindbett veranstaltete. Sie hatte Leben hervorgebracht und selber überlebt – das war Grund genug für ein rauschendes Fest. Die Stellung einer verheirateten Frau hing von der Zahl ihrer Kinder, insbesondere ihrer Söhne, ab. Noch heute bemißt sich in vielen Ländern der Welt der Wert und das Selbstgefühl einer Frau nach der Zahl ihrer Söhne. Bei uns dagegen beziehen Frauen inzwischen ihre mütterliche Identität vor allem daraus, »gute Mütter« zu sein – wobei ihnen, um das zu demonstrieren, ein einziges Kind vollauf genügen kann.

Die Aufwertung der Mütterlichkeit – also der psychischen gegenüber der bloß physischen Seite der Mutterschaft – begann bei uns im 18. Jahrhundert. Dieser Idealisierung der Mütterlichkeit ging im späten Mittelalter und der frühen Neuzeit eine Spaltung des alten archaischen Bildes der Großen Mutter in eine »gute« und eine »böse« Mutter vorauf: Die sichtbarsten sozialen Symptome dieser Spaltung waren Marienkult und Hexenwahn. Die Jungfrau Maria symbolisiert die Gute Mutter: Sie ist selbstlos, aufopfernd, sie stellt ihr ganzes Leben in den Dienst ihres Kindes, das entsprechend der patriarchalischen Wertordnung natürlich ein Sohn ist. Das Kind, der Sohn, ein Gott, wird zum Mittelpunkt und zur Erfüllung ihres Lebens.

Das Gegenbild zur Guten Mutter Maria ist die Hexe als die Böse Mutter. Die Hexe symbolisiert die negativen, die bedrohlichen und zerstörerischen Aspekte der mütterlichen Allmacht: Sie schadet den Kindern, statt sie zu beschützen und zu nähren. Sie entläßt nicht aus ihren Fängen, was sie einmal gekrallt hat, sie beutet den Nachwuchs aus, frißt ihn auf. Während die Muttergottes mütterlich ist, ohne Sexualität zu kennen, ist die Hexe sinnlich, voller sexueller Gelüste und Ausschweifungen – aber unfruchtbar und unmütterlich.

Die Spaltung zwischen »böser« und »guter« Mutter spiegelt sich auch in unseren Volksmärchen. Die Gute Mutter ist immer die leibliche Mutter, die ihre Kinder liebt und für sie sorgt; manchmal kümmert sie sich sogar noch nach ihrem Tod vom Himmel aus um sie. Das Bild der Hexe setzt sich in der bösen Stiefmutter fort, die die Kinder mit harten Arbeiten quält, grausam behandelt, ihnen kaum zu essen gibt, sie aussetzt, ihnen den Tod wünscht. Manchmal erscheint die Stiefmutter auch noch als archaische Große Mutter, als gut und böse zugleich, aber ihre liebevollen Seiten zeigt sie immer nur ihren leiblichen Kindern, während sie sich den Stiefkindern gegenüber als wahre Hexe aufführt (wie z. B. im »Aschenputtel«). So sehr sie sich auch Mühe geben, sie können ihr nichts recht machen.

Es ist sehr aufschlußreich, daß die meisten Mutterfiguren der Volksmärchen ursprünglich wohl »rechte«, das heißt: leibliche Mütter waren und die bösen unter ihnen erst später zu Stiefmüttern umgewandelt wurden, zum Teil erst mit der Grimmschen Aufzeichnung der Märchen im frühen 19. Jahrhundert. So wenig paßten offenbar die negativen Seiten des archaischen Mutterbildes in das sentimentalisch-gute Mutterbild, das sich bei uns inzwischen durchgesetzt hatte[99].

Die Verehrung der Jungfrau Maria im Hoch- und Spätmittelalter hatte zunächst keine Auswirkungen auf die Stellung der Mutter in der Familie. Erst im 18. Jahrhundert änderte sich die gesellschaftliche Wirklichkeit der Mutterrolle, und mit diesen Veränderungen begann die Idealisierung der Mütterlichkeit. Der Vater, der als Erzieher in der Familie des 17. Jahrhunderts noch die dominante Figur war, trat in den Hintergrund. Die Mutter erlebte eine deutliche Aufwertung.

Historisch fällt diese Entwicklung mit der Entstehung der bürgerlichen Familie zusammen. Die bürgerlichen Frauen des 18. Jahrhunderts waren, anders als die Bäuerinnen, erstmals von produktiven Tätigkeiten befreit. Ihnen oblag nur noch die Leitung ihres Haushaltes. Damit waren zwar erheblich mehr Arbeiten verbunden als bei uns heute – aber die bürgerliche Ehefrau verfügte auch über Dienstboten; sie mußte nicht selbst kochen, Nahrung konservieren, waschen, nähen, flicken und putzen. Wenn sie gutsituiert war, konnte sie zumindest die groben Arbeiten an Dienstboten delegieren und sich im wesentlichen darauf beschränken, deren Arbeit zu überwachen. Ihre wichtigste Verantwortung bestand darin, das Familienleben so zu gestalten, daß es eine angenehme Gegenwelt zum Berufsleben bildete. Die äußere Welt war die Welt der Männer, der Geschäfte, des Überlebenskampfes, der Konkurrenz, der Intrigen und politischen Ränke – die innere Welt der Familie sollte dagegen ganz von positiven Gefühlen bestimmt sein, von Harmonie und Liebe. Dafür zu sorgen, war die vornehmste Aufgabe der »Hausmutter«, die der Familie nach innen vorstand wie der Vater nach außen.

Die Entstehung des Privatbereichs der bürgerlichen Familie war die Voraussetzung für die Entstehung der Mutterschaft als Beruf. Das aufstrebende Bürgertum konkurrierte mit dem Adel um die gesellschaftliche Führungsrolle; es leitete seine Machtansprüche vor allem aus dem neuen bürgerlichen Leistungsethos ab, aus der Betonung des Wertes rastloser Arbeit und der Verachtung der Muße. Obwohl die meisten bürgerlichen Frauen längst nicht mehr so hart arbeiten mußten wie die Bäuerinnen und die Frauen der Unterschichten, verbot ihnen der neue Leistungsethos, jemals müßig zu erscheinen. So machten sie die Gestaltung des Familienlebens, die unermüdliche Sorge um das psychische Wohlergehen von Mann und Kindern, zu ihrer Arbeit.

Anfangs grenzte sich die bürgerliche Frau mit ihrem wachsenden Engagement in der Mutterrolle vor allem von den Frauen der adligen Schichten ab. Die adligen Frauen mußten nicht für ihren Lebensunterhalt arbeiten, sie kümmerten sich aber auch nicht um ihre Kinder; sie widmeten sich ganz der Geselligkeit, ihrem eigenen Vergnügen, und kannten höchstens repräsentative Pflichten. In den Augen der Bürgersfrau war die adlige Mutter eine schlechte Mutter, obwohl sie eine gute Mutter hätte sein können; die Bäuerin und später die Arbeiterin waren schlechte Mütter, weil ihnen nichts anderes übrigblieb. Den einen fühlte sie sich moralisch überlegen, die anderen konnte sie bemitleiden.

Das 18. Jahrhundert war das Zeitalter der »Entdeckung der Kindheit«. Eine Flut von pädagogischen Werken wurde veröffentlicht, in denen immer häufiger die Mutter und nicht wie zuvor der Vater angesprochen wurde – der Vater hatte jetzt vorrangig außerhalb zu tun. Die männlichen Pädagogen beschworen die hohe Bedeutung der mütterlichen Pflichten. Die Mütter wurden vor allem ermahnt, selber zu stillen. Auch sollten sie ihre Kinder länger bei sich zu Hause behalten und ihre Erziehung persönlich beaufsichtigen.

Die Bedeutung dieser Appelle kann man nur auf dem Hintergrund der bis dahin üblichen Praxis der Kinderbetreuung verstehen. Bis Ende des 18. Jahrhunderts war es für die Frauen der besseren Gesellschaft nicht üblich, selber zu stillen[100]. Es gab viele Argumente gegen das Stillen: Man glaubte, daß es die Frauen schwäche und ihrer Gesundheit schade; vor allem fand man es unästhetisch, abstoßend, tierisch – bestenfalls nicht schicklich. Die Mehrzahl der Ehemänner wünschte nicht, daß ihre Frauen stillten, vermutlich vor allem deswegen, weil ihnen das weitere sexuelle Enthaltsamkeit auferlegte, denn man glaubte, daß das Sperma die Milch verderben würde. Auch die Frauen selbst lehnten das Stillen weitgehend ab; sie befürchteten nachteilige Folgen für ihre körperliche Schönheit, und sie fanden es vermutlich einfach anstrengend und lästig. Natürlich mußten die einfachen Frauen auf dem Land selber stillen. Aber wer es sich leisten konnte, gab das Baby zu einer Amme. »Selbst sein Kind zu stillen, war gleichbedeutend mit dem Eingeständnis, daß man nicht zur besseren Gesellschaft gehörte.«[101]

Es liegt auf der Hand, daß sich keine besonders enge Mutter-

Kind-Beziehung entfalten konnte, wenn der Säugling unmittelbar nach der Geburt aus dem Haus gegeben wurde. Die Kinder blieben im allgemeinen zwei bis vier Jahre bei ihrer Amme – also noch lange, nachdem sie abgestillt waren. Die Eltern hielten sie dort für gut aufgehoben, und außerdem wußten sie wohl mit kleinen Kindern nicht viel anzufangen. Wenn die Sprößlinge dann ins Elternhaus zurückkehrten, wurde sogleich eine Gouvernante für die Mädchen und ein Hauslehrer für die Jungen engagiert, die sich im Alltag um sie kümmerten. Der Kontakt zur Mutter war nicht selten auf eine tägliche Visite reduziert, bei der das Kind, brav und nett zurechtgemacht, der Frau Mama seine Aufwartung machte. Die Brüder Goncourt beschreiben in ihren berühmten Tagebüchern den typischen Anstandsbesuch einer Tochter bei ihrer Mutter, der »... damit begann und endete, daß sie der Mutter einen Kuß unter dem Kinn gab, um nicht ihre Schminke zu verwischen«[102].

Im Alter von acht oder zehn Jahren verließen die Kinder erneut das Elternhaus, um ihre Bildung auswärts zu vervollständigen: Die Mädchen gab man häufig in eine Klosterschule oder ein Pensionat, die Jungen in ein Internat oder ein Kolleg. War diese Phase abgeschlossen, dann verbrachten die Jugendlichen noch einmal eine kurze Zeit zu Hause. Währenddessen suchte man für die Mädchen einen Ehepartner, und die Jungen wurden noch einmal fortgeschickt: je nachdem auf Bildungsreisen, zu einem Geschäftsfreund in die Lehre, zum Militär oder auf die Universität.

Natürlich ist damit wieder die Praxis der gehobenen Gesellschaftsschichten beschrieben, des Adels und des Großbürgertums. Bei den einfachen Leuten auf dem Land blieben die Kinder zwar während der ersten Jahre ihres Lebens meist zu Hause, ohne aber deswegen eine engere Beziehung zur Mutter zu entwickeln, die mit so vielen anderen Dingen ausgelastet war. Auch sie verließen im allgemeinen noch vor oder spätestens mit der Pubertät das Elternhaus, um anderswo »in Dienst« zu gehen.

Im Verlaufe des 18. Jahrhunderts kam es zu einer Art Bündnis zwischen den Müttern und der neuentstehenden Expertengruppe der Pädagogen, in dessen Verlauf nicht nur das Geschäft der Erziehung, sondern auch die Mütter als Erzieherinnen aufgewertet wurden. Zunächst begannen sie verbreitet, selber zu stillen, und wenn sie noch Ammen beschäftigten, holten sie sich diese ins Haus, um die Entwicklung ihres Kindes besser überwachen zu können. Sie unterwarfen sich in Fragen der Erziehung nun nicht mehr, wie zuvor, der patriarchalischen Autorität der Väter, sondern sie orientierten sich mehr und mehr an den Ratschlägen externer Experten, was ihre eigene Autorität in der Familie stärkte[103].

Je mehr Pflege und Erziehung die Mutter dem einzelnen Kind widmete, je mehr Sozialisationsleistung sie gewissermaßen investierte, desto wertvoller erschien das einzelne Kind als das Produkt so vieler Mühen. Zugleich wurde durch die Aufwertung des Kindes als Individuum rückwirkend auch der Wert der pflegerischen und erzieherischen Arbeit der Mutter hervorgehoben und damit ihre Rolle immer bedeutender. In dem Maße, wie Frauen sich jedem einzelnen ihrer Kinder intensiver zuwandten, bekamen sie auch weniger Kinder. Dieser Trend wirkte sich aber erst im Verlauf des 20. Jahrhundert richtig aus. Vorher brachte die intensivere Kinderbetreuung, im Verein mit verbesserten hygienischen Bedingungen, zunächst einmal ein allmähliches Nachlassen der Säuglingssterblichkeit mit sich[104].

Interessanterweise begann die spürbare Verringerung der Kinderzahlen Anfang des 20. Jahrhunderts in den Kreisen des gehobenen Bürgertums – da also, wo die Frauen nicht erwerbstätig sein mußten und eigentlich reichlich Zeit gehabt hätten, sich um mehrere Kinder zu kümmern. Die Frauen der Unterschichten, die genügend andere Arbeit hatten und sich nur wenig um ihre Kinder kümmern konnten, bekamen dagegen noch weit ins 20. Jahrhundert hinein sehr viele Kinder[105].

All dies deutet darauf hin, daß die überhöhte Mutterrolle den Frauen nicht nur von außen, von der Gesellschaft, aufgezwungen wurde, sondern daß die bürgerlichen Frauen sie nur zu gern aufgriffen. Sie übernahmen die neuen Aufgaben bereitwillig, weil sie mit dem idealisierten Mutterbild eine Statusaufwertung verbanden. Es ist gewiß nicht zufällig, daß die Frauen des Adels sehr viel länger brauchten, um sich mit der Mutterrolle anzufreunden, als die Frauen der bürgerlichen Schichten. Adlige Frauen besaßen genügend attraktive Alternativen, sich als Person zu entfalten und wichtig zu fühlen – ein anregendes kulturelles Leben, gesellige Kontakte und die Möglichkeit, im Hintergrund des politischen Lebens mitzumischen.

Es dauerte einige Zeit, bis das neue Bild von der guten Mutter, das im 18. Jahrhundert in den Kreisen des gehobenen Bürgertums entstand, für alle sozialen Schichten verbindlich wurde. Im Laufe des 19. Jahrhunderts gewann es für das Kleinbürgertum und auch für die Arbeiterschicht eine ganz besondere Bedeutung. In vielen Biographien dieser Zeit begegnet uns das Bild der selbstlosen, hart arbeitenden Mutter, die sich für ihre Kinder aufopfert und trotz der vielen Arbeit immer ein liebes Wort für sie hat, die kocht und putzt und näht und flickt und dabei den Kleinen noch zuhört, erzählt, vorsingt, die ihnen mit der schwieligen, verarbeiteten Hand begütigend über den Kopf streicht, wenn sie Trost und Zuspruch brauchen; sie nur sanft ermahnt, im Gegensatz zum strengen autoritären Vater, vor dem die Kinder bei ihr Schutz suchen. Zu Ende des 19. Jahrhunderts hat die Idealisierung der Mutter einen vorläufigen Höhepunkt erreicht. Die Mutterliebe wurde in politischen Reden gefeiert und in der Dichtung besungen. Auch die bürgerliche Frauenbewegung trug

um die Jahrhundertwende dazu bei, die Mütterlichkeit ideell zu überhöhen.
Noch heute lernen die Kinder in der Schule zum Muttertag Gedichte auswendig, die im 19. Jahrhundert entstanden und ein verklärtes Bild von der guten Mutter malen – der Mutter, die nur für ihre Kinder lebt: »Wie oft sah ich die blassen Hände nähen/ Ein Stück für mich – wie liebevoll du sorgtest!/ Ich sah zum Himmel deine Augen flehen,/ Ein Wunsch für mich – wie liebevoll du sorgtest!/ Und an mein Bett kamst du mit leisen Zehen,/ Ein Schutz für mich – wie sorgenvoll du horchtest!/ Längst schon dein Grab die Winde überwehen,/ Ein Gruß für mich – wie liebevoll du sorgtest!«, heißt es bei Detlev von Liliencron (1844–1909), und noch gefühlvoller bei Annette von Droste-Hülshoff (1797–1848): »Denk an das Aug, das, überwacht,/ Noch eine Freude dir bereitet;/ Denk an die Hand, die manche Nacht/ Dein Schmerzenslager dir gebreitet./ Des Herzens denk, das einzig wund/ Und einzig selig deinetwegen;/ Und dann knie nieder auf den Grund/ Und fleh um deiner Mutter Segen.«
Es lohnt sich, einmal die Elemente genauer anzuschauen, aus denen sich das Bild von der guten Mutter im 19. und frühen 20. Jahrhundert zusammensetzte:
(1) Frauen sind in erster Linie und vor allem anderen Mütter. Mutter zu werden ist das höchste Ziel ihres Lebens, und es füllt sie als Lebensinhalt vollkommen aus. Eine Frau, die sich anderes vom Leben wünscht als die Mutterschaft, ist keine richtige Frau; sie verkümmert in ihrer Weiblichkeit.
(2) Mutterliebe ist naturgegeben, im Instinkt verhaftet und stellt sich automatisch infolge der biologischen Mutterschaft ein. Jede Mutter liebt ihre Kinder – und zwar alle gleichermaßen. Eine Frau, die ihre Kinder nicht liebt, muß krank oder sonstwie abartig sein – jedenfalls ist sie keine richtige Frau.
(3) Mutterliebe äußert sich darin, daß der Mutterschaft alle

anderen Lebensinhalte untergeordnet oder aufgeopfert werden. Mutterschaft und andere ehrgeizige individuelle Lebensziele schließen einander aus. Eine Frau kann nicht Mutter und noch etwas anderes zugleich sein. Eine Mutter, die noch andere Interessen hat als das Wohl ihrer Kinder (und ihres Mannes), die nicht ihre ganze Erfüllung in der Mutterliebe findet, ist egoistisch und eine schlechte Mutter.
(4) Mutterliebe ist selbstlos und aufopfernd. Mütter lieben ihre Kinder, ohne im Gegenzug etwas dafür zu verlangen.
Der Mythos von der guten Mutter erhielt im nationalsozialistischen Deutschland noch einmal kräftigen Aufwind. Die Nazis werteten vor allem die physische Mutterschaft auf: Eine Frau ohne Kinder galt als verächtliches Kümmerwesen, die Mutterschaft als der eigentliche und höchste Beruf der Frau. Je mehr Kinder sie zur Welt brachte, desto besser. Ein extremer Ausdruck dieses Mutterkultes war das Mutterkreuz: Frauen mit mehr als vier Kindern bekamen es in Bronze, mit mehr als sechs Kindern in Silber, mit mehr als acht Kindern in Gold. Frauen, die mehr als neun Kinder (oder mindestens sieben Söhne!) zur Welt brachten, konnten sich prominente Staatsmänner, wie etwa Hindenburg oder Hitler, zu Paten wählen. Die Jugendlichen im BDM und in der HJ waren angehalten, Frauen mit Mutterkreuz zu grüßen.
Für die Nazis war Mutterschaft die Lebensaufgabe der Frau, doch da die gute Mutter immer die Mutter vieler Kinder war, blieben die Anforderungen an die Qualität der Mütterlichkeit eher äußerlich. Es ging darum, die Kinder zu gebären, sie großzuziehen, sie gesund zu ernähren, ihnen anständiges Benehmen und Gemeinschaftssinn beizubringen. Aber die Mutter wurde noch nicht für den späteren Lebenserfolg und das Lebensglück ihrer Kinder verantwortlich gemacht.
Heute sind die Frauen bei uns nicht mehr auf die Mutterschaft als einziges Lebensziel festgelegt. Eine kinderlose Frau

ist nicht mehr generell als unweiblich verschrien (zumindest solange sie noch einen Mann nachweisen kann). Aber wenn eine Frau sich für die Mutterschaft entschieden hat, erwartet man noch immer, daß sie der Familie, den Kindern, alles andere unterordnet. Sie darf neuerdings, anders als im 19. Jahrhundert, anders als in der Nazizeit, auch andere Interessen haben, sie darf sogar einen Beruf ausüben – aber alle anderen Aktivitäten müssen gegenüber ihrem Engagement für die Familie von nachrangiger Bedeutung sein.
Während sich manche Anforderungen an die Mutter im vergangenen Jahrhundert etwas gelockert und relativiert haben, ist in anderer Hinsicht die Last ihrer Verantwortung um ein Vielfaches größer geworden. Das hängt mit dem Siegeszug der Psychologie und vor allem der Psychoanalyse zusammen. Im 20. Jahrhundert setzte sich die Überzeugung durch, daß die frühe Mutter-Kind-Beziehung einen entscheidenden Einfluß auf die Persönlichkeitsentwicklung des Kindes hat. Die Mehrzahl der Menschen, auch der Mütter, glaubt inzwischen fest daran, daß das mütterliche Verhalten gegenüber dem Baby und dem Kleinkind über dessen seelische Gesundheit, ja über sein künftiges Lebensglück entscheidet. Die psychologisch-pädagogische Fachliteratur und die populäre Ratgeberliteratur haben es in den vergangenen Jahrzehnten den Frauen immer wieder eingehämmert: Die gewaltige Bedeutung des mütterlichen Einflusses in der frühen Kindheit könne überhaupt nicht überschätzt werden. Kinder seien äußerst formbare und zerbrechliche Wesen. Eine Mutter, die ihr Kind in den ersten Lebensmonaten vernachlässige, das heißt: nicht ständig für ihr Baby da sei, füge ihm schwere irreversible Schäden zu. Umgekehrt garantiere die unbedingte Liebe der Mutter zu ihrem Kind, die Sicherheit und Geborgenheit, die sie ihm in den ersten Lebenjahren vermittele, dem erwachsenen Menschen ein Leben lang emotionale Sicherheit und Stabilität.

»Durch die Psychoanalyse wird die Mutter zur ›Hauptverantwortlichen‹ für das Glück ihres Sprößlings befördert«, kommentiert Elisabeth Badinter, und »... von der Verantwortung zur Schuld war es nur ein kleiner Schritt«[106].

Die Mutter, so weiß man jetzt, ist unersetzlich, Mutterverlust in der frühen Kindheit eine schreckliche Erfahrung, die Mutterliebe das Lebenselixier für die Entfaltung des kleinen Menschen. Doch mit dieser Verbeugung vor der einzigartigen Bedeutung der Mutter ist zugleich auch der Grundstein für ihr massives Schuldgefühl gelegt – für ein nagendes Gefühl permanenten Ungenügens, unter dem die Frauen unserer Zeit weitaus stärker leiden als die Frauen früherer Jahrhunderte.

So gibt es kaum einen Erfahrungsbericht junger Mütter von heute, in dem das Wort »Schuldgefühl« nicht mit schöner Regelmäßigkeit ständig wiederkehrt. Die Frauen haben Schuldgefühle, wenn ihr Kind schreit, wenn es an der Brust nicht genug trinkt, wenn sie zu früh abstillen, wenn ihnen das Stillen Schmerzen bereitet oder lästig ist, wenn sie nicht immer geduldig und freundlich auf ihr Kind eingehen, wenn sie es zeitweilig jemand anders überlassen, wenn es mal unausgeglichen oder quengelig ist, wenn es sich nicht optimal entwickelt, wenn es aggressiver, schüchterner, weniger intelligent, weniger liebenswert ist als anderer Leute Kinder oder als ihre eigene Idealvorstellung. Sie fühlen sich für ihr Kind verantwortlich, für all das, was es tut und ist, denn das Kind ist ihr Produkt – nicht nur von ihnen geboren, sondern auch Produkt ihrer erzieherischen Bemühungen.

In der Theorie Sigmund Freuds, des Begründers der Psychoanalyse, spielen die Mütter für die Entstehung psychischer Störungen noch eine verhältnismäßig nebensächliche Rolle. Bei Freud ist noch immer der Vater die zentrale Figur für die seelische Entwicklung des Kindes – und weniger sein konkretes Verhalten als das, was das Kind über ihn phantasiert.

Erst Freuds Nachfolgerinnen und Nachfolger (von Anna Freud, Helene Deutsch und Melanie Klein bis zu Donald W. Winnicott, Benjamin Spock, René Spitz, John Bowlby und Françoise Dolto), rückten die Mutter in den Mittelpunkt und machten sie quasi alleinverantwortlich für die seelische Gesundheit, das Wohlergehen und den Lebenserfolg ihres Kindes.

»Wir fangen gerade erst an zu verstehen, wie absolut nötig die Mutterliebe für das Neugeborene ist. Die körperliche Gesundheit des Erwachsenen wird in der Kindheit begründet, aber die seelische Gesundheit des Menschen bewirkt die Mutter in den ersten Wochen und Monaten des Lebens.«[107]

Dieses Zitat des bekannten Kinderpsychologen Donald W. Winnicott aus den 50er Jahren gibt ziemlich genau die heute noch allgemein verbreitete Überzeugung von der mütterlichen Verantwortung wieder. Wenn etwas in der Entwicklung eines Kindes schiefläuft, fragt man sofort nach der frühen Beziehung zur Mutter. Wenn ein Mensch im späteren Leben nicht zurechtkommt, dann ist die abwesende oder die unfähige oder die lieblose Mutter schuld.

Nach klassisch psychoanalytischer Lehrmeinung ist die Mutter die zentrale und eine Zeitlang auch die einzig wichtige Figur für das kleine Kind. Sie repräsentiert Liebe und Zärtlichkeit, all das, was der Winzling zu Anfang im Überfluß braucht. Der Vater dagegen repräsentiert das Gesetz und die Autorität, Dinge, die erst im späteren Leben wichtig werden. Anfangs steht der Vater am Rande; keinesfalls kann er die Mutter beim Kleinkind ersetzen – das kann niemand. Deswegen trägt er für die späteren psychischen Probleme des Kindes auch weniger Verantwortung. Manche KinderpsychologInnen halten es für völlig normal, daß sich einige Väter für ihre kleinen Kinder nicht besonders interessieren. Die wichtigste Aufgabe des Mannes sei es, seiner Frau dabei zu helfen, eine »gute Mutter« zu sein, indem er die enge Symbiose zwischen ihr und dem Kind ermöglicht, das heißt, indem er sie nach außen hin entlastet. Erst später soll er sich, im richtigen Augenblick, als der Dritte in die enge Zweierbeziehung einmischen und dem Kind bei der Ablösung von der Mutter helfen. Er sollte auch eine Art »Haßventil« für das Kind darstellen, das diesem erlaubt, alle seine positiven Gefühle auf die Mutter zu richten und sie somit zu Anfang seines Lebens nur als gut und gewährend zu erleben.

Winnicott vertrat noch in den 50er Jahren die im 19. Jahrhundert verbreitete Ansicht, daß Mütter sich gar nicht besonders anstrengen müßten, um ihren Kindern das zu geben, was sie brauchen. »Die Bemutterung ergibt sich natürlich daraus, daß man Mutter ist.«[108] Einerseits entlastete er die Mütter von ihrer schweren Verantwortung, indem er die Formel von der »hinreichend guten« Mutter prägte: Frauen müßten nicht unbedingt »gute Mütter« sein; es reiche vollkommen aus, wenn sie nur »hinreichend gut« seien. Doch die »hinreichend gute« Mutter wird von ihm als eine Frau beschrieben, die sich ganz auf ihr Kind einläßt, die auf alle seine Bedürfnisse aufmerksam achtet, die sich viel Zeit im Umgang mit dem Kind läßt. Außerdem sollte sie ihren Mutterpflichten nicht widerwillig nachkommen, sondern spürbar Freude dabei empfinden, wenn sie sich um ihr Kind kümmert. – Wenn dies die Anforderungen an die »hinreichend gute Mutter«sind, wie übermenschlich muß dann erst die »gute Mutter« beschaffen sein?

Natürlich liegt diesen normativen Erwartungen an die »gute Mutter« auch ein bestimmtes Familienideal zugrunde: nämlich das der Kleinfamilie mit dem Mann als Ernährer und der Frau als Vollzeit-Hausfrau und Erzieherin der Kinder. Dieses Familienmuster, das Ideal der Konservativen, stellte allerdings nur kurze Zeit, nämlich in den beiden Jahrzehnten nach dem Zweiten Weltkrieg, bei uns die überwiegende Familienrealität dar. Vorher war es nur die Familienform einer

Minderheit, der bürgerlichen Mittelschicht; und später wurde es nach und nach von dem neuen Familientyp abgelöst, bei dem beide Eltern außerhäusig erwerbstätig sind.
Heute ist die Alltagswirklichkeit bei uns von einer Vielfalt von Familienmustern geprägt: Neben der Vater-Mutter-Kind-Familie mit den Varianten erwerbstätige Mutter – Vollzeitmutter gibt es auch die wachsende Zahl der alleinerziehenden Mütter, die die Forderung nach ständiger Präsenz für das Kind im allgemeinen beim besten Willen nicht erfüllen können. Doch auch sie fühlen sich nach dem Idealbild der »guten Mutter« beurteilt, das überhaupt nur unter den Rahmenbedingungen der fälschlich als »traditionell« bezeichneten Kleinfamilie Gültigkeit haben kann. Sie haben die normativen Erwartungen an die gute Mutter verinnerlicht, und sie messen sich selber ebenfalls daran.
Die 80er Jahre waren geprägt von der »Neuen Mütterlichkeit«: Viele Frauen ließen sich bewußt und zum Teil sehr euphorisch auf die Mutterschaft ein. Sie wollten liebevolle und einfühlsame Mütter sein, die ihren Kindern alles geben, was sie brauchen, um sich zu selbstbestimmten glücklichen Menschen zu entwickeln. Alice Miller führte in ihrem vielgelesenen Buch »Das Drama des begabten Kindes« (1979), dem ersten in einer Reihe populärwissenschaftlicher psychologischer Bücher, ihrem Publikum eindringlich vor Augen, wie eine gleichgültige oder unzufriedene Mutter ihr Kind daran hinderte, sein »wahres Selbst« zu finden. Nahezu alle Leserinnen erkannten sich in dem »begabten Kind« wieder, dem die anerkennende Unterstützung der Mutter gefehlt hatte. Und keine wollte ihrem Kind eine solche Mutter sein. In dieser Zeit nahmen die Anforderungen an die gute Mutter noch extremere Ausmaße an.
Jean Liedloff pries in ihrem Bestseller »Auf der Suche nach dem verlorenen Glück« (dt. 1980) die Praxis der Eingeborenenfrauen Venezuelas, ihre Säuglinge und Kleinkinder stän-

dig im Tragetuch mit sich herumzutragen. Der andauernde Körperkontakt verschaffe ihnen ein Maximum an Geborgenheit und lege das Fundament für ein Gefühl lebenslanger Sicherheit. Barabara Sichtermann (»Vorsicht Kind«, 1982) empfahl den Müttern, sich als »Forschungsassistentinnen« ihrer Kleinkinder zu verstehen, die Kleinen in allen ihren Welterkundungsgelüsten gewähren zu lassen, dabei vorsichtig im Hintergrund zu bleiben, dem Kind stets die Initiative zu überlassen und an allen seinen kleinen Unternehmungen Interesse zu zeigen, möglichst nie in Eile zu sein und zu vermeiden, dem Kind das eigene, an beruflichen oder häuslichen Notwendigkeiten orientierte hektische Tempo aufzuzwingen.

Es ist auf den ersten Blick einsichtig, daß ein solcher Erziehungsstil die ständige Präsenz eines Erwachsenen verlangt, und das heißt gewöhnlich: die Eins-zu-Eins-Betreuung durch die Vollzeitmutter, die sich ganz auf das Kind einstellt, ihm ganz zur Verfügung steht. Selbst die Erledigung von Hausarbeit für einen Dreipersonenhaushalt ist unter solchen Bedingungen nicht ganz einfach. Man kann bügeln, während ein Kind im Laufställchen spielt; aber das geht nur mit einem gewissen Risiko, wenn es frei im Raum herumkrabbelt. Also muß die Mutter viele Arbeiten auf die Zeiten verschieben, zu denen das Kind schläft. Ein so extrem an den kindlichen Bedürfnissen orientierter Stil setzt außerdem voraus, daß man nur ein einziges Kind unter drei Jahren zu betreuen hat; zwei oder gar drei würden unter diesen Bedingungen übermenschliche Kräfte verlangen – der bloße Versuch, diesem Ideal zu genügen, kann Frauen in Verzweiflung und an den Rand der Erschöpfung treiben, wie wir aus vielen Erfahrungsberichten wissen[109].

Nicht einmal die Kräfte einer Vollzeitmutter reichen aus, ein Kind in diesem Stil ganz allein vierundzwanzig Stunden am Tag zu betreuen. Konsequenterweise müßten nicht nur der

Vater, sondern auch andere Betreuungspersonen her, um Schichtdienst beim Kind zu übernehmen. Phyllis Chesler stellt in ihrem Tagebuch fest, daß ihr Sohn gut und gerne sechs Mütter gebrauchen könnte: »Am Anfang, bevor du geboren wurdest, haben dein Vater und ich beschlossen, daß er die ›Mutter‹ sein sollte und ich die Hilfe der Mutter... Zwei Mütter, die beide noch andere Arbeit tun müssen, sind – auch mit einer bezahlten Hilfe – nicht genug für ein neugeborenes Kind. Deine Forderungen zermalmen uns beide... Du brauchst mindestens sechs Mütter. Wo kann ich vier weitere Ersatzmütter finden?«[110]

Welche Mutter ist schon immer einfühlsam, sanft, geduldig und hat alle Zeit der Welt? Natürlich halten die meisten Frauen den von ihnen selbst als ideal empfundenen Stil nicht annähernd durch. Manchmal verlieren sie die Geduld, sie brüllen ihr Kind an. Sie werden ungeduldig, sie drängeln es und treiben es an, wenn es trödelt, sie kommandieren, statt zu erklären, warum etwas so und nicht anders laufen soll. Sie verfolgen nicht alle Aktivitäten des Kindes mit dem empfohlenen aufmerksamen Interesse und freundlichen, belohnenden Kommentaren. Das ist eigentlich ganz selbstverständlich – aber im Gegensatz zu den Müttern früherer Generationen haben sie dabei andauernd ein schlechtes Gewissen und nicht selten das Gefühl zu versagen, eine schlechte Mutter zu sein. Das vorherrschende Ideal der einfühlsamen Mutter setzt übertrieben hohe und wahrscheinlich nicht einmal wünschenswerte Verhaltensstandards. Muß Kinderbetreuung wirklich so aussehen? Macht diese Art der Betreuung aus den Kindern wirklich bessere oder glücklichere Menschen? –

Die 70er Jahre dieses Jahrhunderts haben die Frauen auf dem Weg zur Gleichberechtigung einen guten Schritt vorangebracht. Frauen sind im Durchschnitt besser ausgebildet, berufsorientierter, finanziell unabhängiger und selbstbewußter als früher. Sie können entscheiden, ob sie Kinder haben wollen oder nicht; die öffentliche Meinung geht mit kinderlosen Frauen nicht annähernd so harsch um wie noch in den 50er Jahren oder gar zur Zeit des Nationalsozialismus. Man billigt ihnen zu, durchaus auch ohne Kinder ein interessantes und erfülltes Leben führen zu können.

Aber das bedeutet keineswegs das Ende des Muttermythos. Im Gegenteil: Frauen können heute leben, wie sie wollen – aber nur, solange sie keine Kinder haben. Entschließen sie sich aber, Mütter zu werden – dann sind sie mehr denn je der Mutter-Ideologie unterworfen. Früher standen die Frauen unter dem Druck, unbedingt Mutter werden zu müssen (»eine kinderlose Frau ist keine richtige Frau«) – heute stehen sie, wenn sie Mütter sind, unter dem Druck, eine »gute Mutter« sein zu müssen.

Haben sie sich einmal für die Mutterschaft entschieden, dürfen sie sich über die damit verbundenen Probleme nicht mehr laut beklagen. Denn sie haben diese Rolle ja frei gewählt – niemand hat sie gezwungen, ein Kind zu bekommen. Wenn sie zu den damit verbundenen Verzichtleistungen nicht bereit waren, hätten sie eben nicht Mutter werden dürfen. Nun müssen sie auch die Verantwortung für diesen Schritt übernehmen. Das Wunschkind hat ein Recht auf eine gute Mutter. Depressive, unglückliche, aber auch hektische und überforderte Frauen sind keine guten Mütter – das weiß heute jede Frau.

Die Mütter selbst leben in der Gewißheit, daß jeder ihrer Fehler, jedes kleinste Versagen, ihrem Kind schadet. »Ich habe auf einmal das Gefühl, ich bin völlig unfähig, mein Kind zu versorgen. Wie soll ich das alles schaffen? Diese Riesenverantwortung. Von mir hängt ein Leben ab. Meine Tochter ist mir hilflos ausgeliefert, und wenn ich etwas falsch mache, muß sie darunter leiden.«[111] Schaden sie ihm nicht, wenn sie erwerbstätig sind? Schaden sie ihm nicht, wenn sie zu Hause bleiben, aber unzufrieden sind? Was ist, wenn sie ihr Kind manchmal als Last empfinden, wenn sie es nicht immer lieben können? »Zwei- oder dreimal in dieser Zeit passiert es mir, daß ich eine unsägliche Wut auf Selma bekomme... Einerseits möchte ich sie würgen. Andererseits vergehe ich deswegen vor Schuldgefühlen.«[112] Es ist schon schlimm genug, wenn eine Mutter ein ungewolltes Kind nicht immer liebt – aber es gibt überhaupt keine Entschuldigung dafür, ein Wunschkind nicht zu lieben.

»Ängste und Schuldgefühle der Mütter«, erklärt Elisabeth Badinter, »sind nie so groß gewesen wie in unserem Jahrhundert.«[113]

Im vergangenen Jahrzehnt haben Schuldgefühle und schlechtes Gewissen, die vor allem die jungen Mütter plagen, sich auch auf die Zeit vor der Geburt ausgedehnt. Mehr als je zuvor werden schwangere Frauen heute im Namen des noch ungeborenen Kindes bevormundet und reglementiert. Die Vorsorgeuntersuchungen während der Schwangerschaft sind sicher eine nützliche Angelegenheit – sofern sie ihrem eigentlichen Zweck dienen, der werdenden Mutter Orientierungshilfe zu geben und ihr Ängste zu nehmen. Aber sie wirken sich, genau umgekehrt, oft als ein Instrument zur normativen Kontrolle aus.

Sie erinnern die Frau immer wieder daran, daß sie von jetzt an nicht nur für sich selbst Verantwortung trägt. Alles was sie tut, so wird ihr vermittelt, hat unmittelbare Folgen für die körperliche und seelische Gesundheit des Kindes, das sie zur Welt bringen wird. Ihr Bauch gehört eben nicht mehr ihr; sie soll sich mit ihrer Lebensführung bereits dem entstehenden Kind anpassen bzw. unterordnen. Tut sie dies nicht oder nicht hinreichend – so lautet die ausgesprochene oder unausgesprochene Drohung – , dann kann ihr Kind durch ihre Schuld mit schweren Schäden geboren werden.

Sie soll sich bewußt ernähren und richtig bewegen, nicht zu viel und nicht zu wenig; sie soll natürlich keinen Alkohol trinken, nicht rauchen, keine Medikamente einnehmen, deren Unbedenklichkeit ihr der Arzt nicht zuvor bescheinigt hat. Doch nicht nur ihre Ernährung und ihr Lebensstil hat Einfluß auf den Fötus – auch mit ihren Stimmungen wirkt sie schon weichenstellend auf das Leben ihres zukünftigen Kindes! Sie soll sich um eine positive, ausgeglichene Gemütslage bemühen, denn das Ungeborene wird es registrieren, wenn sie sich nicht auf seine Ankunft freut, und das wird seine Lebensstimmung grundlegend düster einfärben. Vielleicht sollte sie bereits jetzt die Entwicklungschancen des neuen kleinen Menschen positiv beeinflussen, indem sie seine Intelligenz und Kreativität schon im Mutterleib fördert: indem sie zum Beispiel wertvolle Musik hört (berühmte Musiker haben nachweislich im Mutterleib die richtige Musik gehört!), oder indem sie dem Fötus laut vorliest oder zu ihm spricht.

Wie kommt es, daß den Müttern immer neue und immer weitreichendere Verantwortung für ihre Kinder aufgebürdet wird? Wie kommt es, daß sie diese meist bereitwillig übernehmen? Woher kommt die Wende zur »Neuen Mütterlichkeit«, die in der jüngsten Vergangenheit Mutterschaft noch einmal aufgewertet, dabei aber zugleich noch viel anspruchsvoller und schwieriger gemacht hat? Woher die neue verbreitete Begeisterung für Schwangerschaft, Gebären und das Leben mit kleinen Kindern, während es objektiv immer schwieriger wird, Kinder großzuziehen? Wie verträgt sie sich mit der Tatsache, daß die Frauenerwerbstätigkeit immer selbstverständlicher wird und die Geburtenrate auf einem niedrigen Niveau stagniert?

Die »Neue Mütterlichkeit« ist eine erste Reaktion der Frauen auf die »Wahlfreiheit«. Seit knapp drei Jahrzehnten können Frauen bei uns erstmals entscheiden, ob und wann sie Mütter werden wollen. Mutter werden ist kein biologischer Automatismus mehr, sondern ein frei wählbares Lebenskonzept. Mit der Möglichkeit, Kinder als Lebensinhalt auch »abwählen« zu können, steigt die individuelle Bedeutsamkeit dieser Entscheidung.

Die Wahlfreiheit bedeutet aber nicht nur die Möglichkeit, zwischen verschiedenen Lebenswegen zu entscheiden – sie hat auch eine andere Seite, an die man auf den ersten Blick nicht denkt: nämlich die Notwendigkeit, vor anderen oder sich selbst begründen zu müssen, warum man diesen und nicht jenen Weg wählt oder gewählt hat.

Heute stehen Frauen vor dem inneren Zwang, nicht nur Kinderlosigkeit, sondern auch das Muttersein vor sich selbst zu begründen. Die bloße Tatsache, daß ihr Leben anders verlaufen wäre, wenn sie keine Kinder bekommen hätten, zwingt ihnen die Frage auf: Ist das, was du jetzt hast, besser/richtiger/wichtiger als das, was gewesen wäre, wenn du anders entschieden hättest? Der Rechtfertigungszwang wird noch größer, wenn Frauen ihr Leben mit dem anderer Frauen, Freundinnen, Schwestern vergleichen können, die den anderen Weg gewählt haben, und er gewinnt noch dadurch an Gewicht, daß die Entscheidung für Kinder zwar einigermaßen »frei« getroffen werden kann, aber anschließend nicht mehr umkehrbar ist.

Die neue Aufwertung der Mutterrolle ist eine Begleiterscheinung des Rechtfertigungszwangs, den die Wahlfreiheit hervorgebracht hat. Frauen, die gerade Mütter geworden sind, stehen vor der inneren Notwendigkeit, sich selbst davon zu überzeugen, daß es auf jeden Fall gut so und jedes notwendige Opfer wert ist. Sie müssen und wollen der Mutterschaft in ihrem Leben höchste Priorität einräumen – wie sonst sollten sie mit den hohen psychischen und sozialen Kosten fertig werden, die ihnen die Gesellschaft als Mutter aufbürdet?

Wenn eine Entscheidung schwerwiegend und folgenreich ist,

mit großen materiellen und immateriellen Kosten verbunden und außerdem irreversibel, dann zögert man sie oft lange hinaus – und anschließend neigt man dazu, die gewählte Alternative sehr hoch zu bewerten und die andere zu entwerten. Man will, sobald die Entscheidung einmal gefallen ist, keinerlei Informationen mehr an sich heranlassen, die einen etwa in Zweifel darüber setzen könnten, ob man auch richtig gewählt habe. Die Gültigkeit dieses psychologischen Gesetzes kennen wir im Zusammenhang mit dem Kauf von Autos und Häusern – und von wieviel größerer seelischer Bedeutsamkeit ist im Vergleich zum Hauskauf das bewußte »Planen«, Zeugen und Gebären eines Kindes!

Als Frauen noch aufgrund ihrer bloßen Geschlechtszugehörigkeit einigermaßen automatisch, mehr oder wenig freudig Mutter wurden, konnten sie ihre Mutterschaft auch beiläufig und distanzierter leben – heute, da sie diesen Status freiwillig und unter Kenntnis der damit verbundenen sehr hohen persönlichen Anforderungen wählen, können sie eigentlich nur bewußte und engagierte Mütter sein. Das ängstliche Bestreben, eine gute Mutter zu sein, hängt also direkt mit der Wahlfreiheit zusammen.

Dabei wäre das Leben vermutlich viel einfacher für die Frauen, wenn sie weniger darauf versessen wären, »gute Mütter« zu sein – und nicht notwendig schlechter für die Kinder. Vielleicht sind Mütter gar nicht so ungeheuer wichtig für ihre Kinder, wie man sie glauben macht und wie sie selbst glauben möchten. Vielleicht sind Kinder sehr viel robuster, als man heutzutage denkt, sehr viel weniger zerbrechlich und beeinflußbar. Vielleicht ist es vollkommen ausreichend, ihnen ein Umfeld von mehreren, im Prinzip wohlmeinenden Personen, Kindern und Erwachsenen, zu verschaffen, ihnen ein bißchen Struktur zu geben und innerhalb dieser Struktur Freiräume zu lassen. »Kinder sind erstaunlich immun gegen die stümperhaften Bemühungen ihrer Eltern.«[114]

Vielleicht verläuft ihre Entwicklung viel mehr, als wir heute meinen, aufgrund von Eigengesetzlichkeiten, die in ihnen angelegt sind. Wahrscheinlich besitzen sie, wie alles Lebendige, die Fähigkeit, auch aus zunächst ungünstig erscheinenden Verhältnissen das beste für sich herauszuholen oder sich sogar selbst Bedingungen zu schaffen, die für sie günstig sind. Wie hätten sich sonst, in den vergangenen Jahrhunderten und Jahrtausenden, so viele Kinder unter vergleichsweise viel ungünstigeren Bedingungen zu einigermaßem zufriedenen, verträglichen und manchmal auch erfolgreichen Menschen entwickeln können? Und wie wäre sonst zu erklären, daß so manches Kind sich trotz großer Aufmerksamkeit und Zuwendung von seiten seiner Mutter nicht erfreulich entwickelt?

Warum akzeptieren so viele Frauen den Mythos, daß die Entwicklung ihres Kindes überwiegend von ihnen abhängt? Warum gelingt es ihnen nicht, sich von dieser Mutter-Ideologie freizumachen?

Vielleicht enthielte diese Einsicht ja eine tiefe Kränkung. Vielleicht wollen Frauen, Mütter, auf dieses Gefühl ihrer überragenden Bedeutung (»Ein Kind zu erziehen ist die wichtigste und großartigste Aufgabe auf der Welt!«) gar nicht verzichten, – auch wenn sie es mit Überforderung, Streß, sehr viel Verantwortung und scheußlichen Schuldgefühlen bezahlen müssen. Vielleicht ist die Überzeugung, für den einen Menschen Kind einzigartig und unersetzlich zu sein und bei ihm das Fundament zu legen für alles, was noch kommt, auch nur eine Kompensation für die vielen Lasten, die unsere Gesellschaft den Müttern zuschiebt.

10. Kapitel:

Frauenbewegung und Mutterideologie

Nicht nur die konservativen Parteien und die christlichen Kirchen haben in den vergangenen Jahrzehnten den Muttermythos gepflegt. Auch die Frauenbewegung hat einen nicht unwesentlichen Teil dazu beigetragen. Die Ideologie der »Neuen Mütterlichkeit« ist direkt aus der Frauenbewegung hervorgegangen.

In der Frauenbewegung der 80er Jahre gab es eine auffällige Tendenzwende von einer zuvor eher kritisch-distanzierten Einstellung zur Mutterschaft hin zu einer geradezu euphorischen Akzeptanz. Erschien die Mutterrolle anfangs vor allem als eine Bedrohung aller individuellen Lebensziele der Frau, so wurde sie plötzlich zu einem bewußt angestrebten Selbsterfahrungstrip von besonderer Intensität. Begleitet wurden diese Strömungen von der Entdeckung der Großen Göttin und der Matriarchate als uralte vorpatriarchalische Gesellschaftsformen, in denen Gebären und Mutterschaft nicht diskriminiert und ausgebeutet wurden, sondern im Gegenteil Attribute von gesellschaftlicher Macht und Stärke waren.

In der ersten Frauenbewegung, an der Wende vom 19. zum 20. Jahrhundert, gab es einen ähnlichen Verlauf. In der ersten Phase überwogen die Stimmen der Feministinnen, die Frauenrechte verlangten: verbesserte Bildung, mehr Berufsmöglichkeiten, das aktive und passive Wahlrecht. Sie argumentierten vor allem mit dem Gleichheitsgedanken: Frauen haben die gleichen intellektuellen Fähigkeiten wie Männer – warum sollten sie nicht auch Physik, Mathematik, Latein, Jura und Medizin studieren, Ärztinnen, Rechtsanwältinnen und Lehrerinnen sein können? Warum sollten sie nicht wie

Männer ihren eigenen Lebensunterhalt verdienen, statt auch noch als Erwachsene in quälender Abhängigkeit von verheirateten Geschwistern leben zu müssen?
In einer späteren Phase betonten die Vertreterinnen der bürgerlichen Frauenbewegung dann weniger den Gleichheitsgedanken als im Gegenteil die weibliche Andersartigkeit, wenn sie der Forderung der Frauen nach einer Teilhabe am öffentlichen Leben Nachdruck verleihen wollten. Frauen, hieß es, haben aufgrund ihrer Weiblichkeit einen anderen und einen besonders wertvollen Kulturbeitrag einzubringen. Als dieser besondere weibliche Kulturbeitrag galt die Mütterlichkeit.
Die »Mütterlichkeit« wurde im Zeitverlauf zu einem strategischen Begriff für die Mehrheit der bürgerlichen Frauenbewegung. Den Vertreterinnen des radikalen Flügels, die individuelle Frauenrechte forderten, warfen die Anwältinnen der Mütterlichkeit eine »amaternelle Grundhaltung« vor. Für sie galt es nicht, das Leben der Frauen dem der Männer anzugleichen, sondern sie verstanden die Frauenbewegung als eine »Bewegung organisierter Mütterlichkeit«, die die patriarchalische Gesellschaft verbessern sollte. »Amaternell«, unmütterlich war es, vor allem Rechte zu verlangen und so die jungen Frauen zu einer sehr ichbezogenen und vielleicht rücksichtslosen Durchsetzung eigener Wünsche und Zielvorstellungen zu ermuntern. Mütterlich dagegen war es, bei allen Frauenbestrebungen immer auch das Gemeinwohl, vor allem das Wohl der Familie, der Kinder, im Auge zu behalten.
Das »Ewig-Weibliche«, so wollten es die Wortführerinnen der bürgerlichen Frauenbewegung – Henriette Goldschmidt, Helene Lange, Gertrud Bäumer, Agnes von Zahn-Harnack – sei gleichbedeutend mit der Mütterlichkeit. Auch Frauen, die nicht biologische Mütter würden, seien mütterlich. Ihre Aufgabe sei es, die »seelische« Mütterlichkeit über den Beruf ins öffentliche Leben einzubringen und es so zu

veredeln, während die verheirateten Frauen als »Hausmütter« ihre Familien mit mütterlicher Liebe versorgten. Als »Bewegung der organisierten Mütterlichkeit« forderte die bürgerliche Frauenbewegung vor allem die Öffnung der sozialen Berufe für die Frauen, und sie setzte sich auch sonst in vielen Bereichen des öffentlichen Lebens für eine »mütterliche Politik« ein, eine Politik, die an den Interessen von Müttern und Familien orientiert war.

In dieser Phase waren die tonangebenden Frauen im Bund Deutscher Frauenvereine nicht mehr die ledigen berufstätigen Frauen, sondern es überwog der Typ der vermögenden Ehegattin mit Kindern, die zu Hause, im dienstbotenversorgten Haushalt, nicht ausgelastet war. Es war nur konsequent, daß diese Frauen Ehe und Familie nicht angetastet sehen wollten und die Mutterrolle hochhielten, aus der sie die moralische Rechtfertigung für ihr Engagement ableiteten. Aber auch in der sozialistischen Frauenbewegung sprachen führende Frauen wie Clara Zetkin stets von den »heiligen Pflichten der Mutterschaft«, die es immer zu berücksichtigen gelte.

Zu Anfang des 20. Jahrhunderts stellte sich den bewegten Frauen der gehobenen Schichten das Problem der »Vereinbarkeit von Familie und Beruf« noch nicht. Zwei Lebenswege gab es nach Ansicht der bürgerlichen Frauenbewegung für die Frau, und zwischen diesen sollte sie, nach einer soliden Ausbildung, die ihr in beiden Fällen zugute kommen würde, frei wählen: den Weg der berufstätigen Frau, die aber konsequenterweise auf Ehe und Kinder zu verzichten habe, und den Weg der »Hausmutter«, die für Mann und Kinder sorgen, aber konsequenterweise keinen Beruf ausüben sollte. Die bürgerliche Frauenbewegung setzte sich nachdrücklich für die Gleichwertigkeit dieser Lebensmodelle, des »Weges ohne den Mann« und des »Weges mit dem Mann«, ein. Einerseits gebe es das »Berufsideal der unverheirateten Frau«, andererseits die Überzeugung, daß der »Mutterberuf der höchste Beruf der Frau sei«[115].

Die bürgerlichen Feministinnen konnten sich damals nur sehr wenige Berufe vorstellen, die eine Frau als Ehefrau ausüben könnte. Schließlich zeigte sich bei den Arbeiterinnen, daß die (von der Not diktierte) außerhäusliche Erwerbstätigkeit der verheirateten Frau das Familienleben zerstörte. Zwar gab es die alten Formen der Hauswirtschaft im bäuerlichen Milieu, in denen die Mutter mitarbeiten mußte, und natürlich gab es ein paar »Berufe mit hohem Persönlichkeitswert« – wissenschaftliche oder künstlerische Tätigkeiten –, denen verheiratete Frauen auch zu Hause nachgehen konnten, ohne daß das Familienleben daran Schaden nahm. In den meisten Fällen aber fand man es vernünftiger, wenn sich die Frau die »Qual der Vierteilung« (zwischen Beruf, Mann, Heim und Kindern) erspare[116].

Von den Männern war in diesem Zusammenhang noch nicht die Rede. In der ersten Frauenbewegung fehlte die Forderung, den Vater in die Haus- und Kinderarbeit einzubeziehen.

In diesen Bereichen zeigt sich am deutlichsten, wie sehr sich im vergangenen Jahrhundert die Familienstrukturen verändert und die Rollen von Mann und Frau einander angenähert haben: Damals akzeptierten die Frauen aus den gehobenen Gesellschaftsschichten die Alternative Familie oder Beruf. Die meisten betrachteten es als ein Privileg, nicht erwerbstätig sein zu müssen. Und damals wäre niemand auf die Idee gekommen, daß auch ein Mann ein Kind bemuttern kann. Die Idealisierung der Mutterrolle war im 19. Jahrhundert schon weit fortgeschritten, und die erste Frauenbewegung, die sich in ihren Anfängen vor allem für das Recht der Frauen auf Selbstverwirklichung eingesetzt hatte, wob in ihren späteren Phasen kräftig am Muttermythos mit.

Die neue Frauenbewegung hatte, wie die alte, in ihrer ersten Phase eine gewisse Distanz zur Mutterrolle. Die Feministinnen der späten 60er und der 70er Jahre waren vor allem Verfechterinnen des Gleichheitsgedankens. Auf diesem Hintergrund entstand auch der bekannte Slogan aus der Bewegung gegen den § 218: »Ob wir Kinder wollen oder keine/ bestimmen wir alleine!« Diese Kampfparole gegen die ungewollte Schwangerschaft stand auch für die Freiheit, kinderlos bleiben zu können. Sie war ein Protest gegen die Konvention, die in der Mutterschaft den wichtigsten Lebensinhalt der Frau sieht. »Wir wollen in erster Linie wir selber sein. Der Lebenserfolg einer Frau hängt nicht davon ab, ob sie verheiratet ist und Kinder hat. Frauen haben, genau wie Männer, das Recht auf Selbstbestimmung und Selbstentfaltung, nicht nur im Beruf, auch in der Sexualität – und zwar ohne daß dies zwangsläufig zu Schwangerschaft und Mutterschaft führen muß!«
Die theoretische Begründung dieser Forderungen lieferte vor allem Simone de Beauvoirs Klassiker »Das andere Geschlecht«. Das Buch war zwar schon 1949 erschienen (in Deutschland erstmals 1951), aber zunächst nur wenig beachtet worden. Erst Ende der 60er und in den 70er Jahren wurde es von einer breiten Frauenöffentlichkeit mit großer Zustimmung zur Kenntnis genommen. Simone de Beauvoir ging davon aus, daß Frauen ihre Körperlichkeit überwinden müßten, um sich als Individuen frei entfalten zu können. Die gesellschaftliche Festlegung der Frauen auf ihre Fortpflanzungsfunktion habe sie zu bloßen Gattungswesen reduziert und bei der Entwicklung ihrer persönlichen Fähigkeiten gehemmt und eingeengt. Für Simone de Beauvoir ist das Gebären kein kreativer Akt, sondern bloße Unterwerfung unter ein Naturgesetz, das sich an und in der Frau vollzieht. Das neue Lebewesen entsteht ohne ihr Zutun in ihr; sie schafft und sie gestaltet es nicht. Deswegen könne man das Kinder-

kriegen auch kaum mit anderen Formen künstlerischen Schaffens vergleichen – wie das diejenigen täten, die die Mutterschaft idealisieren.

Die amerikanische Feministin Shulamith Firestone ging in ihrer Ablehnung der Fortpflanzungsfunktion noch weiter. Den Zustand der Schwangerschaft sah sie als animalisch und barbarisch an; das Gebärenmüssen als qualvoll und schmerzhaft. Frauen könnten sich erst dann wirklich aus ihrer unterdrückten Position befreien, wenn sie sich ganz von den Lasten der Schwangerschaft freigemacht hätten, meinte sie. Sie setzte in diesem Zusammenhang große Hoffnung auf die zunehmende Trennung von Sexualität und Fortpflanzung. Die Möglichkeit, heterosexuellen Verkehr genießen zu können, ohne schwanger werden zu müssen, sei ein erster Schritt zur Befreiung der Frau; genauso müsse in Zukunft auch die umgekehrte Option möglich sein: auf Wunsch ein Kind haben zu können, ohne vorher unbedingt Geschlechtsverkehr haben und es im eigenen Körper austragen zu müssen. Frauen müßten sich die Kontrolle über die Reproduktionsbiologie aneignen, die zur Zeit noch fest in männlicher Hand sei.

So weit wie Shulamith Firestone mochten die meisten Feministinnen zwar nicht gehen, aber die »Pille« und die mit ihr verbundene sichere Empfängnisverhütung wurde damals noch mehrheitlich begrüßt. Firestones Technikbegeisterung war ungewöhnlich; schon früh verstand der neue Feminismus sich auch als kulturkritische Bewegung gegen den als »männlich« apostrophierten Technik- und Fortschrittsglauben.

In den 70er Jahren protestierten die Feministinnen gegen den »Gebärzwang« und die »Zwangsmutterschaft«: gegen die Festlegung der Frau auf die Mutterschaft und gegen eine gesellschaftliche Definition der Mutterrolle, die von ihr die Aufgabe ihres Berufes und die ausschließliche Konzentra-

tion auf Haushalt und Kinder verlangt. Sie wollten entweder überhaupt nicht Mutter werden – oder aber ihr Muttersein gleichsam nebenher leben – nicht als etwas, das ihre Existenz und ihre Identität vollständig bestimmt.
In dieser Zeit kam die Diskussion um die »Vereinbarkeit von Familie und Beruf« auf, die dann jahrzehntelang mit unverminderter Heftigkeit immer wieder neue Auflagen erlebte. Welches Lebensmuster ist das beste: das der Nur-Hausfrau, der kinderlosen Karrierefrau oder der Doppelrollenfrau? Die Frauen mit dem konservativen Rollenverständnis plädierten wie die erste Frauenbewegung für ein Entweder-Oder: entweder kinderlos-berufstätig oder Hausfrau und Mutter (wobei sie stillschweigend das Leben der Mutter als das »erfülltere« betrachteten, sich gegen den Ausdruck »Nur-Hausfrau« verwahrten und ihn gern durch den Ausdruck »Familienfrau« ersetzten). Die »Doppelrolle« wiesen sie im Hinblick auf das Kindeswohl zurück – Kinder brauchen die ständige Präsenz der Mutter, hieß es.
Die Frauen, die sich selbst als »emanzipiert« oder »fortschrittlich« ansahen, hielten die »Doppelrolle« für das einzig gültige weibliche Lebensmodell. Die Gesellschaft müsse dahingehend verändert werden, daß den Frauen ihr Leben als berufstätige Mutter ohne kontinuierliche Überforderung ermöglicht werde. Konsequenterweise forderten die Vertreterinnen dieser Richtung mehr und bessere öffentliche Kinderbetreuungseinrichtungen für Kinder jeden Alters, von der Kinderkrippe bis zum Hort. Sie favorisierten das Tagesmüttermodell. Sie plädierten auch für eine stärkere Einbeziehung des Mannes in die Familie, eine gerechte Aufteilung der Kinderarbeit zwischen Vater und Mutter, die der Gesetzgeber u.a. durch die Einrichtung eines Elternurlaubs fördern sollte, der zu gleichen Teilen von Frau und Mann in Anspruch genommen werden muß.
Hier wird die Orientierung am Gleichheitsgedanken sicht-

bar, der die erste Phase der Diskussion bestimmte: Frauen verlangen für sich die gleichen Rechte wie Männer. Männer müssen sich schließlich auch nicht zwischen Beruf und Kindern entscheiden, sondern können selbstverständlich beides haben. Auch die Forderung nach einer Einbeziehung der Väter in die Familienarbeit zielt auf eine Angleichung der Geschlechtsrollen, diesmal in umgekehrter Richtung: Väter sollen ihren Lebensweg stärker dem der Mütter anpassen.

Doch schon bald meldeten sich andere Stimmen in der neuen Frauenbewegung. Sie kritisierten Simone de Beauvoirs Einstellung zur Mutterschaft als »männlich« und gingen mit der tatsächlichen oder vermeintlichen Mütterfeindlichkeit der Pionierinnen der neuen Frauenbewegung hart ins Gericht[117].

Im Gegensatz zu Beauvoir und Firestone betonten die Kritikerinnen den hohen Wert der weiblichen Gebärfähigkeit. Wenn Frauen ein an Beruf und individueller Leistung orientiertes Leben anstrebten, dann übernähmen sie männliche Wertmaßstäbe und qualifizierten zugleich das eigene Geschlecht ab. Kinder gebären zu können sei eine große Stärke der Frauen, auf die sie sich wieder besinnen müßten, statt sich ihrer zu schämen. Allerdings sei diese weibliche Potenz in den patriarchalischen Gesellschaften schamlos ausgebeutet und die Unterdrückung der Frauen daran festgemacht worden. Deswegen müßten die Frauen gesellschaftliche Verhältnisse (wieder)herstellen, in denen die Mutterschaft mit politischer Macht und menschlicher Würde verbunden sei. Das aber setze voraus, daß sie sich erst selbst einmal wieder auf ihren Körper und ihre ureigene Weiblichkeit zurückbesännen.

»Männlich« sei nicht nur die Verachtung der weiblichen Biologie und Gebärfähigkeit, sondern auch die Betonung des Geistes als dem Körper überlegen; »männlich« sei die Spaltung von Körper und Geist, das Gegensatzdenken überhaupt, »weiblich« dagegen der ganzheitliche Ansatz. Aus

dem männlichen Wunsch, den Körper zu überwinden und ihn durch Geist zu beherrschen, sei eine Wissenschaft und Technik hervorgegangen, die die Natur sich untertan machen, sie nur beherrschen und ausbeuten wolle, statt im Einklang mit ihr zu leben. Männlich sei ein Arbeitsethos, der sich an einer eindimensionalen Berufskarriere orientiere, und ein Kreativitätsbegriff, der ein schöpferisches Subjekt und ein zu schaffendes Objekt in den Mittelpunkt stelle statt einen lebendigen Prozeß, in dem ein Lebewesen ein neues hervorbringt und sich zugleich selbst an diesem verändert.
Konsequenterweise interessierten sich die Vertreterinnen dieser feministischen Richtung nur wenig für Kinderkrippen, Tagesmütter und die Einbeziehung der Väter in die Familienarbeit. Ihnen ging es um ein weibliches Lebenskonzept, in dem die selbstbewußt gelebte Mutterschaft wieder einen zentralen Platz hat. Sie wollten weibliche Räume in der Gesellschaft schaffen, wo Frauen sich im weiblichen Verbund wieder auf ihr Anderssein besinnen könnten. – Aus dieser feministischen Richtung gingen politische Forderungen wie »Lohn für Hausarbeit«, »Hausfrauengehalt« oder für Erziehungsgeld hervor, außerdem Initiativen wie die Mütterzentren, die in den 80er Jahren in vielen Städten entstanden.
Seit Ende der 70er Jahre erschienen Bücher mit Titeln wie »Bewußt fruchtbar sein« oder »Die weise Wunde Menstruation«. Die körperlichen Vorgänge um Schwangerschaft und Geburt, vormals verdrängt, wurden zum Gegenstand lebhaften Interesses. Selbstbeobachtungsgruppen entstanden, in denen Frauen lernten, mit dem Speculum ihren eigenen Muttermund und seine Veränderungen im Laufe des Zyklus zu beobachten. In den Kreisen aufgeklärter Feministinnen geriet die Pille in Verruf, nachdem sie den Frauen gerade erst ein paar Jahre sicherer Verhütung garantiert hatte. Die Frauen wollten die Lebendigkeit ihrer Zyklen wieder

spüren, auch dann, wenn sie von ihrer Gebärfähigkeit keinen Gebrauch zu machen wünschten. Sie wollten im Bewußtsein des Gefühls leben, daß sie fruchtbar sein könnten, wenn sie nur wollten. Also begannen viele, sich wieder natürlichen Verhütungsmethoden zuzuwenden: der Selbstbeobachtung, der Aufwachtemperaturkurve, der Schleimuntersuchungsmethode. Das führte erfreulicherweise zu einer größeren Kenntnis des eigenen Körpers – aber natürlich auch zu einigen ungewollten (oder zumindest nicht bewußt gewünschten) Schwangerschaften, denn eine hundertprozentige natürliche Verhütung gibt es nicht.

Während der Akzent in den ersten Jahren auf der »natürlichen Verhütung« lag, verschob er sich schon bald darauf, bewußt zu empfangen und zu gebären. Schwangerengruppen, Geburtsvorbereitungskurse und Stillgruppen entstanden. Hatte Shulamith Firestone gefordert, den Männern die Kontrolle über die Reproduktionsbiologie zu entreißen, so sprachen die Frauen jetzt von der »Wiederaneignung ihrer Fruchtbarkeit«. Die männlich dominierte Gynäkologie und Geburtshilfe habe Frauen von ihren natürlichen Körpervorgängen entfremdet. Menstruation, Schwangerschaft, Gebären und Stillen seien zu quasi-pathologischen Erscheinungen geworden. Nicht im Krankenhaus, sondern wieder zu Hause sollte die ideale Geburt stattfinden, am liebsten, wie früher, von einer kundigen Hebamme begleitet. Auch die »sanfte Geburt,« nach Leboyer, kam in Mode: Gebären ohne Schmerzmittel, durch kundiges Atmen und Pressen, bei Musik, im abgedunkelten Raum, um den Geburtsschock für das Kind so gering wie möglich zu halten. Die Geburt wollten die Frauen als ein Fest erleben, das Gebären als einen wunderbaren Selbsterfahrungstrip, von dem sie nicht als dieselben zurückkehrten, als die sie aufgebrochen waren.

Hatten in den 70er Jahren die selbstbewußten Doppelrollenfrauen ihren Stolz dareingesetzt, ihr Kind unauffällig und wie nebenher zu bekommen, um anschließend so schnell und so effizient wie möglich im Beruf wieder ihren alten Platz einzunehmen, so verkündeten jetzt immer mehr frauenbewußte und feministisch beeinflußte Frauen, daß sie mit der Arbeit kürzer treten wollten, um »die Schwangerschaft richtig zu genießen« und um die »Geburt bewußt erleben« zu können. Der Mutterschafts- bzw. Elternurlaub wurde jetzt von vielen Frauen voll ausgenutzt, um sich »ganz auf das Neugeborene einlassen zu können«. Vormals berufsidentifizierte Frauen sahen es als selbstverständlich an, zeitweise weniger zu arbeiten oder vorübergehend gar nicht erwerbstätig zu sein, weil sie »schließlich etwas von ihren Kindern haben«, »ihre Entwicklungsschritte nicht verpassen wollen«. Die Tendenzwende war eingeleitet, die »Neue Mütterlichkeit« geboren. Zunächst wurde die physische Seite der Mutterschaft aufgewertet: die Schwangerschaft, das Gebären, das Stillen, der enge Körperkontakt zwischen Mutter und Neugeborenem. Später folgte dann die Aufwertung der Mütterlichkeit, die begeisterte Entdeckung der Freuden und Herausforderungen eines Lebens mit dem Kleinkind.

Über der Wiederentdeckung des weiblichen Körpers und der Wiederaufwertung der Gebärfähigkeit stand die große Überschrift »natürlich«: Das Natürliche ist weiblich und das Natürliche ist gut. Doch auch die Frauen, die von der Neuen Mütterlichkeit geprägt sind, befinden sich nur scheinbar auf dem Weg zurück zur Natur. Denn sie unterwerfen sich ja ihren Gesetzen keineswegs wieder vollständig. Täten sie das, dann liefen sie Gefahr, Jahr für Jahr schwanger zu werden wie ihre Geschlechtsgenossinnen in der Zeit der Renaissance, zehn- oder zwanzigmal, die ganze Fruchtbarkeitsspanne ihres Lebens hindurch. Wollten sie so viele Sprößlinge nicht großziehen, müßten sie wieder eine Ethik entwickeln, die im Leben des einzelnen Babies keinen besonderen Wert sieht; sie müßten die Überzähligen töten, aussetzen oder vernach-

lässigen, wie es in der Antike oder der frühen Neuzeit üblich war. Die Naturvorstellung, die hinter der Idee von der »natürlichen« Geburt steht, ist ganz und gar romantisch; nur die freundlichen Seiten des Natürlichen werden akzeptiert, die weniger erfreulichen nicht mit in Kauf genommen. Frauen, die heute Schwangerschaft und Geburt »natürlich« erleben wollen, unternehmen gewissermaßen bewußte kleine Ausflüge in die Natur der Lebensbedingungen, denen Frauen früher unterworfen waren; aber sie tragen die Rückfahrkarte in die Moderne dabei vorsorglich immer in der Tasche. Kaum eine Frau würde heute für immer auf relativ einfache und sichere Methoden der Verhütung verzichten wollen, und die meisten schwangeren Frauen sind sehr froh, daß ihnen – anders als den Frauen früherer Jahrhunderte – eine entwickelte Technik der Geburtshilfe im Hintergrund zur Verfügung steht für den Fall, daß die Dinge auf dem »natürlichen« Weg nicht ganz so unkompliziert verlaufen wie gewünscht.
Es ist sehr verständlich, daß Frauen das Bedürfnis verspüren, sich exzessiv mit einem Geschehen zu befassen, das sie heute nicht mehr notgedrungen und gezwungenermaßen, sondern im allgemeinen freiwillig erleben. Außerdem gebären sie heutzutage im allgemeinen nicht zehnmal, sondern nur ein- oder zweimal – ein weiterer Grund, sich intensiv darauf einzulassen und genau hinzufühlen, was mit ihnen geschieht. Aber die »Neue Mütterlichkeit« hat nicht nur die Sensibilität erhöht und das Bewußtsein geschärft, sondern auch neue Normen gesetzt, die sich sehr belastend auswirken könnten. So legt die Literatur zur sanften und natürlichen Geburt die Vorstellung nahe, das Kinderkriegen sei ein bloßer Vergnügungsspaziergang, wenn eine Frau nur die richtige Einstellung zu ihrem Körper und zur Mutterschaft habe. Die schwärmerische Beschreibung des Gebärens als einer Feier weiblicher Potenz und Stärke weckte in vielen Frauen überhöhte und falsche Erwartungen.

Frauen, die sich die Geburt ihres Kindes als natürlich und leicht ausgemalt hatten, waren am Boden zerstört, wenn die Dinge völlig anders verliefen. Wenn sie aufgrund irgendwelcher Komplikationen nicht zu Hause entbinden konnten, wie von langer Hand geplant, wenn sie trotz fleißiger Schwangerschaftsgymnastik, trotz lange geübten Hechelns und Pressens ihr Baby nicht ohne Betäubung, Zange und Saugglocke zur Welt bringen konnten, wenn doch der verpönte Dammschnitt gemacht oder das Baby gar durch einen Kaiserschnitt geholt werden mußte, wenn sie das Neugeborene im Arm hielten und sich nicht sofort das Gefühl übergroßen Glücks einstellte, von dem immerzu die Rede war, dann fühlten sie sich nicht nur um das vorher so idealisierte Erlebnis Geburt betrogen, sondern auch als Versagerinnen. Hatten sie vielleicht doch nicht die richtige Einstellung zur Mutterschaft? Sie bekamen unweigerlich das Gefühl, irgendetwas Fundamentales falsch gemacht zu haben, und ihre Mutterschaft begann unter den belastenden Vorzeichen von Enttäuschung und Schuldgefühl[118].

Zur »Neuen Mütterlichkeit« gehört auch das begeisterte Interesse an einem Leben mit dem Neugeborenen. Diese neue Norm bringt alle diejenigen Frauen in Schwierigkeiten, die zwar gern ein Kind haben möchten, aber deswegen noch lange nicht den ganzen Tag mit ihm verbringen wollen. Sie sehen sich nun einer teilweise massiven Kritik anderer Mütter ausgesetzt und müssen sich nicht selten die mißbilligende Frage gefallen lassen, warum sie denn unter diesen Umständen nicht ganz auf Kinder verzichtet haben.

Interessanterweise verlaufen jetzt die Fronten zwischen den Frauen nicht mehr nach dem alten Muster der 70er Jahre – hier die emanzipierten, feministisch angehauchten berufstätigen Mütter, dort die konservativen, traditionellen Vollzeitmütter. Jetzt gibt es neben den konservativen Müttern alten Schlages noch die feministisch geprägten neuen Mütter,

die ebenfalls ganz in ihrer Mutterschaft aufgehen. Dazwischen stehen die Rabenmütter, die sich nun von beiden Seiten nachsagen lassen müssen, sie seien egoistisch und karrieregeil, sie orientierten sich am männlichen Lebensmuster.
Die Neue Mütterlichkeit ist keine konservative gesellschaftliche Gegenströmung zum Feminismus, sondern sie entstand aus der Frauenbewegung heraus. Zwar war nicht von nun an die gesamte Frauenbewegung vom Muttermythos erfaßt, aber die »Neue Mütterlichkeit« entwickelte sich doch zu einer relativ dominanten Strömung, die auch nach außen große Breitenwirkung hatte und das Lebensgefühl vieler Frauen beeinflußte, die der Frauenbewegung womöglich zuvor ferngestanden hatten.
Zu Anfang der neuen Frauenbewegung sahen die Frauen die Probleme der Mutterrolle vor allem darin, daß von den Müttern Selbstaufopferung und Verzicht auf eigenes Leben verlangt wird. Die Norm, eine gute Mutter zu sein, erschien ihnen im wesentlichen von außen aufoktroyiert, durch die Gesellschaft aufgezwungen – etwas, das die Frauen bloß zu verweigern brauchten. Doch Mitte der 80er Jahre, als sich die »Neue Mütterlichkeit« in den eigenen Reihen durchgesetzt hatte, wurde deutlicher, wie ambivalent die Einstellung der Frauen zur Mutterschaft ist und wie sehr sie selber am Muttermythos mitweben. Die Ideologie der Neuen »Mütterlichkeit« prägte den von den Grünen Frauen organisierten Mütterkongreß im Jahre 1986 und das im Anschluß daran verfaßte Müttermanifest (1987), das den neuen Trend in der feministisch-alternativen Szene widerspiegelte[119].
Die Verfasserinnen des Müttermanifestes bezeichneten sich selbst als Frauen, die »gern, bewußt und hauptberuflich« Mütter sind, »in begeisterter Selbstüberforderung, stets ein Kind an der Hand und eins auf dem Schoß«. Sie verwahrten sich gegen ein Emanzipationskonzept, das der Mutterschaft nur eine Nebenrolle zubilligt. Von den Frauen, die ebenso

gern Mütter wie auch erwerbstätig sind, war im Manifest kaum die Rede, wohl aber vom Feindbild der kinderlosen Berufsfrauen, die in einem »Ghetto der Nicht-Mütter« lebten, im »Aquarium der Karrierefrauen«. Diese Frauen orientierten ihr Leben an der männlichen Biographie und unterstützten damit die mütter- und kinderfeindlichen Tendenzen der patriarchalischen Gesellschaft. Die Verfasserinnen des Müttermanifests entwarfen die Utopie einer Gesellschaft, die ihre »Mütterfeindlichkeit« überwunden hat und sich vorrangig an den Interessen von Müttern und Kindern orientiert, eine Gesellschaft, in der es Frauen möglich sei, überall mit einem Kind an der Hand aufzutauchen. Sie forderten die gesellschaftliche Anerkennung des Wertes der mütterlichen Arbeit und ihre finanzielle Absicherung – nicht durch ein Taschengeld, sondern durch ein angemessenes Gehalt.

Die Alleinzuständigkeit der Mutter für die Kinder wird im Müttermanifest vorausgesetzt; die enge Zweier-Beziehung zwischen Mutter und Kind ausdrücklich bejaht. Die Einbeziehung der Väter in die Familienarbeit, wie sie von anderen Richtungen der Frauenbewegung gefordert wird, sahen die Verfasserinnen des Manifestes nicht einmal als wünschenswert an. Von den Vätern ist im Manifest nicht weiter die Rede.

Das Müttermanifest entwarf das Bild einer ideologisch verklärten Mutterrolle, einer omnipotenten, grenzenlosen Mütterlichkeit. Die Betreuung des Kindes durch seine leibliche Mutter erscheint hier als die beste aller Betreuungsformen, denn eine Mutter ist immer gut für ihr Kind. Mütter sind die besseren Frauen, Mütter sind die besseren Menschen – das klingt deutlich an. Die heile Welt der Mütter und Kinder bildet eine reine und freundliche Gegenwelt zur häßlichen Macht-, Geld- und Karrierewelt außerhalb der Familie. Die Familie selbst ist auf die Mutter-Kind-Dyade reduziert, der

Vater entbehrlich irgendwo ganz am Rande, Zahlvater oder mehr oder weniger überflüssige Dekoration.
Das Müttermanifest mußte allen denjenigen Müttern Schuldgefühle machen, die durchaus keine Lust hatten, ständig »mit dem Kind an der Hand« durch das Leben zu ziehen und immer »in begeisterter Selbstüberforderung« zu leben, die es vielmehr auch als Erholung ansehen, sich manchmal in Lebensbereichen aufzuhalten, in denen sie kein Kind an der Hand oder auf dem Schoß haben[120].
Eigentlich steht hinter dem Müttermanifest ein traditionelles Mutterbild, das ganz ähnlich auch von den konservativen Parteien oder den Kirchen gemalt sein könnte. Es gibt nur einen einzigen, aber sehr bedeutsamen Unterschied: Die Utopie der »Neuen Mütterlichkeit« kommt ohne die traditionelle Kleinfamilie, ohne die Figur des Vater-Ernährers aus. Die neuen Mütter brauchen keine Männer mehr, von denen sie ohnehin keine Unterstützung zu bekommen glauben. Der Staat, die Gesellschaft soll ihnen die ökonomische Existenz als Gegenwert für ihre Erziehungsleistung garantieren, von den Kindern bekommen sie, was sie an Wärme und Emotionalität brauchen, und für Freundschaft, Identifikation und praktische Unterstützung können sie sich auf die Subkultur der Frauen und Mütter verlassen.
Kaum ein Thema (außer vielleicht die Kontroverse zwischen Lesben und Heterofrauen) hat so viel Dynamit in die Neue Frauenbewegung getragen wie die Mütterfrage: Wie hältst du's mit der Mutterschaft?
Die Auseinandersetzungen liefen nicht nur auf theoretischer Ebene, sondern nahmen oft recht anschauliche Formen an. So kam in den 80er Jahren im Zuge der »Neuen Mütterlichkeit« in feministischen und grün-alternativen Kreisen die Mode auf, Kinder auf Tagungen und Kongresse mitzunehmen – nicht nur Babies im Tragetuch, die im Saal gestillt wurden, sondern auch Vorschulkinder. Die Anhängerinnen der

»Neuen Mütterlichkeit« zeigten sich offensiv mit ihren Kindern an der Hand, wie es das Müttermanifest forderte; sie gaben ihre Kinder nicht bei der Kinderbetreuung ab. Diese Kinder weigerten sich im allgemeinen auch, dort mit anderen Kindern zu spielen, weil sie nie von ihren Müttern getrennt waren. Das wäre an und für sich kein Problem gewesen, soweit es sich um Kinder gehandelt hätte, die erzogen worden waren, sich in der Öffentlichkeit halbwegs manierlich zu benehmen. Aber die Kinder dieser neuen Mütter waren es gewohnt, der Mittelpunkt der Welt zu sein, jedes Gespräch und jede Aktivität ihrer Mutter jederzeit unterbrechen zu können – und das taten sie dann auch nach Kräften.
Sie saßen also während der Vorträge und Diskussionen keineswegs still da und betrachteten Bilderbücher, malten oder spielten für sich, sondern sie gingen nicht selten lautstark über Tische und Bänke, ungehindert von ihren Müttern, die vielleicht auch deswegen nicht eingriffen, weil sie es klammheimlich völlig richtig fanden, daß die Nicht-Mütter auch mal ein Stück Mutterwirklichkeit erlebten. Die engagierten Mütter bezichtigten diejenigen Frauen, die am Toben der Kinder Anstoß nahmen, der Kinderfeindlichkeit. Nur zehn selbstbewußte neue Mütter und ihre ungezähmten Kinder reichten völlig aus, um mehreren hundert Teilnehmerinnen eines Kongresses das Leben sauer zu machen. Nicht nur manche kinderlosen Frauen, die es oft nicht wagten, Kritik zu äußern, sondern vor allem auch Mütter mit größeren Kindern oder Mütter, die froh darüber waren, ihre Kinder während des Kongresses anderweitig untergebracht zu haben, wurden bei solchen Vorkommnissen aggressiv. Sie empfanden das Verhalten der militanten Mütter als schlecht verhülltes Dominanzgebaren, als ein Sich-Aufblähen vermittels oder über die Kinder, Ausdruck eines Geltungsbedürfnisses, das sich hinter der Fasssade der Mütterlichkeit moralisch unangreifbar zu machen sucht.

Die Instrumentalisierung der Mutterschaft zur Durchsetzung von eigenen Interessen zeigte sich auch auf andere Weise. Wer sich in den Frauengruppen der 80er Jahre bewegt hat, ist gewiß auch dem Typ der dominanten neuen Mutter begegnet, die es immer schaffte, ihre eigenen Anliegen sehr weit oben auf der Tagesordnung zu plazieren, mit dem Hinweis, daß sie Mutter sei und deswegen nicht lange bleiben könne – (auch wenn das fragliche Kind vielleicht schon in der Pubertät und gut untergebracht war) – ein Argument, dem in einer bestimmten Phase keine andere Frau zu widersprechen wagte, zumindest keine Nicht-Mutter.

In der Gesellschaft generell hatten die neuen Mütter nicht viel Chancen, laut zu werden, aber sie versuchten es nach Kräften und mit einigem Erfolg in der Frauenbewegung.

Wie erklärt sich diese Entwicklung innerhalb des Feminismus? Wie kommt eine Bewegung, die in den 70er Jahren mit Simone de Beauvoir die Mutterschaft als »eine böse Falle« für die weibliche Selbstverwirklichung ansah[121], in den 80er und 90er Jahren zu solch einer emphatischen Hochbewertung der Mutterschaft?

Natürlich spielt bei der Tendenzwende innerhalb der Frauenbewegung das Alter der tonangebenden Feministinnen eine wichtige Rolle.

In den 80er Jahren ging für die Pionierinnen der neuen Frauenbewegung die Phase ihrer Gebärfähigkeit zu Ende. Sie konnten die Entscheidung, »ob sie Kinder haben wollten oder keine«, nicht länger auf eine ferne Zukunft verschieben. Anfangs, in den 70er Jahren, waren sie zumeist noch Studentinnen, die sich zum Teil scharf gegen die eigene Müttergeneration abgrenzten. Diese Mütter waren vom Mutterkult des Nationalsozialismus geprägt und, soweit die Nachkriegswirren dies zuließen, in den 50er Jahren, der Zeit der familialen Restauration, Nur-Hausfrauen gewesen. Angesichts der eigenen Mütter erschien den jungen Feministinnen die Mutterschaft häufig als das Ende aller Bemühungen um ein eigenes, selbstbestimmtes Leben – als solche wurde sie kritisiert, verweigert, zumindest so weit wie möglich in die Zukunft verschoben. Und die damals Anfang bis Ende Zwanzigjährigen hatten ja auch noch alle Zeit der Welt, sich einmal anders zu entscheiden – zumindest lebten sie im Vollgefühl, sehr viel Zeit zu haben. Schließlich handelte es sich um die erste Generation, die aufgrund der verbesserten Möglichkeiten der Empfängnisverhütung Geschlechtsverkehr haben konnte, ohne schwanger werden zu müssen.

Eine beachtliche Minderheit der Frauen dieser Generation ist kinderlos geblieben, durchaus nicht immer ganz freiwillig. Immer gab es noch so viel anderes, was ihnen wichtiger war als ein Kind, nie war der richtige Zeitpunkt, entweder ein Partner, der zur Vaterschaft nicht bereit war oder als Vater nicht taugte, oder gar kein liebenswerter Mann in Sicht. Außerdem stellte sich nicht wenigen Frauen die ängstliche Frage, ob und wie die Lebensgemeinschaft mit der Umstellung auf ein Kind fertig werden, ob sie nicht daran scheitern oder sich in ihrer Qualität verschlechtern würde. Manchmal war da ein neuer interessanter Job, in dem es erst Fuß zu fassen galt, oder auch andere Lebensveränderungen, die vorerst alle Energien in Anspruch nahmen – und so weiter und so fort, bis es dann vielleicht biologisch zu spät war oder der Kinderwunsch sich ganz verflüchtigt hatte.

Viele Frauen überschätzten ganz einfach die Zeit, die ihnen zur Verfügung stand. Sie glaubten irrigerweise, sie könnten ebenso leicht und auf Bestellung schwanger werden, wie sie vorher dank Pille eine Schwangerschaft verhindern konnten. (In dieser Hinsicht sind auch die Frauen, trotz ihrer größeren Distanz zur Technik, Opfer des Machbarkeitsdenkens geworden). Die nicht immer ganz freiwillige Kinderlosigkeit einer größeren Minderheit war ein historisch neues Phänomen, ein Lebensschicksal vor allem dieser Frauengeneration, das deren Mütter so gewiß nicht kennengelernt hatten. Der Umgang mit der neuen Freiheit, wählen zu können, mußte eben auch erst gelernt werden.

Nicht wenige der Pionierinnen der neuen Frauenbewegung, die der Mutterrolle anfangs kritisch gegenüberstanden, sind jedoch in ihren Enddreißigern, als das Ticken der »biologischen Uhr« unüberhörbar wurde, noch späte Mütter geworden und als solche nicht selten ganz besonders engagierte Verfechterinnen der Idee der »Neuen Mütterlichkeit«.

Allerdings reicht der Hinweis auf die biographischen Muster, die das Leben dieser Frauengeneration prägte, allein nicht aus, um die Tendenzwende in der Frauenbewegung zu erklären. Der Umschwung von der kritischen Distanz hin zur euphorischen Bejahung der Mutterschaft ist nur mit der Ambivalenz zu erklären, die die gesamte Ideengeschichte der Frauenbewegung durchzieht. Seit seinen Anfängen hat der Feminismus zwischen der Betonung der Gleichheit von Frauen und Männern auf der einen Seite und der Betonung der Andersartigkeit der Geschlechter auf der anderen Seite geschwankt, um mal aus der einen, mal aus der anderen Position seine politischen Forderungen abzuleiten.

Hinter der Gleichheitsidee steht die Utopie einer androgynen Gesellschaft: Männer und Frauen sind demnach in erster Linie Menschen, Individuen mit männlichen und weiblichen Qualitäten. Die runde, voll entwickelte Persönlichkeit läßt sich nicht auf eine der gesellschaftlich vorgegebenen, komplementären Geschlechtsrollen festlegen, sondern sie versucht, ihre männlichen und weiblichen Anteile zu entfalten. Das heißt für die Frauen: Selbstverwirklichung und Unabhängigkeit im Beruf, Selbstbehauptung im öffentlichen Leben, und für die Männer: mehr Interesse an ihrem persönlichen Beziehungsnetz, mehr Engagement in der Familie und in ihren privaten Beziehungen, mehr Anteilnahme am Leben der Kinder.

Männer und Frauen, so besagt das Androgynitätskonzept, können auf Dauer nur gut miteinander leben, wenn sie einander als Individuen verstehen lernen und sich nicht mehr nur als Vertreter einer sozialen Kategorie, des Geschlechts, gegenübertreten. – Soweit sie das Ideal der Androgynie postuliert, befördert die Frauenbewegung die allgemeine Tendenz zur Individualisierung. Sie fordert für die Frauen Menschenrechte ein, die die Männer schon vor zweihundert Jahren im Rahmen der bürgerlichen Revolution für sich erobert haben.

Doch dieser Richtung der Frauenbewegung, die auf Gleichheit und Individualismus setzt, steht eine andere gegenüber, die stets als Gegenbewegung erstarkte, wenn die erste in der Öffentlichkeit Boden gewonnen hatte. Diese Richtung betont nicht die Gleichheit der Geschlechter, sondern im Gegenteil ihre Andersartigkeit. Aus der Differenz und aus spezifisch weiblichen Eigenarten, die positiv gewertet und gewahrt bleiben sollen, leitet sie gesellschaftliche Ansprüche und politische Forderungen ab. Häufig ist die Vorstellung von der weiblichen Andersartigkeit auch mit der Vorstellung von einer moralischen Überlegenheit verbunden. Das weibliche Prinzip gilt als ein revolutionäres Anderes, das die männlich geprägte Gesellschaft verändern soll. Das männliche Prinzip hat im Laufe der Zeit abgewirtschaftet, es erweist sich nicht nur als zerstörerisch, sondern gar als selbstzerstörerisch; das weibliche Element muß an die Macht kommen, um die Welt zu erretten. In dieser Richtung feministischen Denkens werden die bestehenden Unterschiede zwischen männlicher und weiblicher Lebenswelt nicht nur festgestellt, sondern kultiviert. Nicht Rollenangleichung ist das Ziel, sondern die Betonung der Differenz und die Aufwertung des Weiblichen.

Aus dieser Richtung des Feminismus speist sich die »Neue Mütterlichkeit«. De facto haben sich im Laufe des letzten halben Jahrhunderts die Geschlechtsrollen einander sehr angenähert. Die Lebenswelten von Mann und Frau gleichen einander heute weit mehr als die unserer Urgroßeltern oder unserer Vorfahren im 19. Jahrhundert oder in der vorindustriellen Gesellschaft. Mädchen und Jungen wachsen nicht mehr in unterschiedlichen gesellschaftlichen Sphären auf, und sie werden nicht mehr auf völlig andere Lebensziele hin sozialisiert. Sie erhalten eine ähnliche formale Ausbildung, und beiden wird die individuelle Selbstentfaltung als höchstes Ziel nahegebracht. Jungen wie Mädchen wird vermittelt, daß neben einem Beruf und ökonomischer Unabhängigkeit Liebe und Partnerschaft, eine eigene Familie und Kinder die wichtigsten Lebensinhalte sind – wenn auch mit leichten Akzentunterschieden. Die Lebenswelten von Männern und Frauen klaffen heute erst dann merklich auseinander, wenn Frauen Mütter werden.

Für ein bis zwei Jahrzehnte verändert die Mutterschaft das Leben der Frauen grundlegend, ohne daß sie von vornherein darauf vorbereitet sind und ohne daß ihnen damit für den Rest ihres Lebens eine neue Aufgabe zuwüchse. Selbst wenn die Frauen sich bereitwillig als Vollzeitmutter identifizieren und ihre Lebensziele von nun an der Mutterschaft unterordnen, sind sie doch früher oder später erneut gezwungen, an einem individuellen Lebenskonzept für sich zu basteln. Die Mutterrolle reicht nicht mehr wie früher aus, um der Frau für ihr ganzes Leben eine sichere Identität zu verleihen. Es gibt keinen einheitlichen, sozial vorgegebenen weiblichen Lebensweg mehr, wie er noch zu Beginn des Jahrhunderts existierte. Er ist im sozialen Wandel, am Individualisierungsprozeß, zugrunde gegangen.

Die Frauenbewegung hat seit ihren Anfängen einerseits den Individualisierungsprozeß gefördert und vorangetrieben, im

Namen des weiblichen Rechts auf Selbstbestimmung, ihn aber zugleich auch gefürchtet, kritisiert und zu hemmen versucht, im Namen der bedrohten Differenz, die im Bewußtsein der Frauen die weibliche Identität ausmacht.

Die Frauenbewegung versuchte, eine Solidarität der Frauen wiederherzustellen, nachdem der soziale Wandel das kollektive Lebensmuster der Frauen zerstört hat. Sie beschwört die gemeinsamen Interessen aller Frauen, obwohl die Frauen längst in verschiedenen Lebensmustern leben und deswegen zum Teil recht unterschiedliche Interessen haben. Das Leben einer berufstätigen kinderlosen Frau ist dem eines Mannes sehr viel ähnlicher als dem einer Vollzeitmutter; das Leben einer berufstätigen jungen Frau mit Kindern unterscheidet sich deutlich von dem der beiden anderen. Eine Gemeinsamkeit besteht nur insofern, als alle Frauen potentiell Mütter sein könnten und daran gewisse gesellschaftliche Erwartungen und Diskriminierungen festgemacht sind. Die Frauenbewegung ist ein Versuch, über das Bewußtsein eine kollektive Identität wiederherzustellen, die in der sozialen Wirklichkeit längst verlorengegangen ist.

Der Individualisierungsprozeß hat die Lebensmuster der Geschlechter aneinander angeglichen und nicht nur die Männer, sondern auch die Frauen in ihrer Identität verunsichert. Die Wiederbelebung des Muttermythos ist eine Reaktion auf die Identitätsunsicherheit der Frauen, auf den partiellen Verlust der alten weiblichen Identität. Sie ist der Versuch, eine traditionell weibliche Einflußsphäre im Prozeß der Angleichung der Geschlechtsrollen zu behaupten.

11. Kapitel:

»Eine Frau kann Mutter und zugleich sie selber sein!« – Mutterschaft und Selbstverwirklichung

»Eine Frau kann *nicht* Mutter und zugleich etwas anderes sein« – in dieser Behauptung, die ganz am Anfang des Buches stand, ist die Mutterideologie des 19. Jahrhunderts zusammengefaßt. In den vergangenen beiden Jahrhunderten hat sich in Mitteleuropa ein innerer Widerspruch zwischen Mutterschaft und Selbstverwirklichung herausgebildet. Persönliche Selbstentfaltung war ein Lebensziel für Männer. Die Frau, von Gott, der Natur und der Gesellschaft zur Mutter bestimmt, mußte auf individuelle Selbstverwirklichung verzichten, wenn sie eine gute Mutter sein wollte.

In dem Maße, wie die Frauen sich emanzipierten, begannen sie zunächst konsequenterweise die Mutterschaft zu fürchten. »Besser kein Kind; ich habe Angst, daß mich die Mutterschaft an meiner persönlichen Entfaltung hindern, daß ein Kind meine individuelle Identität auslöschen könnte.« Doch in jüngster Zeit, seit Mutterschaft eine frei wählbare Facette der weiblichen Biographie geworden ist, hat sich das Blatt gewendet: Viele Frauen werden Mutter, weil sie sich auf diese Weise als Individuen weiterzuentwickeln hoffen. Mutterschaft und Selbstverwirklichung werden nicht mehr als Gegensätze empfunden, im Gegenteil: »Ich will mich in der Mutterrolle selbst verwirklichen«, heißt es heute. Und dabei schwingt mit: »Ich will mich in der Beziehung zu meinem Kind entfalten, durch mein Kind zu mir selbst finden, ich selber werden – eine unverwechselbare, autonome Persönlichkeit.« Das eigene Kind ist zum Selbstverwirklichungsprojekt mancher Frau geworden.

Kein Zweifel: Die historische Entwicklung zur selbstbestimmten Mutterschaft und zum Wunschkind ist ein Fortschritt. Natürlich ist es positiv, daß Frauen heute über die Zahl ihrer Kinder selbst entscheiden können. Die ungewollten Kinder vergangener Generationen hatten kein einfaches Los, und wir können dankbar sein, daß wir der Plackerei des häufigen Gebärens nicht mehr schicksalhaft ausgesetzt sind wie die Frauen früherer Jahrhunderte. Ganz allmählich setzt sich im Bewußtsein der Menschheit die Überzeugung durch, daß die Familienplanung wie die sexuelle Selbstbestimmung ein Menschenrecht der Frau ist. – Doch der soziale Wandel hat hier, wie in vielen anderen Lebensbereichen, neben den gewünschten auch ungewünschte oder zumindest problematische Facetten. Um die Schattenseiten des Individualisierungsprozesses ging es mir in diesem Buch.

Vielleicht ist der Konflikt zwischen Mutterschaft und Selbstverwirklichung, wie er sich heute darstellt, ein gesellschaftliches Übergangsphänomen. Vielleicht löst er sich in dem Maße von selber auf, wie die außerhäusliche Erwerbstätigkeit von Müttern selbstverständlicher wird. Allerdings dauert die Übergangsphase jetzt schon ein halbes Jahrhundert an, und in den letzten drei Jahrzehnten hat sich der Konflikt eher noch verschärft als abgeschwächt. Die Betonung der Mütterlichkeit treibt die Frauen in ein folgenschweres Entweder-Oder, statt ihnen die Vereinbarkeit von Beruf und Familie zu erleichtern.

Wir müssen uns fragen: Wer hat denn überhaupt ein Interesse daran, daß Erwerbstätigkeit und Mutterschaft vereinbar sind? Der Staat, die Gesellschaft? Die Väter? Die Kinder? Die Mütter bzw. die Frauen selber?

Über die Väter haben wir uns bereits Gedanken gemacht. Sie reißen sich gewiß nicht um lästige Haushaltspflichten. Aber sie sind, teils aus Erfahrungshunger, teils aus Verlustangst, durchaus bereit, sich mehr mit ihren Kindern zu befassen als früher – wenn die Frauen es konsequent von ihnen einfor-

dern. Von sich aus übernehmen sie allerdings nur selten die Initiative.
Den Kindern würde eine weniger mutterzentrierte Erziehung gewiß guttun. Aber Kinder neigen dazu, das gut zu heißen, was ist, und sie scheuen zunächst vor allen Veränderungen, die ihnen unbequem erscheinen. Außerdem können sie von sich aus an der bestehenden Situation natürlich nichts verändern.
Den Staat interessiert zunächst nur, welche Form der Kinderbetreuung die billigste ist. Die konservative Wirtschaftspolitik hat durchaus ein Interesse daran, daß allein die Mütter für die Kinderbetreuung zuständig sind. So gibt es einen zweigeteilten Arbeitsmarkt: einerseits eine Kerntruppe von vollständig verfügbaren Arbeitskräften (Männer und kinderlose Frauen), auf deren Familienverhältnisse keine Rücksicht genommen werden muß, und auf der anderen Seite die Mütter als industrielle Reservearmee, die je nach Konjunktur auf dem Verschiebebahnhof zwischen Hausfrauendasein und Berufstätigkeit hin- und hergeschoben werden können. Hausfrauen kosten den Staat keine Arbeitslosenunterstützung, und viele von ihnen sind leicht und schnell für anspruchslose Tätigkeiten (z. B. für Jobs unter dem Sozialversicherungsniveau) zu rekrutieren, wenn kurzfristig Arbeitskräfte gebraucht werden. PolitikerInnen horchen erst auf, wenn die Geburtenziffer auf einen Tiefststand sinkt, der die Rentenzahlungen der Zukunft gefährdet. Erst dann sind sie bereit, über Verbesserungen für die Mütter nachzudenken. Ein primäres Interesse an einer anderen Organisation von Kinderbetreuung haben sie nicht.
Es liegt auf der Hand, daß eine Veränderung der bestehenden Verhältnisse nur von den Frauen selbst ausgehen kann. Wenn die Mütter aber selber ambivalent sind, wenn sie selbst nicht genau wissen, was sie wollen – woher soll die Veränderung dann kommen?

Es wird den Müttern gewiß nicht leicht gemacht, etwas von ihrer Betreuungs- und Erziehungsarbeit an andere abzugeben. Wenn eine Mutter von heute ihre Kinder unbekümmert sich selbst überlassen würde wie eine vorindustrielle Mutter, dann hätte sie bald das Jugendamt zu Besuch: wegen schwerer Kindesvernachlässigung. Das ist die eine Seite. Aber auf der anderen Seite ist nicht zu übersehen, daß sich viele, vielleicht die meisten Mütter auch da äußerst ambivalent verhalten, wo sie etwas von ihrer Verantwortlichkeit abgeben könnten. Einerseits möchten sie weniger belastet sein, und sie wären gerne die Schuldgefühle los. Andererseits brauchen sie das Gefühl ihrer Bedeutung: Sie wollen weiterhin für ihr Kind im Zentrum bleiben – wichtiger als alle anderen, unersetzlich. Und sie sind nur selten bereit, diese zentrale Position mit anderen Menschen zu teilen.

Doch was folgt daraus? Wie lautet denn nun die zentrale Botschaft? höre ich die Leserinnen und Leser fragen.

Natürlich gibt es eine Reihe politischer Forderungen, die aus den vorangegangenen Überlegungen folgen. Die meisten von ihnen sind sattsam bekannt. Aber ich will sie trotzdem noch einmal zusammenfassen:

1. Es muß mehr Teilzeitstellen und verschiedene Formen flexibler Arbeitszeit für Frauen und Männer geben. Frauen sollten auf keinen Fall ihre Erwerbstätigkeit aufgeben, wenn sie Mütter werden. Zwar hat die Teilzeitarbeit ihre Tücken, aber sie ist immer noch besser als der vollständige Ausstieg, denn sie ermöglicht der Frau, den Fuß im Beruf zu halten und eine gewisse Verschiebung ihrer Energien auf den Privatbereich vorzunehmen, solange ihre Kinder klein sind, und sich umgekehrt beruflich wieder stärker zu engagieren, wenn sie älter werden. Optimal ist es, wenn Vater und Mutter teilzeitarbeiten – damit sich keine verstärkte Zuständigkeit der Mutter für ihre Kinder ergibt. Statt daß eine/r ganz aufhört, könnten beide reduziert arbeiten.

2. Väter müssen stärker ermutigt bzw. gefordert werden, ihren Teil des Erziehungsurlaubs zu übernehmen. Das wäre beispielsweise durch ein Splitting zu erreichen: Die Hälfte des Erziehungsurlaubs verfällt, wenn sie nicht vom anderen Elternteil genommen wird – außer bei Alleinerziehenden, die die volle Zeit in Anspruch nehmen oder eine andere Person für die zweite Hälfte des Erziehungsurlaubs benennen könnten.

3. Außer den Vätern sollten viele andere Personen und Institutionen beteiligt sein, damit das reduzierte Umfeld des heutigen Kindes erweitert wird: Babysitter, Tagesmütter, Kinderfrauen, KindergärtnerInnen, Eltern-Kind-Gruppen, Großeltern, NachbarInnen, die Familien befreundeter Kinder, Ganztagsschulen, Horte, Jugendgruppen usw. Eltern müssen Finanzierungshilfen (eventuell in Form von Steuererleichterungen) für jede Form der Kinderbetreuung durch Dritte erhalten – egal ob es sich um einen Zuschuß zum Gehalt der Kinderfrau, die Kosten für den Kindergarten oder einen Beitrag zur Organisation einer privaten Kindergruppe handelt.

4. Besonders wichtig scheint mir die Verbesserung und der Ausbau von gemeinschaftlichen Erziehungseinrichtungen aller Art. Das mag dem gegenwärtigen Trend zur Privatisierung der Kinderbetreuung entgegenlaufen. Doch die Betreuung von Kindern darf keine bloße Privatangelegenheit des Paares sein – weder von der finanziellen Belastung noch von der inhaltlichen Organisation her. Die Gesellschaft schuldet der künftigen Generation Betreuungseinrichtungen, in denen ausreichend viele und gut qualifizierte ErzieherInnen zur Verfügung stehen. – Zur Finanzierung solcher Maßnahmen bietet sich die Abschaffung des Ehegattensplittings an, von dem kinderlose Paare völlig ungerechtfertigt profitieren.

5. Der KindergärtnerInnen- und der LehrerInnenberuf soll-

ten in ihrer großen gesellschaftlichen Bedeutung anerkannt werden, nicht nur durch eine angemessene Bezahlung, sondern auch indem psychischem Verschleiß der ErzieherInnen besser vorgebeugt wird als heute – nicht durch längere Ferien, sondern durch kleinere Gruppen und Klassen, regelmäßige Supervisionen, pädagogische Fortbildung und so weiter. Wenn die Schulen ihrer pädagogischen Aufgabe nicht besser gerecht werden, wird sich möglicherweise auch bei uns wieder ein Zwei-Klassen-Schulsystem herausbilden wie in England: gute, teure Privatschulen für die, die es sich leisten können, schlechte staatliche Aufbewahranstalten für den Rest.

Keine dieser politischen Forderungen ist neu, und über viele Maßnahmen ließe sich im einzelnen diskutieren. Sie markieren auch nur den äußeren Rahmen und die Richtung einer Entwicklung, die mir wünschenswert erscheint. Die wichtigsten Veränderungen müßten im Selbstbild der Mütter stattfinden.

Es wäre gut, wenn Frauen Kinder haben könnten, (falls sie welche wollen), ohne daß sie von der Last der Verantwortung und quälenden Schuldgefühlen erdrückt werden.

Es wäre gut, wenn Frauen – Mütter und Nicht-Mütter – an ihren individuell verschiedenen Lebensplänen basteln könnten, ohne sich gegenseitig in einem zerstörerischen Wettbewerb Konkurrenz zu machen: Wer ist die bessere Mutter? Wer lebt das richtige Frauenleben? Kann sein, daß die Konkurrenz nachließe, wenn viele Frauen die destruktiven Mechanismen dieser Konkurrenz wirklich durchschauten.

Es wäre gut, wenn immer mehr Frauen erkennen könnten, daß inzwischen sowohl das Privileg als auch die Last der Individualität zu ihrem Leben gehört, ob sie es wollen oder nicht. Das Rad der historischen Entwicklung läßt sich nicht rückwärts drehen. Es gibt kein Gattungsschicksal »Frau«

mehr, an dem sie sich orientieren können. Dem Zwang zur Individualisierung werden sie in Zukunft auch durch ein exzessives Ausleben der Mutterrolle nicht entgehen.

Es wäre gut, wenn viele Frauen verstehen würden, daß die Fähigkeit, Kinder zu bekommen, sie nicht der Notwendigkeit enthebt, weiterhin für sich selbst nach dem Sinn des Lebens zu suchen. Kinder sind gewiß eine Antwort auf die Frage nach einem sinnerfüllten und befriedigenden Leben, aber keineswegs die einzige und weder kurz- noch langfristig eine hinreichende Antwort. Der Beruf ist das übrigens in der Regel auch nicht. Aber es ist sehr problematisch, die eigenen Kinder zum Lebenssinn zu machen. Wie belastend muß es für ein Kind sein, wenn es spürt: Außer mir hat die Mutter nichts in der Welt.

Es wäre gut, wenn Frauen ihre Bedürfnisse nach individueller Selbstentfaltung weniger an ihren Kindern festmachten. Das Kind darf nicht zum wichtigsten Werkstück seiner Mutter werden. Es ist ein eigenes Lebewesen, das sich nach eigenen inneren Gesetzmäßigkeiten entfalten können muß. Erziehung sollte vor allem darin bestehen, Grundorientierungen zu vermitteln, Grenzen zu setzen und innerhalb dieser Grenzen viel Raum zu lassen – nicht in einer Überidentifikation und Übernahme der Verantwortung für das andere Leben.

Es wäre gut, wenn immer mehr Mütter, gerade weil sie ihre Kinder lieben, andere Menschen in den Erziehungsprozeß einbezögen, nicht nur den Vater, sondern mehrere andere Personen, ohne diese ständig in ihrem Kontakt zum Kind kontrollieren zu wollen. So geben sie ihrem Kind die Möglichkeit, sich an verschiedenen Stellen die vielen verschiedenen Dinge zu holen, die es braucht, und so verhindern sie selbst ihre Verstrickung in Omnipotenz- und Ohnmachtsgefühle.

Es wäre gut, wenn Frauen sich nicht mehr unter Druck setzen ließen von all den ständig wechselnden, wissenschaftlich verbrämten Ideologien, die ihnen vorschreiben, wie sie als »gute« Mütter zu sein haben. Wenn es ihnen gelänge, ihre eigene Bedeutung für das Lebensglück und den Lebenserfolg ihrer Kinder etwas zu relativieren.

Es scheint mir ein hoffnungsvolles Zeichen, daß heute einige Mütter mutig genug sind, die Rolle der Supermutter zurückzuweisen, wie etwa Katja Leyrer in ihrem Buch »Rabenmutter – na und?«[122] oder Libby Purves mit dem Ratgeber »Die Kunst, (k)eine perfekte Mutter zu sein«[123]. Nach der Hochkonjunktur der »Neuen Mütterlichkeit« in den 80er Jahren bahnt sich da zaghaft eine Gegenentwicklung an, eine nüchternere und pragmatischere Einstellung zur Mutterschaft.

Für die Zukunft wünsche ich mir, daß viele Mütter selbst, in Worten und Taten, der Eingangsbehauptung dieses Buches und dieses Kapitels widersprechen: Frauen können nicht nur Mutter und zugleich etwas anderes sein, sie müssen es sogar. Zwar sind Mutterschaft und Selbstverwirklichung keine Gegensätze, denn das Muttersein ist für die Frauen, die Kinder haben, ein wichtiger Teil ihrer Identität. Aber die Mutterschaft sollte niemals zum zentralen Vehikel der Selbstverwirklichung werden. Vielleicht sollten Frauen überhaupt nur Mütter werden, wenn sie zugleich auch anderes bleiben, sein und werden können.

Anmerkungen

1 Elisabeth Badinter, 1981, S. 202.
2 Vgl. Sibylle Meyer und Eva Schulze, 1984 und 1985.
3 Esther Vilar, 1971.
4 Margaret L. King, 1993, S. 12.
5 Für zahlreiche weitere Beispiele vgl. Ingeborg Weber-Kellermann, 1983/1991.
6 Zitiert nach Ingeborg Weber-Kellermann, 1983/1991, S 176.
7 Martin Luther, Vom ehelichen Leben (1522), 1978, S. 41.
8 Johann Peter Süßmilch, 1741, zitiert nach Andrea van Dülmen, 1992, S. 89.
9 Vgl. Robert Jütte (Hrsg.), 1993, S. 80 ff; auch Edward Shorter, 1984.
10 Zitiert nach Bernd Roeck, 1991, S. 117.
11 Edward Shorter, 1984, S. 223. Die niedrigsten ärztlichen Schätzungen liegen bei 4000 bis 5000 Toten jährlich; die höchsten, vermutlich propagandistisch aufgeblasen, bei nahe 50000; vgl. Robert Jütte, 1993, S. 150.
12 Zitiert nach Robert Jütte, 1993, S. 146.
13 Zitiert nach Herrad Schenk, 1987, S. 80.
14 Charlotte von Stein, 1796, zitiert nach Andrea van Dülmen, 1992, S. 100.
15 Margaret L. King, 1993, S. 15.
16 Nach Margaret L. King, 1993, lag die Sterblichkeit der Gebärenden im Zeitraum zwischen 1350 und 1650 bei 2,5 Prozent – fünf- bis sechsmal so hoch wie im 19. Jahrhundert.
17 Edward Shorter, 1984, S. 118 .
18 Zitiert nach Heide Wunder, 1992, S. 156.
19 Zitiert nach Edward Shorter, 1984, S. 107.
20 Zitiert nach Ingeborg Weber-Kellermann, 1983/1991, S. 81 ff.
21 Anna Rebecca Claudius, (1778/1779), zitiert nach Katharina Rutschky, 1983, S. 17/18.
22 Zitiert nach Katharina Rutschky, 1983, S. 15.
23 Katharina II. (1859), 1990, S. 201/202.
24 Zitiert nach Eva-Maria Stark, 1977, S. 233/234.
25 Zitiert nach Regine Schneider, 1995, S. 39.
26 Phyllis Chesler, 1980, S. 9, S. 12, S. 44, S. 81.
27 Brigitte Vielhaus in: Elisabeth Hangartner und Brigitte Vielhaus, 1983, S. 260, 261.
28 Vgl. Herrad Schenk, 1987, S. 101–111.
29 Zitiert nach Arthur Imhof, 1981, S.44.
30 Luise F. Pusch, 1994, S. 475.
31 Entgegen allen gängigen Klischees ist es nicht der hohe Anteil der Kinderlosen, der die demographische Entwicklung so nachhaltig verändert hat. Auch im 19. Jahrhundert blieben viele Menschen kinderlos, in der

frühen Neuzeit waren es noch weitaus mehr. Der Unterschied besteht darin, daß diese Menschen früher nicht verheiratet waren. »Kinderlos« war meist mit »ledig« identisch. Das Stagnieren der Bevölkerung kommt eher dadurch zustande, daß die Menschen, die Kinder haben, nur noch wenige Kinder bekommen.

32 Regine Schneider, 1995, S. 9.
33 Zitiert nach Elisabeth Beck-Gernsheim, 1988, S. 131.
34 Dieter Thomä, 1992, S. 42.
35 Shari Thurer, 1995, S. 14/5.
36 Zitiert nach Elisabeth Beck-Gernsheim, 1988, S. 155.
37 Dieter Thomä, 1992, S. 46.
38 Vgl. Sylvia Meise, 1995, S. 32-37; außerdem »Kinderleben«, 1994 .
39 Vgl. Ludwig Liegle (Hrsg.), 1971, und Shari Thurer, 1995.
40 Shari Thurer, 1995, S. 426.
41 Heide Wunder, 1992, S. 41.
42 Vgl. Herrad Schenk, 1992.
43 Artikel einer jungen Mutter; »Mütter, die Sklaven der Nation?«, in Eltern, April 1994, S. 31–34.
44 Amelie Fried, 1993, S. 29/30.
45 Nach Daten des Mikrozensus 1991.
46 Vgl Darstellung bei Eisabeth Badinter, 1981.
47 Walter Toman, 1965/1987.
48 Vgl. Christopher Lasch, 1980, und Gerhard Schulze, 1992.
49 Vgl. dazu u.a. die Bücher von Ewa Rossberg 1988, Eva Dörpinghaus 1992, Marion Rollin 1990.
50 Etwa Thomas von Kürthy, 1988.
51 Zitiert nach Marion Rollin, 1990, S.35.
52 Vgl. Aufsatz im »Spiegel« 20/1993, S. 77.
53 Eine kleine Anmerkung am Rand: Die Ganztagsschule, in deren Rahmen ebenfalls Sport- und Musikkurse angeboten werden, würde solchen Organisationsaufwand überflüssig machen. Wer sie ablehnt mit dem Argument, daß Kinder doch auch unstrukturierte Zeit für sich haben sollten, über die sie frei verfügen können, übersieht, daß die Kinder unter den heutigen Bedingungen ihre Zeit gar nicht individuell gestalten können; sie benötigen bis ins Teenageralter hinein eine erwachsene Person, die für sie strukturiert und organisiert: im Regelfall die Mutter.
54 Zitiert nach »Kursbuch Kinder« (hrsg. von Andrea Ernst u.a.), 1993, S. 83.
55 Yvonne Schütze, 1988, S. 111, zitiert im Fünften Familienbericht des Bundesministeriums für Familie und Senioren BMFuS, 1994, S. 83.
56 Zitiert im Fünften Familienbericht, 1994, S.82.
57 Christopher Lasch, 1980.
58 Ulrich Beer, 1994.

59 Astrid von Friesen, 1991.
60 Felix von Cube, und Dieter Alshuth, 1989.
61 Felix von Cube und Dieter Alshuth, 1989, S. 91.
62 Reimer Gronemeyer, 1989.
63 Astrid von Friesen, 1991.
64 Vgl. die Erlebnisberichte aus dem Familienalltag der Nachkriegszeit bei Sibylle Meyer und Eva Schulze, 1984 und 1985.
65 Astrid von Friesen, 1991, S. 35.
66 Elisabeth Badinter, 1981, S. 25.
67 J. C. A. Grohmann, zitiert nach Katharina Rutschky, 1977/1993, S. 38, S. 40.
68 Zitiert nach Heinz Bonorden, 1989, S. 132.
69 Wassilios E. Fthenakis, 1985, Bd. 1, S. 134 ff., und Fünfter Familienbericht des BMFuS, 1994, S. 81.
70 Wassilios E. Fthenakis, 1985, Bd. 1, S. 152/3.
71 Phyllis Chesler, 1980, S. 121.
72 Die Zahlen stammen aus einer Allensbach-Studie des BMFJ von 1993.
73 Wassilios E. Fthenakis, 1985, Bd. 1, S. 160/1, S., 168.
74 Andreas Hoff, 1986, zitiert nach Heinz Bonorden, 1989, S. 56.
75 Vgl. die Allensbach-Umfrage des BMFJ, 1993.
76 Vgl. die Allensbach-Umfrage des BMFJ, 1993.
77 Phyllis Chesler, 1980, S. 61.
78 Werner, 1982, zitiert nach Fthenakis, 1985, Bd. 1, S. 86.
79 Wassilios E. Fthenakis, 1985, Bd. 1, S. 80–86.
80 Vgl. die ironischen Ausführungen von Jörg Bopp, 1984, S. 53–74. In dieselbe Richtung gehen die Empfehlungen von Manfred Neuffer, 1994, S. 7–10.
81 Heinz Bonorden, 1989, S. 58.
82 Vgl. BMFJ-Dokumentation 1993, S. 61.
83 Zitiert in der taz, 25.3.95, »Mapas als neue Helden«.
84 Zitiert nach Heinz Bonorden, 1989, S. 135.
85 Phyllis Chesler, 1980, S. 152, 153.
86 Vgl. Wassilios E. Fthenakis, 1985, Bd. 1, S. 175–177, S. 206.
87 BMJF-Dokumentation 1993, S. 51.
88 Das sind Zahlen von 1992.
89 Zitiert nach »Eltern«, 7/1993, S. 119.
90 Zitiert nach »Eltern«, 7/1993, S. 119.
91 Vgl. Andreas Schmidt, 1993.
92 Zitiert in der Hamburger Rundschau vom 3.5.94.
93 Vgl. Umfrage des Deutschen Jugendinstituts, München, zitiert nach Andreas Schmidt, 1993, S. 18.
94 John Updike, 1987, S. 210-231.
95 Phyllis Chesler, 1980, S. 27.

96 Vgl. Wassilios E. Fthenakis, 1985, Bd.2, S. 177.
97 Vgl. Fünfter Familienbericht des BMFuS, 1994, S. 81.
98 Vgl. Shari Thurer, 1995.
99 Vgl. Maria Tatar, 1990.
100 In Frankreich war das vermutlich noch ausgeprägter als in Deutschland.
101 Elisabeth Badinter, 1981, S.71.
102 Elisabeth Badinter, 1981, S. 100.
103 Vgl. Edward Shorter, 1977.
104 Den Zusammenhang zwischen der größeren Intensität der mütterlichen Fürsorge und der nachlassenden Säuglingssterblichkeit haben mehrere SozialhistorikerInnen herausgestellt, u.a. Edward Shorter, 1977, und Elisabeth Badinter, 1981.
105 Diese These wird u.a. von Elisabeth Badinter, 1981, belegt.
106 Elisabeth Badinter, 1981, S. 189/190.
107 Donald W. Winnicott, zitiert nach Elisabeth Badinter, 1981, S. 251.
108 Donald W. Winncott, zitiert nach Elisabeth Badinter, 1981, S. 252.
109 Vgl. Regine Schneider, 1995.
110 Phyllis Chesler, 1980, S. 117/8.
111 Regine Schneider, 1995, S. 19.
112 Regine Schneider, 1995, S. 23.
113 Elisabeth Badinter, 1981, S.238.
114 Shari Thurer, 1995, S.13.
115 Vgl. Herrad Schenk, 1980/1991, S. 121.
116 Ellen Key, 1909, S. 124.
117 Vgl. u.a. Adrienne Rich, 1979.
118 Vgl. dazu die eindringlichen Erlebnisberichte bei Regine Schneider, 1995.
119 Müttermanifest 1989, in: Elke Ostwaldt, 1989; auch in: Katja Leyrer, 1989, S. 163–170.
120 Für eine ausführliche Kritik des Müttermanifestes vgl. Gabriele Frohnhaus, 1994.
121 Simone de Beauvoir, 1986, S. 30.
122 Katja Leyrer, 1989.
123 Libby Purves, 1989/1993.

Literaturverzeichnis

Badinter, Elisabeth, Die Mutterliebe, Piper, München 1981.

Beauvoir, Simone de, »Ich habe mich radikalisiert«. Interview mit Alice Schwarzer, 1986, in Emma, 6/1986, S. 26–30.

Beck-Gernsheim, Elisabeth, Die Kinderfrage, C. H. Beck, München 1988.

Beck-Gernsheim, Elisabeth, Mutter werden, Fischer, Frankfurt M. 1989.

Beer, Ulrich, Die Einzelkind-Gesellschaft, mvg-Verlag, München 1994.

Bonorden, Heinz, Mann wird Vater, C. H. Beck, München 1989.

Bopp, Jörg, Die Mamis und die Mappis. Die Abschaffung der Vaterrolle, in: Kursbuch 76, 1984.

Bullinger, Hermann, Wenn Männer Väter werden, Rowohlt, Reinbek 1983.

Bullinger, Hermann, Wenn Paare Eltern werden, Rowohlt, Reinbek 1986.

Bundesministerium für Familie und Senioren (BMFuS), Familie und Familienpolitik im geeinten Deutschland – Die Zukunft des Humanvermögens. (Fünfter Familienbericht), Bonn 1994.

Bundesministerium für Frauen und Jugend (BMFJ), Der partnerschaftliche Mann. Ergebnisse einer repräsentativen Bevölkerungsumfrage des Instituts für Demoskopie Allensbach, Mai 1993.

Chesler, Phyllis, Mutter werden, Rowohlt, Reinbek 1980.

Cube, Felix von und Dieter Alshuth, Fordern statt verwöhnen, Piper Verlag, München 1989.

Dörpinghaus, Eva, Das Einzelkind, Mosaik Verlag, München 1992.

Dülmen, Andrea van, Frauenleben im 18. Jahrhundert, C. H. Beck, München 1992.

Ernst, Andrea; Vera Herbst, Kurt Langbein, Christian Skalnik, Kursbuch Kinder, Kiepenheuer & Witsch, Köln 1993.

Fried, Amelie, Kinder – eine Zumutung?, in: Eltern, Okt. 1993, S. 29/30.

Friesen, Astrid von, Geld spielt keine Rolle. Erziehung im Konsumrausch, Rowohlt 1991.

Frohnhaus, Gabriele, Feminismus und Mutterschaft, Deutscher Studien Verlag, Weinheim 1994.

Fthenakis, Wassilios E., Väter, Urban & Schwarzenberg, München 1985, Bd. 1: Zur Psychologie der Vater-Kind-Beziehung, und Band 2: Zur Vater-Kind-Beziehung in verschiedenen Familienstrukturen.

Gronemeyer, Reimer, Die Entfernung vom Wolfsrudel, Claassen, Düsseldorf 1989.

Hangartner, Elisabeth und Brigitte Vielhaus, Mutter ist die beste, Lizentiatsarbeit an der Theologischen Fakultät Fribourg, August 1983.

Hoff, Andreas, Neue Arbeitszeiten: Modelle zu einer partnerschaftlichen Arbeitsteilung, in: Familie: ... Männersache?, hrsg. vom Amt für Jugend der Freien und Hansestadt Hamburg, 1994, S. 63–66.

Imhof, Arthur, Die gewonnenen Jahre, C. H. Beck, München 1981.

Jütte, Robert (Hrsg.), Geschichte der Abtreibung, C. H. Beck, München 1993.

Katharina II., Memoiren, Erster Band, C. H. Beck, München 1990 (Original 1859).

Kinderleben, Leske & Budrich, Opladen 1994 .

Key, Ellen, Die Frauenbewegung, Literarische Anstalt Rütten und Loening, Fankfurt M. 1909.

King, Margaret L., Frauen in der Renaissance, C. H. Beck, München 1993.

Kürthy, Thomas von, Einzelkinder, Bardtenschlager, München 1988

Kursbuch Kinder, hrsg. von Andrea Ernst u. a., Kiepenheuer & Witsch, Köln 1993.

Lasch, Christopher, Das Zeitalter des Narzißmus, Steinhausen, München 1980.

Leyrer, Katja, Rabenmutter – na und?, Rowohlt, Reinbek 1989.

Liegle, Ludwig (Hrsg.), Kollektiverziehung im Kibbuz, Piper, München 1971.

Luther, Martin, Vom ehelichen Leben, Reclam, Stuttgart 1978 (Original 1522).

Meise, Sylvia, Rabenmamas und Superfrauen. Mütter in Ost und West, in: Psychologie heute, Sept. 1995, S. 32–37.

Meyer, Sibylle und Eva Schulze, Wie wir das alles geschafft haben. Alleinstehende Frauen berichten über ihr Leben nach 1945, C. H. Beck, München: 1984.

Meyer, Sibylle und Eva Schulze, Von Liebe sprach damals keiner. Familienalltag in der Nachkriegszeit, C. H. Beck, München 1985.

Miller, Alice, Das Drama des begabten Kindes, Suhrkamp, Frankfurt a. M. 1979.

Mütter: Die Sklaven der Nation? in: Eltern, April 1994, S. 31–34.

Müttermanifest. Leben mit Kindern – Mütter werden laut.

in: Elke Ostwaldt, Grüne Frauen zwische Psycho und Politik? Die Auseinandersetzungen um das Grüne Müttermanifest, Hannover 1989.

Neuffer, Manfred, Vom Patriarchen zum Kassenverwalter – Rückzug oder Ausgrenzung der Väter?, in: Familie: ... Männersache?, hrsg. vom Amt für Jugend der Freien und Hansestadt Hamburg, 1994.

Ostwaldt, Elke, Grüne Frauen zwische Psycho und Politik? Die Auseinandersetzungen um das Grüne Müttermanifest, Hannover 1989.

Otte, Horst Manfred, Ohnmächtige Eltern, Borgmann Publ., Dortmund 1994.

Purves, Libby, Die Kunst, (k)eine perfekte Mutter zu sein, Bd. 1 und 2, Ernst Kabel, Hamburg 1989.

Pusch, Luise F., Mütter berühmter Männer, Insel, Frankfurt M. 1994.

Rich, Adrienne, Von Frauen geboren, Frauenoffensive, München 1979.

Richter, Horst Eberhard, Eltern, Kind, Neurose, Rowohlt, Reinbek 1963.

Roeck, Bernd, Als wollt die Welt schier brechen, C. H. Beck, München, 1991.

Rogge, Jan-Uwe, Kinder brauchen Grenzen, Rowohlt, Reinbek 1993.

Rollin, Marion, Typisch Einzelkind, Hofmann und Campe 1990.

Rossberg, Ewa, Einzelkinder, Rowohlt Verlag, Reinbek 1988.

Rutschky, Katharina, Schwarze Pädagogik, Ullstein Verlag, Frankfurt M./Berlin 1977, 6. Aufl. 1993.

Rutschky, Katharina. Deutsche Kinderchronik, Kiepenheuer & Witsch, Köln 1983.

Schenk, Herrad, Die feministische Herausforderung. 150 Jahre Frauenbewegung in Deutschland, C. H. Beck München 1980, 6. Aufl. 1991.

Schenk, Herrad, Freie Liebe, wilde Ehe, C. H. Beck, München 1987.

Schenk, Herrad (Hrsg.), Lebensläufe, C. H. Beck, München 1992.

Schmidt, Andreas, Väter ohne Kinder, Rowohlt, Reinbek 1993.

Schneider, Regine, Oh Baby, Goldmann, München 1995.

Schütze, Yvonne, Zur Veränderung im Eltern-Kind-Verhältnis seit der Nachkriegszeit, in: Rosemarie Nave-Herz (Hrsg.), Wandel und Kontinuität der Familie in der Bundesrepublik Deutschland, Stuttgart 1988, S. 95–114.

Schulze, Gerhard, Die Erlebnisgesellschaft, Campus Verlag, Frankfurt M. 1992.

Shorter, Edward, Die Geburt der modernen Familie, Rowohlt, Reinbek 1977.

Shorter, Edward, Der weibliche Körper als Schicksal. Zur Sozialgeschichte der Frau, Piper, München 1984.

Sichtermann, Barbara, Vorsicht Kind, Wagenbach, Berlin 1982.

Stark, Eva-Maria, Geboren werden und gebären, Frauenoffensive, München 1977.

Tatar, Maria, Von Blaubärten und Rotkäppchen. Grimms grausige Märchen, Salzburg, Residenz Verlag 1990.

Thomä, Dieter, Eltern, C. H. Beck, München 1992.

Thurer, Shari, Mythos Mutterschaft, Droemer/Knaur, München 1995.

Toman, Walter: Familienkonstellationen, C. H. Beck, München 1965, 4. Aufl. 1987.

Updike, John, Familienleben in Amerika, in: Der verwaiste Swimmingpool, Rowohlt Verlag, Reinbek 1987, S. 210–231.

Vielhaus, Brigitte, Mutter ist die beste, Lizentiatsarbeit an der Theologischen Fakultät Fribourg, August 1983.

Vilar, Esther, Der dressierte Mann, Bertelsmann, Gütersloh 1971.

Weber-Kellermann, Ingeborg, Frauenleben im 19. Jahrhundert, C. H. Beck, München, 1983, 3. Aufl. 1991.

Winnicott, Donald Woods, Das Baby und seine Mutter, Klett-Cotta, Stuttgart 1990.

Wunder, Heide, Er ist die Sonn', sie ist der Mond, C. H. Beck Verlag, München 1992.

Titel von Alice Schwarzer im Verlag Kiepenheuer & Witsch

Die Gotteskrieger und die falsche Toleranz (Hg.)
KiWi 683
Originalausgabe

Eine tödliche Liebe
Petra Kelly und Gert Bastian
KiWi 640
Mit zahlreichen Abbildungen

Man wird nicht als Frau geboren
KiWi 578
Originalausgabe

Simone de Beauvoir
Rebellin und Wegbereiterin
KiWi 538
Mit zahlreichen Abbildungen

So sehe ich das!
Über die Auswirkung von Macht und Gewalt auf Frauen und andere Menschen
KiWi 449
Originalausgabe

Der große Unterschied
Gegen die Spaltung von Menschen in Männer und Frauen
Gebunden